58년 개띠, 유년의 종로

58년 개띠, 유년의 종로

박승찬 지음

문예바다

이 책의 초판은 고 박승찬 님의 유년 시절 기억을 담은 수필집으로 출간되던 해인 2015년에 세종도서 문학나눔에 선정되었습니다.
 이 책은 기존의 내용에 부분적인 수정 및 새로운 내용을 추가해 2023년 고 박승찬님의 페이스북에 연재하였던 내용을 묶어 2024년에 출간되는 책입니다,

문예바다 편집실

프롤로그

  웬만하면 나이를 잊고 살려고 노력한다. 하지만 쉽지 않다.

  흔히 나이를 먹으면 "꼰대" 소리를 듣기 십상인데 노력한다고 해도 가끔 "꼰대 짓"을 한다. 나이를 먹는다는 게 물리적인 개념뿐만 아니라 정신적인 성숙과 같이 해야 하는데 실상은 그렇지 않다.

  최근에 본 TV 프로그램에 〈어른 김장하〉 편을 봤다. 앞서 〈건달 채현국〉도 일감 했다. 절로 고개가 숙여지는 이 시대의 진정한 어른들이셨다. 나는 그분들의 발끝에도 못 미친다. 앞으로 남은 삶은 그분들의 그림자라도 흉내를 내며 살아보려고 노력해야겠다.

  그 작업의 일환으로 어릴 적, 60년대에 서울 종로에 살면서 느꼈던 당시 국민학교 학생의 시선으로 그 시절을 반추해 보려고 한다. 나에게는 손자, 손녀가 셋인데 그중 막냇손자가 올해(2023년) 초등학교에 입학하는 역사적(?) 해를 맞이하여 손들에게 물려줄 과거 시간으로의 여행담을 들려줄 생각이다. 앞으로 연재될 글들은 이미 몇 년 전에 회갑을 맞아 에세이로 출판하여 그해 문화부 우수도서에도 선정된 책인 "58년 개띠, 유년의 종로"라는 글을 조금 손봐 여러분들과 타임머신을 타고 과거로 가볼까 한다.

  지금 엄혹한 시기에 동시대를 같이 힘들게 살아온 인생 동지들과 함께하고자 한다.

2023년
박승찬

차 례

프롤로그·005 | 저자의 말·010

유년의 추억 1

성동역의 기적소리	016
병원은 내 놀이터	021
진공관 전축	028
유명인을 보다	032
목욕탕과 이발소	036
구두닦이	041
사진관	045
노래하는 형	049
미제장수 아줌마	052
동네 바둑	056
겨울나기	059
화재	066
고서점과 박제사	070
전도사 누나와 미국 할머니	074
은주 누나	078
김장	082
막내 태어나던 날	086
미스 김 아줌마	089
외갓집 가는 길	093
외갓집의 방학생활	098
종로에서 휘경동으로	105
휘경동에서 살기	110

유년의 추억 2

- 초등학교 입학 · 116
- 가정환경조사서 · 122
- 용의 및 신체검사 · 126
- 여자 누드를 보다 · 131
- 운동회 · 135
- 반공방첩 · 139
- 축구와 나 · 145
- 첫 사랑 김O강 · 149
- 깜보 · 153
- 리본 문화 · 157
- 몽당연필 · 161
- 라디오와 신문에 나오다 · · · · · · · · · · · · · · · · · · 165
- 도시락 · 169
- 효제와 육사 · 173
- 공민학교 · 176
- 소풍 · 179
- 옥수수빵 · 184
- 존슨 대통령과 악수하다 · · · · · · · · · · · · · · · · · · 188
- 혼자 이를 빼다 · 192
- 전학 · 196
- 솜사탕과 도넛 · 201
- 맛있는(?) 불량식품 · 207
- 엿장수 · 212
- 뻥튀기 · 218

유년의 추억 3

만화방	221
말뚝박기	225
자치기	230
제기차기와 새총	233
요지경	236
새점과 뽑기	238
목마와 관람차	240
영화를 보다(1)	243
영화를 보다(2)	246
서커스	249
영화 촬영 현장	252
지게꾼	256
우마차	259
굴뚝 청소부와 칼갈이	262
넝마주이	267
굴비와 어리굴젓	271
메밀묵과 찹쌀떡	274
야바위	277
신기료장수	281
신문팔이	284
동대문 기동차	288
매혈	294

유년의 추억 4

전차	297
설탕	302
시발택시	306
아편쟁이와 문둥병	309
버스와 차장	313
길거리 의료검사	318
야간 통행금지	323
무역박람회	326
데모 구경	329
징수원	333
화신백화점	336
창경원 벚꽃놀이	339
월남에서 온 김 상사	342
구멍 난 속옷	349
청계천	352
고속버스	355
천호동 방문기	359
달에 착륙하다	363
클리프 리처드 오다	365
에필로그	368
추모사	박지만	370
추모사	박지연	372
추모사	기미양	375

| 저자의 말 |

얼마 전에 며느리가 예쁜 손녀를 낳아 어느덧 돌이 됐습니다. 평균 나이로 보면 조금 이른 면도 없지 않지만 나 자신이 뭔가 큰일을 하나 한 것처럼 느껴집니다. 그래서 내가 직접 낳은 아이는 아니지만 한 세대를 걸러 태어난 생명에게 뭔가 하나 해 주고 싶었습니다.

할아버지가 된 나는 손녀딸이 자라 내 무릎에서 재롱을 떨고 말을 알아들을 수 있을 때 남겨 주고 싶은 이야기를 정리할 필요를 느꼈습니다. 스마트폰으로 세상을 살아가는 시대에 수십 년 전의 이야기가 무슨 의미가 있겠냐고 반문하시는 분도 많습니다. 앞으로 나아갈 미래의 이야기만 해도 부족한데 자꾸 과거의 어렵고 힘든 이야기를 꺼내어 뭐하려고 하나라고도 합니다. 그럼에도 제가 굳이 예전의 경험을 글로 남기려고 하는 이유는 변해도 너무 변했기 때문입니다. 이런 식으로 변하다가는 10년, 20년이 아니라 1년만 지나도 세상의 변화에 정신을 못 차릴 것 같습니다.

내가 나고 자란 종로6가만 보더라도 흥인지문을 제외한 모든 것이 변했습니다. 새로운 길이 나기도 하고 있다가 없어지고, 없어지다가 새로 생기는 광속의 속도로 변하고 있습니다. 뭔가 기록을 남기지 않으면 내일 소멸될 것 같은 조바심이 생겼습니다. 그래서 아직 기억이 또렷하게 남아 있을 때 글을 쓰기로 마음먹었는데 생각만큼 쉽지가 않았습니다. 글쓰기가 이렇게 어려운 줄 알았으면 처음부터 쓰지 말 것을 하는 후회도 했습니다.

　내가 자란 동대문 이대부속병원은 흔적도 없이 사라져 지금은 공원이 됐습니다.

　내가 태어난 한옥 생가는 이화동으로 넘어가는 길이 뚫리며 흔적도 없이 사라졌습니다. 동대문 전차종점 차고가 없어지더니 고속버스 터미널이 들어섰습니다. 그 터미널마저 반포로 이사 가고 상가가 생기더니 지금은 뭐가 뭔지도 모르겠습니다.

　내가 입학한 초등학교는 당시 재학생 수가 7천여 명이 넘어 3부제 수업까지 하던 학교가 지금은 20여 학급 4백여 명에 불과합니다.

　등교만 하면 '반공방첩'을 외쳐 북한을 천하의 원수로 배워 북한 사람은 전부 머리에 뿔 난 도깨비로 알고 있었습니다.

　잘 먹지도 못하고 잘 씻지도 않고 무릎이 까지고 종기가 나도 '아까징끼(머큐로크롬mercurochrome)' 한 번 바르고 '고약' 한 번 붙이면 깨끗하게 나았습니다.

　누구나 어렵고 힘든 시절이었지만 콩 한 알이라도 나누어 먹던 정이 있었습니다. 심지어 집에 오는 거지에게도 비록 신 김치와 찬밥 한 덩이였지만 더 어려운 사람을 위해 베풀 줄 알았습니다. 아이가 버릇없이 굴면 내 자식 남의 자식 가리지 않고 야단도 치는 동네 어른들도 많았습니다.

'왕따'라는 말도 없고 친구들 간에 우정을 나누며 같이 뛰어놀았습니다.

지금은 모든 게 풍족하고 여유롭습니다. 그러나 각박합니다. 이웃에 누가 사는지도 모르고 누구 집 아이인지는 더욱 모릅니다. 소득에 따라, 아파트 넓이에 따라, 자가용 크기에 따라 끼리끼리 뭉칩니다. 그것도 이해관계를 따져 가면서입니다.

사람 사는 맛과 향기가 나던 시절입니다.

지금은 사람 사는 맛과 향기는커녕 사람이 두렵고 무섭습니다.

지금 '베이비붐 세대'라 하여 1955년생부터 1963년생까지로 규정하고 있는데 55년생인 누나부터 63년생 막내까지 우리 집 다섯 형제가 딱 거기에 해당합니다. 지금은 대부분이 이미 은퇴를 했거나 정년을 바라보고 있습니다. 더욱 58년 개띠인 저 같은 경우는 숫자도 많지만 특이한 동질성을 가졌는지는 몰라도 공감대가 많습니다. 60년대 현대사를 몸으로 거치며 이런저런 경우를 많이 보고 성장했습니다. 그래서 힘들었지만, 저의 자전적 기록을 남길 필요를 느꼈습니다.

전국의 58년 개띠를 대표하지는 못하겠지만 나름 제가 유년기를 보낸 60년대 중후반의 기억을 나이가 더 들기 전에 새롭게 반추해 봤습니다. 간혹 기억의 한계가 있어 잘못 알고 있는 걸 사실인 양 기술했으면 독자 여러분의 양해를 바랍니다.

제 세대보다 훨씬 더 많은 고생을 한 앞 세대에게도 깊은 경의를 표합니다.

해방과 한국전쟁을 거치며 산업화의 주역이었던 우리의 아버지와 어머니 세대는 존경받아 마땅합니다.

어느덧 우리 세대도 뒷방노인 취급을 받고 있습니다. 하지만 아직 정열은 남아 있습니다. 비록 낀 세대가 돼 주목받지 못하고 어렵고 힘든 시대를 겪은 전국의 수많은 '베이비붐 세대'에게 이 책을 바칩니다. 아울러 저와 함께한 56년 원숭이띠 집사람과 가족에게도 고마움을 전합니다.

저와 함께 '추억'을 반추해 봅시다.

2014년 8월 서울 휘경동에서
박승찬

유년의 추억 1

성동역의 기적소리

지금은 없어진, 서울 제기동에 있었던 성동역에서 증기기관차의 기적소리가 새벽 공기를 뚫고 가냘프게 울리곤 했다. '삑삑~ 삐 이익' 하며 마치 아기 울음처럼 들리던 기적 소리는 소음도 별로 없던 시절이기에 제기동에서 종로6가까지 울리곤 했다.

65년 여름. 이른 아침이었다. 지금은 목동으로 이전한 이화여대 부속 동대문병원인 서울 종로6가동에 살고 있었던 나는 변소가 집 밖에 있던 터라 대략 아침 6시면 신문 파지를 밑씻개 삼아 목조로 지은 재래식 변소에서 변을 보고 있으면 증기기관차의 기적 소리가 어찌나 처량하게 들리던지 어린 나이임에도 불구하고 나도 모르게 감상에 젖곤 했다. 아직 기차를 타 본 기억이 없어서인지 더욱 간절하게 들렸다. 전차만 타 본 나로서는 언젠가는 기차를 꼭 한 번 타 보리라 늘 마음먹고 있었다.

'미카'라고 기관차에 앞과 옆에 큼직하니 적혀 있는 글자가 뭔 뜻인지도 모르고 언젠가는 저 '미카'를 타야겠다고 다짐하곤 했다. 나중에 병원 수위 아저씨에게 여쭤 봤더니 당신도 잘 모르겠다고 하시다가 나중에 아마 기관차를 제작한 공장 이름이라고 했던 기억이 난다. 당시 서울의 주요 교통수단은 전차와 버스가 주류고 승용차는 관공서 차량 말고는 별로 없던 시절이다. 웬만하면 도보로 이동을 했었기에 도로는 크게 붐비지 않았다.

성동역 증기기관차의 기적 소리가 마치 자명종처럼 길게 울리면 이제 본격적으로 아침이 시작된다. 어머님께서는 내가 조금만 게으름을 피울 요량이면,

"너는 아직 기차소리도 못 들었냐?"

라고 하시며 잠에 취한 나를 억지로 깨우곤 하셨다.

지금 성동역은 1971년에 사라지고 후에 미도파백화점으로 바뀐 후 지금은 무슨 약령상가가 된 것으로 아는데, 지금도 그쪽을 지나게 되면 예전의 성동역 기적 소리가 귓가에 맴돌곤 한다. 서울내기인 나에게는 기차는 오히려 경외로운 교통수단이었다. 시골 아이들은 철로 변에 살거나 역 주위에 살던 아이들은 온종일 기차를 보고 살았겠지만, 서울하고도 종로에 살던 나에게는 비교적 신기한 탈거리였던 셈이다.

그렇게 원하던 기차여행을 이듬해 하게 되었다. 기적 소리가 귀에 익어갈 무렵 어느 여름 날. 어머께서 곱게 차려입으시고 나에게도 좋은 옷과 신발을 신으라 하시더니 조그만 보따리와 양산을 드시곤 나를 앞세우고 종로6가에서 버스를 타고 제기동으로 향했다. 나는 무슨 영문인지도 모르고 어디 좋은 데 가나 보다 하고 신이 나서 따라나섰다. 이윽고 내린 곳이 바로 성동역. 나는 드디어 기차를 타고 어머니와 함께 어디를 가는구나 하고 입이 귀에 걸렸다.

어머니께서는 '독바위'라고 하는 당신의 외삼촌 댁에 나를 데리고 갈 일이 있었던 모양이다. 이윽고 어머니께서 매표소에서 표를 산다. 표가 어떻게 생겼는지 궁금한 나는 엄마에게 표를 보여 달라고 하여 찬찬히 살펴보았다. 아이들이 흔히 갖고 놀던 딱지 크기 절반만 한 회색 두툼한 종

이에는 발매한 곳과 내릴 곳, 그리고 요금과 등급 등이 인쇄되어 있는데 개찰구에서 역무원이 일일이 승객에게 표를 보여 달라고 한 후 펀치로 표에다가 구멍을 숭숭 뚫어 주었다. 할머니들은 무슨 보물인 양 몇 번을 살펴보곤 속치마 속으로 얼른 집어넣는다. 할아버지는 두루마기 속저고리 주머니에 소중하게 집어넣는데 개찰구 입구에 떡 버티고 있는 경찰과 헌병이 눈을 잔뜩 부라리고 개찰구를 통과하는 승객들의 위아래를 훑어보곤 한다. 지금 생각해 보면 공항 출입국 과정 같았다.

드디어 플랫폼에서 기차를 기다리고 있는데 선로에는 어디서 왔는지 어디로 가는지 모르는 다양한 화차들이 줄지어 서 있고 그 화차에는 벌목한 나무, 석탄, 시멘트 등이 잔뜩 쌓여있으며 차량 검수원들이 조그만 쇠망치를 들고 화차 바퀴를 통통 치면서 부지런히 다니고 있는 모습이 한눈에 들어왔다.

승객들은 남녀노소 할 것 없이 모두 보따리나 큰 가방을 들고 플랫폼에서 서성거리거나 자기들끼리 잡담을 나누고 있는데 휴가 나온 군인 아저씨들은 이미 낮술에 취해 비틀거리며 큰소릴 지르곤 한다. 얼마 지났을까. 시커먼 기관차 앞에 흰 글씨로 '미카'라고 적혀 있는 기관차가 서서히 진입하는데 이제껏 봐 왔던 전차는 증기기관차에 비하면 마치 장난감 같았다.

마치 큰 호랑이가 포효하듯 흰 증기를 내뿜으며 쉭쉭 거친 숨을 내뱉으며 쿵쿵거리는데 나는 이미 얼이 반쯤 나간 상태다. 이때 승객들은 일제히 객차 안으로 뛰어 올라가고 나도 뒤질세라 엄마 손을 꼭 잡은 채 객실 안으로 들어갔다. 자리를 잡고 둘러보니 군데군데 이빨 빠진 것 모양 빈자리가 있는 모습이 눈에 들어오는데 왜 그리 기를 쓰고 올라탔는지, 아마도 한국인의 유전인자에는 무조건 빨리 올라타 자리를 잡는 게 습관이 아닌가 싶다.

여객전무가 호루라기를 냅다 몇 번 불고 알 수 없는 소음이 한동안 들리더니 드디어 기적 소리를 길게 울리고 열차는 덜컹거리며 출발을 했다. 자리에 앉고 보니 마음에 여유가 생겨 이리저리 살펴보는데 나무로만 된 딱딱한 마주 보는 의자와 여기저기 때가 잔뜩 낀 통로 등 객차 내 시설이 어린 내가 봐도 영 마땅치 않았다. 더욱 모든 구조물은 오래돼서 그런지 아귀가 맞질 않아 열차가 움직이면 모든 곳에서 합창하듯 삐거덕 소리가 나는데 보통 소음이 아니었다. 그래도 생전 처음 기차를 탔다는 사실이 못내 흥분되어 연신 고개를 돌려 주위를 살피기에 바빴다.

그렇게 열차는 긴 기적 소리를 뒤로한 채 출발하고 한여름 낮의 햇볕은 따갑고 눈이 부시지만, 엄마와 함께하는 기차여행은 생경함과 낯선 볼거리에 마냥 흥분되는 일이었다. 조금 가다 보니 어느덧 도시 풍경은 사라지고 농촌 전원 풍경이 눈앞에 펼쳐지는데 서울 촌놈인 나는 차창 밖 풍경 모든 것이 마냥 재미있었다.

잠시 후 군청색 제복과 모자를 쓴 남자가 양손과 어깨에 무언가를 잔뜩 걸치고 통로 사이를 다니며 망에 싼 사과, 삶은 달걀, 오징어, 양갱, 오비맥주, 서울 사이다, '미루꾸(캐러멜)' 등을 팔며 지나가고 있다. 평소에는 소풍 갈 때만 먹는 별식이라서 감히 엄마에게는 말도 못하고 마른침만 삼키고 있는데 엄마는 선뜻 판매원 아저씨를 불러 세우더니 조그만 사과 두 개와 삶은 달걀 두 알, 거기다 서울사이다까지 한 병 사시더니 나한테 주시는 게 아닌가. 이런 횡재가 어디 있겠나 싶어 얼른 사과 하나를 껍질도 벗기지 않고 우걱우걱 씹으며 한 손은 달걀껍질을 벗기기에 바빴다. 어머니는 웃으시며 천천히 먹으라 하시며 사이다병을 따 주시었다. 당시에는 단것이 귀해 사이다 같은 음료수는 아주 어쩌다 한 번 마시는 음료였다. 지금은 별로 눈길도 안 가는 먹을거리지만 그때는 왜 그렇게 맛있었는지….

기차는 기적 소리를 크게 울리며 증기기관차답게 칙칙폭폭을 연발하며 느리지만 힘차게 달리고 있다. 지금은 타고 싶어도 못 타는 '미카' 증기기관차.

철도박물관에서나 볼 수 있는 추억의 증기기관차.

초고속열차처럼 빠른 것만 강조하는 시대에 느리게 가는 기차를 다시 타 보고 싶은 생각은 나만 하는 걸까?

병원은 내 놀이터

　병원이 내 놀이터가 된 것은 내가 무슨 병치레를 자주 하여 병원에 다닌 게 아니라 집이 병원 사택이다 보니 병원 구석구석을 보고 다닌 이야기다.
　내가 태어나고 살던 곳은 동대문 안쪽 성벽 옆에 자리 잡은 이화여자대학교 의과대학 동대문 부속병원이었다. 지금은 철거되어 목동으로 이전했고 그 자리는 공원으로 조성돼있다.
　내 생가는 이화동으로 넘어가는 고개에 자리 잡고 있었다. 그러다 보니 병원은 나의 놀이터가 되고 유년의 추억이 고스란히 남아 있는 매우 의미 있는 공간이 된 것이다. 그곳에서 접한 수많은 사람과, 사연 그리고 병원 시설물은 지금도 또렷한 기억으로 남아 있다.
　지금은 도로지만 당시에는 병원 입구가 있었다. 푸른색 철제 자바라 문은 늘 열려 있지만, 파월장병 시가행진이나 큰 시위가 있으면 닫혀 있고 우측 쪽문을 통해 출입할 수 있었다. 통금이 시작되는 자정에는 문을 닫는다.
　병원 입구는 매우 가팔랐는데 우측에 하얀색 작은 목조건물은 경비실이다. 경비실에는 경비 아저씨 두 명이 맞교대로 근무를 서고 종로경찰서 정보과 형사 두 명이 자주 들락거렸다. 한 형사는 젊었고 다른 늙은 형사는 일본강점기부터 순사를 했다고 한다. 늙은 정보과 형사는 예전 시절이 그리워서였는지 늘 '당꼬' 바지에 '도리 구찌'를 쓰고 다닌 왜소한 체격이었지만 눈매는 매우 날카로웠다. 가끔 수갑을 꺼내 흔들며 자기 말을 안 들으면 잡아간다고 날 놀리기도 했다.

나를 보며 혼잣소리로 옛날이 참 좋았는데… 하며 넋두리를 하기도 했다. 병원 직원들은 늙은 정보과 형사를 보면 괜히 슬금슬금 피하기도 했다. 예나 지금이나 정보과 형사들하고는 별로 친해지고 싶지 않은 것이다.

입구를 지나 오른쪽에는 하얀 3층 건물이 한 채 서 있는데 외래였다. 앞에서 보면 1층이지만 뒤에서 보면 3층 건물이었다. 여기서 접수를 하고 내과, 외과 등 각 과의 외래 업무를 보았다. 집 뒤에 야외 변소를 가기 싫거나 하면 외래 화장실을 사용하기 위해 자주 들락거렸다. 하지만 오후 6시면 문을 잠근다. 하릴없이 외래를 놀러 가면 대기실 복도나 진료실에서 환자, 의사 할 것 없이 담배를 나누어 피우며 진료를 봤다. 병원 복도나 진료실에서 담배를 버젓이 피운다는 생각은 지금 상상도 못할 일이다.

외래건물 뒤쪽에는 동대문교회와 담을 같이하고 있는데 석축이 높고 길어 늘 어둡고 침침하였다. 하지만 거기가 나의 주 놀이터였다.

외래건물 옆으로는 정구 코트가 있다. 의사들이 여유시간이 되면 거기서 정구 경기를 하고는 했다. 병원 체육대회를 하거나 의대생, 간호대생들이 체육대회를 하는 날은 배구, 정구, 계주 등을 하였다.

조금 더 올라가면 오른쪽에는 의대생들이 공부하는 교실이 있다. 교실은 놀러 가 봐야 책걸상과 칠판만 있어 재미가 없기에 별로 가지는 않았다.

외래 병동 앞에는 넓은 마당과 빨간 벽돌로 매우 아름답게 지은 2층 건물이 있는데 임상 병리나 여러 가지 실험을 하는 곳이다.

　나는 지금도 그 건물이 철거된 것에 대해 매우 가슴 아프다. 건축학적으로나 문화사적으로도 의미가 많은 건물이었을 텐데 무작정 철거를 하여 과거와의 단절을 해 버렸으니 지금도 많이 아쉽다.

　1층 한쪽 구석에는 채혈실이 있어 매주 특정 요일이면 '매혈자'들로 넘쳐난다. 당시에는 피를 돈을 주고 팔았기에 한 푼이 아쉬운 가난한 사람들이 자주 왔다. 마당 끝에는 '매혈자'들을 위한 목조로 지은 간이변소가 있는데 목조가 썩지 말라고 '콜타르'를 잔뜩 발라 나무 색깔이 새까맣다. 가끔 소독약을 뿌려 약 냄새가 많이 나기도 했다.

　변소 뒤로는 조그만 채소밭이 있는데 수위 아저씨가 배추나 이런저런 채소를 재배했다. 가끔 변소에서 똥바가지로 똥오줌을 퍼 거름으로 준다고 채소밭에 뿌릴 때면 냄새가 진동해서 병원 높은 사람에게 욕을 먹기도 했다. 그래서 그런지 두 번 정도 경작을 하고는 밭을 갈아엎었다.

　그즈음 아버지에게도 일화가 하나 있다. 어느 날 각목과 판자 그리고 철망을 가지고 오셨다. 아기 손바닥만 한 마당에서 며칠 뚝딱거리시더니 엉성하지만, 닭장 비슷한 걸 만들었다. 다음 날 중닭 몇 마리를 닭장에 넣고 나보고 사료나 물을 잘 챙겨 주라고 하신다. 나는 책임감 있게 사료와 물과 채소 잎 등을 모이로 주며 잘 키웠다. 중닭은 금방 자라서 아침마다 우리 가족에게 단백질 덩어리인 '유정란' 몇 개를 선물했다. 아침에 눈을 뜨면 제일 먼저 하는 일이 닭장에서 달걀을 가져오는 게 나의 일이었다. 그러나 닭 사육은 그리 오래가지 못했다. 수탉이 아침마다 큰소리로 울어대는데 동대문이 떠나갈 듯이 소리를 냈다. 닭이야 자기가 수컷임을 만방에 알리는 생리적 현상이라고 하지만 주변은 소음이었다. 시골도 아니고 종로6가 한복판에서 수탉 소리라니…. 결국 수위 아저씨의 채소밭과 우리 아버지의 닭은 그렇게 사라졌다.

병원 입구에서 왼쪽으로 고개를 쭉 올라가면 큰 마당이 나온다. 마당 왼쪽에는 영안실이 있고 오른쪽에는 단층 빨간 벽돌 건물이 한 채 있는데 예배실이었다. 영안실은 낡은 건물에 음습하였다. 다른 부속 건물 없이 달랑 한 채가 있는데 어린 마음에도 거기는 무서워서 자주 가 보지는 않았다. 하지만 영안실 마당 한쪽 구석에 미군 '스리쿼터'를 개조한 낡고 못 쓰게 된 병원 구급차가 세워져 있는데 주요 부품은 다 뜯겨 없지만 나 같은 아이들이 놀기에는 최고였다.

영안실 앞의 작은 예배실은 수요일이나 일요일에 병원 직원이나 의대생, 간호대생들이 모여 예배를 보던 곳이다. 안에는 오르간이 있는데 가끔 멀리서 들리는 은은한 오르간 소리가 듣기에 참 좋았다. 예배실 옆에는 큰 미루나무가 있는데 태권도를 잘하는 동네 형이 거기다 군용 '떠블빽(더플백)'에다 모래를 넣어 나무에 걸어 놓고 발차기와 정권 연습을 했다.

예배실을 끼고 돌계단을 한참 올라가면 병원 본관이다. 입구에서 쭉 올라와도 본관이기에 본관을 가려면 두 군데 길로 올라가야 한다. 병원 본관은 백색 건물인데 4층 정도로 기억된다. 본관 건물을 정면에서 바라보면 왼쪽으로 둥글게 램프로 돌출되어 있다. 돌출된 곳은 경사진 통로로 휠체어나 이동식 침대가 다니도록 맨드라미 식으로 되어 있다. 병실은 2·3층으로 기억되고 4층은 기숙사로 돼 있어 입구에는 '남성 출입 금지'라고 나무로 만든 안내판이 있다. 나는 '남성'이지만 어린아이였기에 무시로 출입을 했다. 기숙사는 침대가 군대 막사처럼 양쪽에 일렬로 쭉 들어섰고 각 침대는 하얀 천으로 가려져 있다. 일단 들어가면 여자들 특유의 냄새가 나서 '어린 남성'인 나도 야릇한(?) 생각이 났다.

한번은 병원 이곳저곳을 쏘다니고 있는데 해부학 시간이었던 모양이다. 해부학 교실은 천장 위를 투명 유리로 만들어서 위에서 부감으로 해부과정을 한눈에 볼 수 있게끔 해 놨다. 내가 어찌해서 거기까지 들어갔는지는 모르겠지만 이미 사체의 온몸을 절개하여 벌려 놓았다. 나는 두려움보다는 호기심으로 한참을 보고 있다가 누군가에게 들켜 쫓겨나왔다. 그때의 경험인지는 몰라도 나는 지금도 피나 처참한 모습을 봐도 전혀 무섭거나 느낌이 없다. 아마 의사가 되었으면 뛰어난 해부학자가 되었을 텐데….

병원 조리실에는 어머니 친구분이 근무를 하셨다. 가끔 놀러 가면 하얀 조리복과 위생모를 쓰신 나에게는 일명 '은주아줌마'가 열심히 조리하고 계셨다. 다 만들어진 음식물은 내부 조그만 승강기를 이용해 오르락내리락했다.

나는 거기서 생애 처음 맛보는 크로켓(일명 고로케), 동그랑땡, 수프 등을 맛봤다. 맛은 기가 막혔다. 양식은 별로 즐기지 않지만 어릴 적 그 맛이 살아나 지금도 잘 먹는 음식 중의 하나다.

본관 오른쪽에 역시 붉은색 벽돌 단층 건물이 하나 있다. 1층은 기억이 나지 않고 지하에는 매점과 식당이 있었다. 병원에서 나를 아는 직원들이 나를 보면 예쁘다고 가끔 매점에서 주전부리를 사 주고는 했다.

병원 본관 왼쪽에는 쓰레기장과 노천 소각장이 있는데 트럭 몇 대부분의 쓰레기가 많이 쌓여 있었다. 쓰레기 더미에서는 늘 연기가 나며 타는 냄새와 알 수 없는 냄새들이 섞여 있었다. 링거병, 버린 석고붕대, 폐주사기, 약솜, 피가 잔뜩 묻은 거즈 등이 마구 버려져 있는데 어린 내가 봐도 불결하고 위생이 엉망이었다. 지금 같으면 상상이나 하겠는가? 그래도 당시에는 아무 문제가 아니었다.

본관 왼쪽으로는 나무문이 하나 있다. 나무문을 지나면 본관 뒤로 전혀 다른 세계가 나온다. 다양한 꽃나무를 심은 정원이 있고 오른쪽으로는 양철로 만든 '퀀셋' 건물이 몇 동 있다. 지대가 높아서인지 소음도 없이 고즈넉했다. 아버지는 근무가 끝나면 거기서 책도 읽으시고 휴식도 취하셨다.

병원의 배치가 전체적으로 가파른 언덕을 이용해 만들어서인지 한겨울에 갑자기 눈이 많이 오면 본관 쪽으로 올라가기가 매우 힘들었다. 가파른 경사 때문에 잊지 못할 사고가 있었다. 미군 트럭을 개조한 구급차가 본관에서 내려오다가 브레이크 파열로 경비실 옆 의자와 담을 부수고 동대문 앞 도로에 거꾸로 뒤집혔다. 다행히 인도를 지나 차도로 떨어졌기에 걷던 행인은 피해가 없었고 도로에 차량도 한산해서 운전기사만 다치고 말았다. 빨간 벽돌로 만든 담벼락이 부서지며 인도 아래로 떨어졌는데 천만다행으로 마침 보행자가 없었다. 나는 사고 나기 불과 몇 분 전에 소아마비에 걸려 다리가 불편한 동네 형하고 의자에서 바둑을 두고 있었기에 나도 천운이었다.

종로6가 한복판이었지만 병원이라는 특수성과 직원들의 친절함으로 나는 누구 못지않게 유년의 행복한 추억을 남길 수 있었다.

1970년 종로6가에서 휘경동으로 이사를 했다. 그 후에 시내에 나갈 일이 있으면 꼭 동대문 병원을 한동안 보고 갔는데 갈 때마다 나의 '생가'는 헐리면서 도로가 나고 병원 건물이 철거되더니 급기야 이대병원은 목동으로 이전했다. 지금 그 자리는 동대문 성곽공원과 서울시 디자인재단이

들어서 예전 모습은 전혀 찾을 수 없다.

또 하나의 슬픈 기억은 내 바로 밑에 여동생이 대학 졸업반 가을에 급성백혈병으로 이대병원에서 유명을 달리했다. 자기가 태어나고 자기가 자란 곳에서 23세를 일기로 먼저 간 것이다. 지금도 그쪽을 지나가다 보면 만감이 교차한다. 유년의 추억과 동생의 죽음이 오버랩되어 가슴이 너무 아프다. 살아 있다면 50대 중반이 되어 빠르면 '할머니'도 되었을 텐데….

보고 싶은 예쁜 내 동생 금옥아!

진공관 전축

우리 집에 근사한 전축이 생겼다. 당시에 전축은 상당한 고가품이었다. 웬만한 집에서는 조그만 라디오 하나만 있어도 꽤 '문화적'인 집으로 간주하고 미제 제니스 같은 라디오 한 대만 있어도 잘사는 집에 속하던 시절에 전축이라니 꿈만 같은 일이었다. 그렇다고 내가 음악을 즐겨 듣는 나이는 아니지만, 동네방네 자랑할 일이 생긴 것이다.

우리 집이 잘사는 집이라서 전축을 산 것은 아니었다. 어머니가 이웃집에 돈을 빌려 주었는데 빚진 이웃집 아주머니가 쫄딱 망하면서 당시 황무지나 다름없던 천호동으로 야반도주하듯 도망을 쳤다. 그러면서 빚 대신 전축을 하나 놓고 갔다. 전축의 상표가 '별표'인지 '천일사'인지 기억은 잘 나지 않지만 멋진 '호마이카'(원래는 '포마이카'라고 부른다) 가구 스타일로 만들었다. 네 다리가 있고 양쪽에는 스피커가 있으며 가운데는 문이 달려 평소에 문을 닫아 두면 그냥 가구처럼 보였다. 가운데 문을 양옆으로 밀면 아래에 턴테이블이 있고 가운데는 여러 조작 장치들이 있다. 라디오를 같이 들을 수 있는 겸용이었다. 가운데는 크고 작은 진공관이 여럿 달려 있어 전원을 켜면 불이 희미하다 점차 밝아진다. 턴테이블이 있는 공간은 바늘을 움직이면 빨간 꼬마 장식등이 켜진다.

엘피(LP)판은 전축 안에 세워서 보관하는데 가끔 엘피판보다 작은 도넛

판도 있다. 이름 그대로 도넛처럼 생겼다 해서 그렇게 불렀다. 우리 집에는 주로 이미자나 더 오래된 대중 가수들의 히트곡 모음앨범 등이 있었다. 이은관 선생의 배뱅이굿이나 희심곡 등 민요 판도 제법 있었다. 특이한 것은 장소팔, 고춘자의 '만담'을 레코드로 제작해 판매한 것이다.

  이웃 더벅머리 동네 형집에 놀러가면 미군부대 피엑스에서 흘러나온 미제 원판이 몇 장씩 있다. 60년대를 주름잡던 가수들의 팝송인데 형은 그 판을 신줏단지 모시듯 한다.

  나는 이상하게 부모님이 한 번도 전축을 사용하는 것을 보고 듣지 못했다. 분명 판은 있는데 도무지 전축을 안 들으시는 것이다. 대신 라디오는 옆에 끼고 노상 듣고 계셨는데 그 바람에 전축은 내 차지였다. 그렇다고 어린아이에 불과한 내가 음악을 뭘 안다고 전축을 틀어놓겠는가. 하지만 그래도 호기심에 집에 있는 판은 다 들어 봤다.

  그래서 지금도 그때 들은 민요 가락이나 배뱅이굿 한 대목, 그리고 회심곡 앞 가락은 흉내를 내기도 한다. 어릴 적 들은 음률이 꽤 오래가는 모양이다.

  90년대 초반 이미자 선생님과 방송 프로그램을 같이한 적이 있다. 이때 내가 선생님의 열렬한 팬이라고 했더니 얼마나 좋아하시던지 나에게 점심도 사 주셨다. 예전에 집에 선생님의 〈동백아가씨〉 초판이 있다가 이사를 하면서 잃어버렸다고 하니까 선생님이 나보다 더 아쉬워하셨다. 당신도 없는 판이었는데 지금껏 보관을 잘했으면 보물이 되었을 텐데 하시며 입맛을 다시셨다.

  라디오는 내 기억에 별로 즐겨 듣던 매체는 아니었다. 드라마나 연속극은 지금도 듣고 보지 않지만, 그 시절에도 그랬던 것 같다. 그래서 그런지 지금도 다큐멘터리로 밥을 먹고 사는 직업이 잘 맞는 것 같다.

그래도 기억나는 라디오 프로그램은 〈김삿갓 북한 방랑기〉라는 5분 반공드라마였다. 고 김정구 선생님이 부른 〈눈물 젖은 두만강〉의 시그널 음악이 나오면서 시작되는데 이 방송을 들으면 북한에 대한 적개심이 절로 일어났다.

어느 날 아버지가 영어회화를 배울 수 있는 레코드를 가지고 오셨다. 초급 회화였는데 교재도 같이 있고 해서 배우기가 좋았다. 문제는 턴테이블에 올려놓고 돌리다 다시 듣고 싶으면 정교하게 그 위치에 가지 않고 왔다 갔다 한다는 게 문제였다. 초등학교 2학년생에게는 무리였다. 우리말로 토를 달아 알파벳을 몰라도 배울 수 있었는데 그게 귀찮아서 하다 말았다. 성인이 된 지금 가장 후회하는 점은 그 시절 영어회화만이라도 제대로 배우지 못한 일이다. 특히 언어는 머리가 굳기 전에 배워야 한다는 만고의 진리를 왜 그때 깨닫지 못했을까. 지금도 못내 아쉽다.

우리 집에 떡하니 가구로 자리 잡고 있던 전축이 어느 날 없어졌다. 아마 어머니가 집에서는 별로 효용가치가 없어서일까 팔아 버린 것 같았다. 나도 크게 아쉬울 거는 없었다.

동네 형 집에 놀러 가면 조그만 휴대용 전축이 하나 있었다. 월남전에서 돌아온 큰 형님이 사가지고 왔다고 하는데 이름하여 '야전' 즉 휴대용 야외전축이었다. 앙증맞게 생긴 전축(턴테이블)은 레코드보다 크기가 작아 턴테이블에 올리면 레코드만 보였다. 동네 형은 '야전'을 틀어 놓고 신나게 춤을 추기도 하고 당시 인기 대중가수의 흉내를 내기도 했다. 스피커가 작다 보니 음량은 별로였지만 그런대로 들어줄 만했다.

얼마나 오랫동안 사용했는지 엘피판 홈에 문제가 생겨 같은 소절을 반복하면 형은 얼른 바늘을 옮겨 다음 소절로 넘어가곤 했다.

　80년대에서 90년 초반까지 널리 쓰였던 엘피판과 턴테이블은 내가 다큐멘터리 작업을 하며 후반 음악 작업을 할 당시까지도 변함이 없었다. 녹음실에 빼곡하게 꽂혀있는 엘피판의 숫자가 녹음실의 규모를 말해주었다. 저작권의 개념도 없던 시절에 음악 감독은 커다란 여행용 가방에 자기만의 엘피판을 들고 와 작업을 하는데 필요한 음악 부분에다 바늘을 올려놓고 미리 구동시킨 다음 감독의 큐 사인에 의해 턴테이블을 잡았다 놓으면서 음악을 입혔다. 그 모든 작업을 수작업으로 하는데 지금 생각해도 우리 한국인들의 손재주는 대단했다.

　오늘날의 음향기기는 그야말로 변화에 변화를 거듭하여 가히 혁명이라 할 만하다. 진공관 시대를 거쳐 트랜지스터로, 디지털로 정신없이 변하였다.

　이제 "전축"은 서울 황학동 골동품 거리에 가도 귀한 대접을 받는 시대가 되고 레트로 감성을 자극하는 진공관 없는 "현대화"된 전축을 만들어 파는 시대지만 전원을 키면 천천히 예열되면서 느리게 작동하는 진공관 전축이 보고 싶다.

　지금 시절이야 억대를 호가하는 음향기기를 설치하는 돈 많은 마니아도 제법 있지만 그래도 나는 예전 턴테이블에 바늘을 올리면 빨간 장식등이 켜지며 찌직 찌이직 소리가 나는 '따뜻하고 정감 있는' 전축이 그립다

　기회가 되면 베토벤의 웅장한 교향곡을 옛날 '전축'에 올려놓고 듣고 싶다.

유명인을 보다

 코미디언 서영춘. 당대 최고의 스타이자 지금도 많은 사람의 사랑을 받고 있는 최고 연예인 중의 한 분이다. 지금도 후배 코미디언들이 패러디하는 영원한 희극인인데 나는 이분과 한참 대화를 나누고 용돈을 받은 믿기지 않는 일을 경험했다.

 1969년 서영춘 선생은 큰딸 서현선을 출산하러 이대부속병원에 오셨다. 나는 당시 5학년을 다니고 있어 세상 돌아가는 모양은 얼추 알고 있었다.

 그날도 병원 큰 공터에서 놀고 있는데 외국제 승용차가 들어왔다. 승용차 보기가 쉽지 않던 시절에 그것도 외국제 승용차가 들어오니 호기심이 발동했다. 나중에 서 선생 본인이 이야기하길 '링컨 스테이션 왜건'이라고 하셨다. 길다란 차체에 트렁크 대신 적재함이 있고 차 옆으로는 갈색 나무 같은 걸로 덧대 한결 멋있었다.

 차에서 내리는 사람은 다름 아닌 당대의 '슈퍼스타' 서영춘이었다. 나는 순간 내 눈을 의심했다. 세상에나 '살살이' 서영춘이를 직접 보다니 그것도 나 혼자서…. 서영춘 선생은 '살살이'라는 별칭이 더 어울렸다. '막둥이' 구봉서, '비실이' 배삼룡 하듯이 말이다. 그러나 촌아이들처럼 굴면 안 된다고 생각하고 천천히 서 선생님에게 다가갔다. 서 선생님은 나를 보더니 손을 번쩍 들고 특유의 웃음을 보이셨다. 어른에게는 무조건 인사부터 해야 한다는 교육을 받은 터라 인사를 했더니 반갑게 답례를 해 주신다. 나보고 어디 사느냐고 묻더니 병원에 살고 있고 아버님이 병원에 근무한다니까 나에게 이것저것을 물어 보셨다. 나는 신이 나 병원에 대해 뭘 얼마나 안다고 아는 체를 했다. 나는 어떻게 오셨냐고 어린이답지 않게 점잖게 여쭈었다.

선생께서는 오늘 아기를 낳으러 왔다고 하신다. 그 아이가 바로 1969년에 태어난 '서현선'이다. 세상에서 제일 바쁜 유명연예인이 한가롭게 병원 큰 마당에서 나와 이야기를 하고 있으니 꿈인지 생시인지 나도 헷갈릴 지경이다. 서 선생님은 이런저런 이야기를 했는데 지금은 무슨 이야기를 나누었는지 별로 기억은 없다. 생각해 보나 마나 공부 열심히 하고 부모님 말씀 잘 들으라는 공자님 말씀이었겠지만. 그러더니 시계를 보시더니 이제 애가 나올 때가 된 것 같다고 하시고는 위로 올라가셨다.

나는 한걸음에 집으로 달려가 어머니에게 말씀드리니 어머니도 호기심을 보이시며 나오려 하신다. 아이나 어른이나 유명인에게는 약한 모양이다. 다음 날 서 선생님이 다시 오셨다. 역시 혼자였다. 내가 잽싸게 큰 마당으로 올라가니까 선생님도 알은체를 한다. 오늘 아기를 데리고 퇴원하신다고 했다. 그러면서 내 머리를 쓰다듬으며 공부 열심히 하라고 하신 후 본인이 연기하는 것 중의 하나인 '사팔뜨기' 흉내를 내며 나를 웃겼다.

그러시더니 지갑에서 돈을 꺼내 주시는데 상당히 많은 금액이었다. 나는 어머니에게도 알리지 않고 한 달 이상을 잘 먹고 잘 쓰고 했으니 꽤 큰 돈이었으리라. 저녁에 집에 오신 아버지에게 서영춘과의 일을 말씀드리니까 그렇잖아도 예쁘고 건강한 아기가 잘 태어났다고 하신다. 용돈 받은 이야기는 안 했다. 만약 이제 2세인 서현선 씨를 만나면 아버지와의 관계를 꼭 말해 줘야겠다. 아쉬웠던 건 '사인' 하나 사진 한 장 남기지 못한 것이다.

그보다 몇 해 전, 역시 동대문 이대부속병원이다. 당시 대한민국을 떠들썩하게 한 '천재 소년' 김웅용 군이 아버지와 함께 병원에 온 것이다. 웅용의 동생을 보기 위해서다. 웅용이의 아버지는 당시 대학교수라고 하는데 그냥 평범한 이웃집 아저씨처럼 보였다. 그러나 웅용이는 옷을 잘 차려입고 예쁘장하니 귀엽게 생겼다. 그래 봐야 나하고 4살 차이밖에 나지 않지만 나는 초등학생이고 웅용이는 아직 미취학 상태였다. 그래서 그런지 나에게는 한참 어린 동생으로 보였다. 웅용이의 아버지는 자기 자식을 자랑하고 싶었는지 나에게 웅용이를 아느냐고 물어 보신다. 나는 이미 소년신문을 정기구독하고 있기에 당연히 안다고 대답을 하니 저 아이가 '천재 소년' 김웅용이란다. 나는 놀라서 다시 한 번 유심히 보는데 일반 아이들하고 전혀 차별이 없었다. 그래서 내가 시큰둥하니까 아버지가 웅용이를 불러 나를 인사시킨다. 너보다 형이라고 하면서 인사를 시키는데 아무리 봐도 그냥 평범한 아이였다.

모래성을 쌓기도 하고 의자 위를 폴짝거리고 뛰어다니는데 천재성은 고사하고 그냥 또래의 아이였다. 웅용이의 아버지는 내가 실망하는 눈치가 역력하자 갑자기 아이에게 내가 알 수 없는 이상한 문제를 내더니 풀어 보라고 한다. 순간 웅용이의 안색이 별로 좋아 보이지 않더니 그냥 가버렸다. 이때 아버지의 말씀이 걸작이었다. 쟤가 오늘은 기분이 별로인 모양이라고 하시는데 나는 웃음이 나올 뻔했다.

이후 어색한 분위기가 흐르고 나는 웅용이 아버지에게 건방진 말씀을 드렸다.

"에이~ 더 커 봐야지요. 지금 알겠어요?"

순간 웅용이 아버지의 참담한 표정이 지금도 생각이 난다. 결국, 웅용이는 많은 사람의 기대(?)에 벗어나 평범한 삶을 살고 있다고 한다.

이후에 웅용이는 미국에서 공부한다는 등 잊혀 가는 "천재"가 되고 말았지만, 지금은 성인이 되어 행복하게 잘 살고 있다고 한다. 혹시 세간의 주목을 너무 받거나 부모의 기대가 커서 한 아이의 행복추구권을 방해하지 않았나 하는 생각이 든다. 어찌 보면 평범하게 사는 게 제일 행복한 삶이 아닐까 싶기도 하다.

웅용이의 천재성은 사회가, 아니면 주변에서 망친 것은 아닐까 하는 생각이다.

목욕탕과 이발소

초등학교 시절 일요일이면 어김없이 아버지를 따라 목욕탕을 가야 했다.

입학 전에는 어머니를 따라 여탕을 다녀야 했지만, 어느 날부터 내가 가기가 민망스러웠다. '뭔가 수상한' 느낌이 들어서였다.

한여름에는 매주 가지 않고 한 달에 한 번꼴로 간다. 종로6가 집을 나와 창신동 방향으로 가다 보면 왼쪽으로 낙산 올라가는 길이 있다. 그쯤에 흰색 타일로 외벽을 장식한 목욕탕이 있는데 거기가 우리 집이 단골로 다니던 곳이다.

아버지는 목욕수건과 비누, 그리고 당신이 사용할 면도기 등을 챙긴 후 집을 나선다. 나는 마지못해 따라나선다. 왜냐하면, 때를 밀 때 아버지가 빡빡 밀어 아프기 때문이다. 입구에서는 주인이 돈을 받고 표를 내준다.

남탕과 여탕이 좌우로 분리돼 있는데 문은 없고 비닐로 된 술이 달려 손님이 드나들 때마다 탈의실이 살짝살짝 보이곤 했다. 어른들은 짐짓 모른 척 헛기침을 해 대며 들어가고 가끔 마주치는 동네 더벅머리 형들은 흘낏 쳐다보기도 한다.

요금을 치르고 탈의실에 가면 우선 사람이 바글바글하다. 대개는 나처럼 일요일에 가족과 함께 오다 보니 아기부터 할아버지까지 입은 사람,

벗은 사람 할 것 없이 북새통을 이룬다. 옷장이나 바구니 숫자를 생각하지 않고 손님을 받다 보니 옷을 보관할 바구니가 부족해서 이미 벗은 몸으로 잔뜩 옷가지를 손에 들고 우왕좌왕한다. 그래도 누구 하나 주인에게 불평하는 사람은 없다.

옷을 벗고 탕에 들어가면 뿌연 수증기 때문에 잠시 앞이 보이지 않는다. 잠시 후 눈에 익으면 욕조 안에는 까만 머리만 보인다. 하도 사람이 많다 보니 포도송이처럼 보인다. 사람이 하나 나와야 들어가기에 탕 주변에 서성거리다가 자리가 비면 잽싸게 들어가야 한다. 나이 든 어른들은 머리 위에 수건을 척하니 올려놓고 알 수 없는 주문 같은 걸 중얼거리고 아저씨들은 콧노래를 흥얼거리기도 한다. 아이들은 물장구를 치고 싶어도 옆 사람이 있기에 자연스레 얌전히 앉아 있지만, 물이 뜨거워 일찍 나온다. 넘칠 듯 말 듯한 탕 안의 물이 넘실거리면 반바지만 입은 종업원이 수시로 들어와 매미채 같은 뜰채로 물 위의 흰 때를 걷어 낸다. 종업원이 안 들어오면 성질 급한 손님이 출입구에 대고 소리를 질러 때 좀 걷으라고 외치기도 한다.

옆의 여탕과는 벽 위에 조그만 창틀만 한 구멍이 나 있어 아기들의 울음소리가 요란하게 들리고 남탕보다 늘 시끄러웠다.

편안한 휴식이라기보다 오직 묵은 때를 벗기기 위해 목욕탕을 오는 것이다. 하기야 평소 집에서의 목욕은 언감생심 꿈에도 못 꿀 일이다. 여름철에는 마당에 있는 수돗가에서 그냥 씻으면 되고 한겨울에는 부엌에서 물을 덥혀 와 방에 세숫대야를 갖다 놓고 겨우 얼굴과 발만 씻을 정도였다. 어른 여자들은 부엌문을 꼭꼭 여닫고 중요 부위만 씻었다.

적산가옥인 일본식 집에 사는 아이들의 이야기를 들으면 큰 무쇠솥에

물을 끓여 들어가 앉아 몸을 불리고 때를 밀었다고 한다.

추석이나 설날에는 목욕탕 앞에서 번호표를 받고 차례를 기다리는 진풍경도 벌어진다. 믿기지 않겠지만, 형편이 어려운 아이들은 겨울 한철 내내 목욕을 한 번도 못한 아이들이 많았다. 그러다 보니 '이'도 많이 생겨 온몸이 근질거리기도 하고 '서캐'라 하여 '이'의 알이 머릿속에 자리 잡고 앉아 여자 아이들은 '참빗'으로 머리를 빗으면 '서캐'가 하얗게 떨어지곤 했다. 그래서 한겨울에는 가끔 옷을 홀랑 뒤집어 마당에 나가 털어 내고 햇볕에 말리기도 했다.

그렇게 개운한 목욕을 마치면 다음 차례는 이발소였다. 보통 이발은 아이들은 2, 3개월에 한 번 가곤 했는데 자주 가던 이발소는 동대문 성벽을 끼고 올라가다 보면 허름한 판잣집에 이발소가 있다.

이발 의자가 3개인데 그중에 하나는 나무로 만들었다. 나이가 들어 보이는 아저씨와 17, 8세 정도 보이는 머리 감겨 주는 형, 그리고 나이가 많은 면도사 아주머니 등 세 명이 일하고 있다. 허름한 이발소는 늘 손님들로 북적거리는데 아마 주로 일요일에 머리를 자르러 오기 때문일 것이다.

내 차례가 되면 이발사 아저씨는 나를 의자에 앉히는데 의자 팔걸이에 널빤지를 올려놓고 거기에 앉으라 한다. 키를 맞추기 위함이다. 그때 아이들은 대개가 '상고머리'라 하여 뒤를 바짝 깎고 앞머리를 2, 3㎝ 남겨 두는 머리인데 그냥 빡빡 민 아이들도 많았다. 드물게 '하이칼라'라 하여 '있는 집' 아이들 머리는 길게 길러 3대 7 정도 가르마를 타 멋지게 넘긴 것이다. 머리 모양만 가지고도 그 집의 생활수준을 바로 알 정도다.

빡빡 미는 아이들의 이발은 아주 간단했다. 양쪽 손잡이 사이에 용수철이 달린 기계식 '바리캉'으로 '차각차각' 밀면 그만이다. 간혹 '바리캉'의 성능이 안 좋아 머리가 집히기라도 하면 자기도 모르게 눈물이 찔끔 나오기도 한다.

　머리통을 이리저리 잡고 흔들고 보다가 이발사 아저씨는 뒷머리를 면도기로 정리한다. 이때 어느 틈에 올려놨는지 내 어깨에는 신문지를 사각형으로 자른 종이가 있고 거기에 면도칼을 쓱싹 닦으면 뒷머리 정리도 끝이다. 그러고는 이발소에서 일하는 머리 감겨 주는 형의 손에 이끌려 군데군데 타일이 벗겨진 세면대로 간다. 추운 겨울이 아니면 그냥 찬물이다. 정신이 번쩍 나게 찬물로 머리를 감겨 주는데 샴푸는커녕 빨랫비누가 아니면 다행이다. 머리를 감겨 주는 형의 손이 우악스러워 머리가 아플 지경이다.

　이때쯤 아버지의 이발도 거의 끝나 가고 면도만 남았다. 면도사 아주머니가 서랍장에서 면도칼을 꺼내 의자 앞에 달린 갈색 긴 가죽 띠에다가 면도칼을 간다. 앞뒤로 쓱쓱 예닐곱 번을 갈고 비누를 물에 풀어 하얀 거품을 만들어 낸 면도 크림을 솔에다 잔뜩 묻혀 얼굴 이곳저곳에 바른다. 겨울에는 면도솔을 난로 연통에 한 번 쓱 대어 찬 기운을 없앤다. 그러고는 거침없는 손놀림으로 면도를 하는데 순식간에 끝낸다. 이발을 끝낸 아버지가 참 멋있어 보인다. 대기하는 손님들은 서로 잘 아는 사이인 듯 쉼 없이 이야기하는데 박정희가 어떻고 월남전이 어떻고 하며 열변들을 토한다.

　요즈음이야 거의 다 집에 화장실 겸 목욕을 할 수 있는 시설이 되어 샤워 정도는 매일 하다시피 한다. 지금은 목욕탕을 간다 하면 사우나를 떠올리고 전날 먹은 술이 덜 깨서, 피로를 풀려고 또는 건강으로 간다. 심지어 때를 미는 것조차 귀찮아 돈을 주고 사람을 사 때를 밀기까지 한다. 여자들은 사우나에 가서 미용을 핑계로 우유, 오이 등으로 온갖 호사를 누리고 온다.

점점 사라져 가는 것 중의 하나가 '동네 목욕탕'이다. 어릴 적 동네 친구들과 서로 등을 밀어 주며 '목욕탕 수영'을 즐겼던 동네 목욕탕도 얼마 전 헐리고 그 자리에 '원룸'이 들어섰다.

요즘 이발소는 어떤가? 오히려 예전의 동네 이발소는 '모범업소'라는 간판을 걸고 여성 종업원 없이 이발사 혼자서 일당백으로 일한다. 아니면 '체인점'이다. 나머지는 이발이 목적이 아니라 여성 종업원의 나긋나긋한 손길에 취해 머리카락 한 올 손대지 않고 오는 '수상한 이발소'가 돼 버렸다.

비누 냄새와 포마드 냄새가 물씬 나며 흰 가운을 깨끗하게 차려입은 동네 이발사 아저씨의 가위질 소리, 바리캉의 사각거리는 소리, 그리고 조그만 라디오에서 나오는 이미자의 〈동백 아가씨〉 노래는 나로 하여금 나이가 먹었음을 증명하는 추억이다.

또 하나, 밀레의 〈만종〉을 비슷하게 그린 '이발소 그림'도 향수다.

# 구두닦이

　내가 살던 종로6가 이대부속병원 외래병동 앞에 구두닦이 일섭이 형이 있다. 성씨는 김가인지 이가인지는 기억이 가물거린다. 전쟁고아 출신인데 나이가 들어 고아원에서 나왔다고 했다. 일섭이 형은 부모님에 대한 기억이 전혀 없다고 했다. 고아원에서 들은 이야기로는 피난길에 공군기의 폭격으로 가족이 다 죽고 혼자 살아남았다고 하는데 그것도 고아원에서 들은 이야기란다. 시대의 큰 아픔이었다.

　일섭이 형은 아침이면 어김없이 병원으로 출근하는데 잠은 합숙소에서 자고 나온다고 했다. 구두통 등은 병원 경비실에 보관하고 빈 몸으로 나온다. 일단 출근(?)을 하면 외래에 있는 각 과를 돌며 의사선생님의 구두를 '찍어' 온다. 그러고는 수십 켤레의 구두를 반짝반짝 닦는데, 꼭 노래를 흥얼거리며 즐겁게 일을 한다. 흙이 묻거나 지저분한 구두가 형의 손을 거치면 '파리가 낙상할 듯' 광채가 나며 금방 새 구두가 된다. 나는 그 모습이 신기하여 형 옆에 쪼그리고 앉아 더러운 구두가 깨끗한 구두로 되는 과정을 열심히 지켜보곤 했다. 의사 선생님이나 직원들의 구두를 다 닦으면 병원에 오는 외래환자나 보호자들의 구두를 닦는데 이때는 외래병동의 구석구석을 다니며 사람들의 구두를 '찍어' 온다. 어린 내가 봐도 조금도 요령을 부리지 않고 열심히 일했다.

점심과 저녁은 조그만 미제 군용버너를 사용해 찌그러진 냄비에다 아침에 나올 때 사 온 '봉지 쌀'과 보리를 섞어 직접 밥을 지어 먹었다. 반찬은 오직 시어빠진 김치 하나뿐이었다. 가끔 단무지도 있긴 하지만 일 년 내내 보리밥과 신 김치가 형의 유일한 식단이었다. 어머니는 혹시 집에서 꽁치 같은 생선을 구워 먹을 때 한 토막이라도 꼭 일섭이 형에게 갖다 주라고 하신다. 아버지는 일섭이 형 이야기가 나오면 혀를 끌끌 차시며 얼마나 불쌍하고 고생이 많은 아이냐고 하시며 헌 옷가지며 김치 등을 잊지 않고 챙겨 주었다.

형은 저녁 무렵 일을 마치고 우리 집 마당에 있는 수돗가에서 구두약으로 더러워진 손을 씻고 세수를 하고 간다. 이때도 겨울이면 어머니는 꼭 따뜻한 물을 덥혀 손이 트지 말라고 하신다. 일섭이 형은 거기에 보답이라도 하듯 누가 시키지도 않는데 우리 아버지 구두를 깨끗하게 닦아 놓았다. 아버지 구두는 그래서 늘 깨끗했다.

명절 때가 되면 어머니는 양말 한 켤레라도 꼭 챙겨 주고 저녁에 초대하여 식사를 같이 하곤 했다. 그럴 때는 평소 먹던 식사량의 두 배는 먹는 것 같았다. 아버지도 이북 출신의 실향민이어서 같은 처지인 사람을 보면 아낌없이 베풀려고 하셨다.

일섭이 형은 나를 많이 귀여워하고 손님이 없으면 나하고도 잘 놀아 주었다. 특히 '다마치기(구슬치기)'나 '딱지치기'는 형만의 특별한 비결이 있어 그대로 전수받은 나는 동네에서 가장 구슬치기를 잘하는 측에 들었다. 형이 고아원 생활을 하며 배운 거란다.

어느 추운 1월에 형이 일을 마친 후 늘 그렇듯 우리 집에 와서 씻고는 어머니에게 뭐라고 말을 했다. 잠시 후 어머니는 나를 불러 형하고 영화

한 편 보고 오라고 하신다. 당시 한국 최초의 장편 만화영화인 〈홍길동〉이 장안의 화제를 불러일으키고 있었다. 나도 내심 보고는 싶지만 내색은 안 하고 있었는데 일섭이 형이 나를 데리고 영화를 보여 준다니 벌써 입이 씰룩거리며 웃음이 나오고 있다.

 형은 나를 데리고 동대문 종점에서 전차를 타고 종로3가에서 내렸다. 영화는 종로3가에 위치한 '세기극장(오늘의 서울극장)'에서 상영 중인데 사람이 참 많았다. 영화 〈홍길동〉은 객석이 온통 어린아이들이고 같이 온 어른들도 많이 보였다. 영화 상영 내내 누구라 할 것 없이 같이 발을 구르며 손뼉을 치며 열광의 도가니에 빠져들었다.

 영화를 다 본 형과 나는 극장을 빠져나와 극장 뒷골목에 즐비한 '생선구이 백반' 집으로 향했다. 꽁치구이를 시켜 금방 지은 따끈따끈한 밥을 먹는데 세상에서 그렇게 맛있는 생선구이는 처음 먹어 보았다. 적당히 비리며 짭짜름하니 기가 막혔다. 나는 그날 일섭이 형이 참 커 보였다. 나이에 비해 덩치가 크긴 했지만 그날만큼은 전쟁고아라는 생각도 잊어버리고 구두닦이라는 생각도 나지 않고 그냥 진짜 형 같은 생각이 들었다.

 그날 이후 내가 평소에 형을 놀릴 때 쓰는 '딱새'라는 표현은 안 했다. 형도 나를 진짜 친동생처럼 여기는 것 같았다. 그렇게 서로 우애 좋은 형제지간처럼 지내다가 어느 날 형이 우리 집에 와 부모님께 밑도 끝도 없이 큰절을 올리더니 이제 병원을 떠난다고 했다. 이게 뭔 일인가 싶어 어리둥절하고 있는데 형이 '입대'를 한 후 월남에 간다고 했다. 그리고 말없이 뒤돌아서는데 나도 모르게 눈물이 주르륵 나왔다. 부모님은 건강하게 잘 지내라고 인사를 하는데 그게 마지막 일섭이 형의 모습이었다.

 그 후 소식이 전혀 없었는데 어쩌면 전사를 했나 하는 불길한 생각이 떠나지 않았다. 만약 살아 있어 어디선가 살고 있으면 꼭 한 번 보고 싶고 형이 닦아주는 구두를 신어보고 싶은 마음이다.

그 많던 구두닦이도 이제는 보기가 힘들어졌지만, 예전 어렵고 힘든 시절에는 시내 곳곳, 즉 역전이나 버스 정류장 등에 구두닦이들이 서너 명씩 꼭 있게 마련이고 다방 등지에서는 소위 "찍새"들이 순회하며 손님들의 구두를 걷어가고 좀 고급스러운 빌딩 계단 한구석에 꼭 구두닦이들이 있게 마련이었다. 비록 옷은 허름하게 입어도 구두만큼은 반질반질하고 다니는 게 일종의 멋이었던 모양이다. 어른들은 구두가 깨끗하면 하루가 기분이 좋다고 했다.

집에서는 출근하시는 아버지 구두를 어설픈 솜씨지만 깨끗하게 닦아드려 용돈 받는 재미도 쏠쏠했는데 이제는 닦아드릴 아버지가 안 계시니 몹시 서운하다. 하늘에 계시는 아버지 구두는 이제 누가 닦아드리나….

사진관

　내가 살던 종로6가 이대부속병원 옆에 사진관이 하나 있다. 조그만 건물 2층에 자리 잡고 있는데 집안에 무슨 행사가 있으면 거기서 사진을 찍곤 했다. 당시에 카메라는 아주 귀한 물건이었다. 잘사는 집이 아니면 카메라는 구경도 하지 못했다. 우리 집도 잘사는 집이 아니어서 아직 카메라는 없었다. 하지만 돌잔치라든지 무슨 기념일이면 온 가족이 가장 좋은 옷을 골라 입고 잔뜩 멋을 부린 후 사진관에 가서 촬영하는데 비용도 만만치 않았을 것이다. 나는 지금도 유년기의 사진은 몇 장 없다. 백일 사진, 첫돌 사진, 부모님과 함께 찍은 사진, 누나 혹은 막내와 함께 찍은 사진 등이 유일하다. 컬러 사진은 꿈도 못 꾸고 흑백 사진으로만 유년의 추억이 남아 있다.
　사진관을 가면 한쪽에 간이 스튜디오가 있다. 배경으로 쓰는 여러 가지 장면이 있는 배경이 있고 꽃병, 화분, 의자 등 이런저런 소품들이 놓여 있다.
　사진사는 미리 다양한 모양과 크기를 가지고 상담을 한다. 그런 후 배경을 고르고 거기에 맞추어 소품을 정한다. 그리고 인물, 즉 우리 가족을 배치하는데 뭐라고 주문 사항이 많다. 멋진 촬영을 위한 연출이다.
　사진사는 갈색 사각형 카메라를 조정하며 검정 천을 뒤집어쓴 후 계속

해서 뭐라 한다. 그러다 정 마음에 안 들면 다시 나와서 소품도 바꾸고 인물 위치도 수정해 준다. 한참을 '예술가'처럼 '연출'을 하더니 드디어 촬영을 시작한다.

"자~찍습니다. 눈 감지 말고~ 웃으면서, 하나, 둘, 셋!"

'펑' 하며 마그네슘 플래시가 터지면서 내는 소리와 강렬한 빛에 놀라 순간 어안이 벙벙하다. 나는 분명히 소리와 빛에 놀라 얼굴이 찡그려지거나 눈을 감지 않았을까 하는 걱정에 울상이다. 그런데 사진사가 구세주처럼,

"자 다시 한번 찍겠습니다. 눈 감지 말고, 웃으면서, 하나, 둘, 셋!"

나는 이제는 잘 찍혔겠지 하지만 내심 아직도 불안하다. 분명 눈을 감은 기분이다. 사진사는 흡족한지 아주 좋다고만 연발하고,

"인물이 좋아서 사진이 잘 나오겠네."

너스레를 떨며 좋다고 하는데 나는 죽을 지경이다. 분명 거금을 들여서 사진을 찍었을 텐데 내가 잘못돼서 다시 찍기라도 하면 어쩌나 하는 생각에 사진이 나올 때까지 불안하다.

며칠 후 드디어 어머니가 사진을 찾아오셨다. 부리나케 사진을 손에 쥐고 본 순간 내가 걱정했던 거보다 훨씬 잘 나왔다. 나는 너무 신기하여 어머니에게 내가 사진 찍을 때 분명 눈을 감았다고 자백(?)을 했는데도 어머니는 말없이 웃기만 하셨다. 어린 내가 봐도 아버지는 훤하게 미남으로 나오시고 어머니는 예쁘셨다. 나 역시 초롱초롱한 눈매와 이목구비가 단정하게 잘 나왔다.

예전에는 사진 촬영이 큰 행사였다. 평소 사진 촬영이 쉽지도 않았고 비용도 비쌌다. 지금처럼 사진이 넘쳐나는 시대가 아니기에 더욱 그랬다.

어느 집에 가더라도 마루에는 여러 사진을 찍어 액자에 넣어 안방 입구에 걸어 둔다. 빛바랜 사진을 가만히 들여다보면 주로 결혼, 회갑 등 집안 행사를 촬영했거나 군대 시절의 '폼' 잡고 찍은 사진, 고추를 훤히 내놓고 찍은 백일 사진 등이 걸려 있어 그 집안의 역사를 한눈에 볼 수 있었다.

며칠 후 궁금증을 못 이긴 나는 기어코 사진관을 찾아갔다. 이웃에 있다 보니 가끔 놀러 가긴 했지만 작심하고 간 건 처음이다.

사진관 아저씨는 가끔 보는 아이인지라 크게 신경 안 쓰고 무덤덤하게 나를 맞이한다. 나는 며칠 전 일을 이야기하며 어떻게 된 거냐고 따지듯이 물어 봤다. 사진사 아저씨는 말없이 웃기만 하더니 나를 데리고 조그만 방으로 데려 갔다. 방 안에는 이런저런 촬영 장비와 현상, 인화 장비들이 있다. 사진사는 사각형 틀 앞 의자에 앉더니 조그만 원형 유리판 위에 '사진원판(네가 필름)'을 올려놓았다. 원형 유리판 밑에는 전구가 있어 밝은 빛을 내고 있다. 젊은 여자의 독사진인데 작업을 하다 말았는지 나보고 잘 보라고 한다. 그러더니 연필 같은 펜을 들더니 사진원판에 덧칠하는 게 아닌가. 눈동자며 눈썹이며 볼살 등을 연필 같은 펜으로 살살 손을 대는데 요즘 말로 하면 '포토샵'을 하는 것이다. 생애 최초로 '조작'을 알았다.

그때 얻은 경험으로 나는 지금도 사진은 잘 믿지 않는다. 무엇이든지 직접 두 눈으로 확인해야 직성이 풀렸다. 특히 젊은 여성의 사진은 믿지 않는다.

요즘은 집집이 카메라(휴대폰)가 사람 숫자대로 있다. 필름 카메라처럼 번거롭지 않은 디지털카메라가 유행하다 보니 누구나 사진사고 누구나 좋은 사진을 찍을 수 있다. 그야말로 사진 홍수 시대다. 더욱이 스마트폰의 보급으로 언제 어디서든지 누구나 촬영을 쉽게 하는 시대에 살고 있는데 정작 '사진의 맛'은 사라진 것 같아 아쉽다. 더욱 스마트폰에 장착된 카메라 성능은 상상을 초월하여 영화를 만들 정도이니 격세지감이다. 요즘 행사장에 가서 보면 모든 사람이 스마트폰을 꺼내 촬영하는 통에 전 국민이 카메라맨이 된 듯하다.

사진의 홍수 시대에 사는 지금. 갈색 사각형 목제 카메라와 나무 삼각대, 그리고 '펑' 하며 터지는 마그네슘 플래시를 두 눈 질끈 감고 찍어도 사진은 두 눈 크게 나온 빛바랜 흑백사진의 마술이 사뭇 그립기만 하다.

이 글을 쓰는 와중에 부모님 생각이 나서 예전 사진을 찾아보다 갑자기 목울대가 울컥하다. 그리운 부모님을 사진으로 만이라도 뵈니 그나마 다행이고, 빛바랜 사진이 고맙기만 하다.

노래하는 형

바로 이웃집 장독대에서 누군가가 아침 혹은 저녁 무렵에 노래를 부른다. 뭐가 뭔지 모르는 서양 노래를 힘 있게 불러 젖히는데 처음에는 그런대로 들을 만했으나 날이 지나니까 소음처럼 들려 짜증이 났다. 어머니는 노래를 부르는 사람이 음대생으로 성악을 전공한다고 했다.

이웃집에서 하숙하는 문제의 그 형은 하루도 거르지 않고 '소리'를 질러 댔다. 특히 일요일 같은 날에는 노래 부르는 시간이 상당히 길었다. 이상한 것은 이웃 주민들이 아무도 뭐라고 하지 않는다는 것이다. 주민들의 예술적 교양이 많아서인지 노래를 워낙 잘해서인지는 모르겠으나 하숙집 장독대가 마치 형의 무대인 양 마음껏 목청을 돋우니 예술적 감각이 떨어지는 나에게는 엄청난 소음으로 들린다.

하루는 모처럼 마음잡고 밥상 위에다 책을 펼쳐 놓고 공부를 하고 있는데 또 알 수 없는 노랫소리가 들린다. 서양 노래인데 나에게는 그냥 '돼지 멱따는 소리'로밖에 안 들린다. 나는 참다못해 이웃집으로 달려갔다. 그러고는 노래를 열창하고 있는 대학생 형에게 소리를 질렀다. 인제 그만 좀 하라고 했더니 형이 들은 척도 안 하고 나머지 노래를 다 하고는 천천히 장독대에서 내려온다. 나는 눈을 부라리며 시끄러워 공부를 못하겠다고 하니 형은 씩 웃으며 가소롭다는 듯 표정을 하더니만 지금 자기가 부른 노래가 얼마나 명곡이며 좋은 노래인지를 설명을 하는데 나는 도통 알아들을 수가 없었다. 다 필요 없으니 그만두라고 내가 재차 이야기하니 형은 나에게 꿀밤을 한 대 먹인다. 나는 꿀밤은 아프지 않았지만 얼마나 억울하고 약이 올랐는지 씩씩거리며 집에 왔다. 하지만 분이 안 풀려 복수만 꿈꾸고 있는데 도무지 방법이 없었다. 나는 초등학생, 형은 대학생 이미 체급이 달랐다.

복수의 칼을 갈고만 있던 어느 날, 그날도 일요일이었다. 대학생 형은 그날도 장독대에 올라 신나게 노래를 부르고 있었다. 나는 이때다 싶어 잽싸게 밖으로 나가 장독대 옆에서 당시 유행하던 유행가, 동요 등을 힘껏 소리 내어 같이 불렀다. 형은 깜짝 놀라 내려오더니 나에게 막 뭐라고 한다. 나도 지지 않고 악다구니를 하니 형이 놀라기도 했지만, 약도 올라 어쩔 줄을 모른다. 나는 마구 미친 짓(?)을 했다. 소리를 고래고래 지르며 요즘 말로 '골질'을 한 것이다. 형은 황당해하며 어쩔 줄을 몰라 한다. 일요일 아침에 동네에서 아직 변성이 안 된 어린 꼬마가 '울부짖듯이' 소리를 질러 대니 앙칼지기가 이루 말할 수 없다.

동네 사람들이 하나둘 밖으로 나와 구경을 하다가 결국 참견에 나섰다. 나는 더욱 악을 쓰며 있는 대로 소리를 지르며 이웃집 형을 성토했다. 동네 사람들이 형을 나무라며 내 편을 들어줬다. 결국, 나는 형의 사과를 받고서야 분이 풀리고 기분 좋게 집으로 왔는데 이상하게도 며칠이 지난 후 그 노랫소리가 그리워지는 것이다.

나는 형이 궁금하기도 하고 해서 슬며시 이웃집을 갔더니 마침 형이 외출 준비를 하고 있다가 나를 보더니 씩 웃는다. 나는 요사이는 왜 노래를 하지 않느냐고 바로 물어 보기가 쑥스러워 눈치만 보고 있는데 이제 화가 풀렸냐고 형이 먼저 말을 건넨다. 그러면서 찬찬히 나를 보더니 귀에 익은 짧은 노래를 조용히 불러 주는데 천상의 소리였다. 나는 그동안 형에게 느꼈던 미운 감정이 사라지고 갑자기 형이 좋아 보였다. 아니 위대해 보였다. 인간의 목소리로 이렇게 듣기 좋은 노래를 하다니 믿어지지 않았다.

나는 그동안 형의 노래를 소음으로만 생각하고 제대로 들으려고 하지 않았다. 그러나 조용히 의미를 되새기며 '감상'의 자세로 듣고 있으니까 내 마음속에 들어 있던 모든 나쁜 감정이 봄 눈 녹듯 사라지는 게 아닌가?

그 일이 있었던 후에는 이웃집 형이 노래를 부르면 자세를 고쳐 앉고 조용히 듣고는 했다. 나중에 중고교 음악 시간에 감상한 오페라의 여러 아리아는 이미 초등학교 때 '라이브'로 들었기에 더욱 귀에 와 닿았다. 그래서 그런지 한때 클래식에 빠져 공부는 뒷전인 채 청계천 음반가게를 뒤지고 다닌 기억도 있다.

그러던 어느 날 새벽 동대문을 울리던 우렁차고 멋진 노랫소리가 들리지 않기 시작했다. 며칠이 지나 어머니에게 물어 보니 노래를 불러 주던 음대생 형이 하숙을 옮겼다고 하신다. 나는 당시에는 약간은 아쉬웠지만, 그냥 그런 모양인가 싶었다. 하지만 점점 시간이 지날수록 형이 불러 주던 노래가 그리워지기 시작했다. 내가 한바탕 '골질'을 한 이후에는 자주 부르지는 않았지만 그래도 가끔 시원하게 불러 줬는데 이제는 아예 듣지를 못하니 섭섭하기만 했다.

나는 지금도 머리 복잡한 일이 있으면 형이 예전에 불러 주던 아리아를 찾아 듣곤 한다. 비교적 작은 키에 검정 뿔테 안경을 낀 이름 모를 음악학도.

혹시 지금 우리 성악계의 큰 별이 되어 있지는 않을까?

미제장수 아줌마

우리 집에 단골로 오는 '미제장수' 장 씨 아줌마가 있다. 우리 어머니하고도 친구처럼 지내시는데 한국전쟁 때 남편이 죽어 과수댁으로 아들 하나를 키우며 장사를 했다. 처음은 이대병원 세탁실에서 근무를 했는데 병원을 그만둔 후 보따리 장사로 나선 것이다.

아줌마는 갈색 보자기에 향수나 로션 등 화장품이나 분유, 초콜릿, 비스킷 등 먹을거리 그리고 아스피린, 연고제 같은 간단한 의약품, 심지어는 스카프, 속옷 등 온갖 잡화가 바리바리 들어 있다.

지금도 기억나는 것들은 짭짜름한 리즈 크래커, 참스 캔디(다 먹은 통은 주로 재떨이로 재활용), 주스 가루인 탱, 아이보리주 비누, 레볼론 샴푸, 바셀린, 올드 스파이스, 맥스웰 커피, 카네이션 커피메이트, 향수 등등이었다.

이런 것들은 미군부대 피엑스(PX)에서 남대문 시장 등으로 흘러나온 것을 아줌마는 도매값으로 사다 이윤을 붙여 파는 것이다.

아줌마는 딱히 우리 집에 물건을 팔러 오기보다는 오며 가며 쉬었다 가려고 오시는데 가끔 점심도 드시고 가셨다. 식사를 하고 가는 날에는 내 손에 비스킷이라도 쥐여 주어 '밥값'을 대신했다.

이대병원에는 '간호원'들이 많이 근무했다. 당시에는 간호사를 '간호원'이라고 불렀다. 아줌마는 병원에 근무하는 간호원들을 상대로 국산보다 한결 질이 좋은 미제 물건들을 팔았던 것이다.

나는 병원 간호원 기숙사에 자주 놀러 갔다. 누나들이 나만 가면 귀엽다고 볼도 만지고 좀 나이가 든 누나들은 내 고추를 뚝 따는 흉내를 내며 "네 고추 내가 먹었다."라고 하며 나를 놀렸다. 내가 막 성질을 내며 앙탈을 부리면 사물함에 넣어 둔 미제 껌이나 사탕으로 나를 달래곤 했다. 지금으로 보면 '성추행'을 당한 셈이다. 그럴 때는 꼭 미제장수 아줌마가 내 편을 들며 "총각 고추를 만졌으니 뭐 좀 사서 아이를 달래야지."라고 한다.

나는 고추를 만지게 한 값으로 맛있는 미제 사탕을 얻어먹고 아줌마는 물건 팔아 좋고 간호원 누나는 사내 녀석 고추 한번 만져 봐서 좋고 그야말로 '일타삼피'를 한 셈이다. 나는 일찌감치 '몸'을 팔아 '이득'을 취하는 방법을 알았다.

그러나 당시에는 엄연한 '불법'이었다. 미군부대 피엑스에서 '야매'로 나오는 물건들을 가져다가 팔면 이윤이 상당했던 모양이다. 그러나 위험도 그만큼 있었다. 당시 외제라면, 특히 미제라면 똥도 좋다고 할 정도로 외국 물건에 국민 누구나 열광하던 시절이었다.

한번은 아줌마가 울면서 우리 집에 오셨다. 손에는 늘 들고 다니던 보따리가 보이지 않는다. 어머니는 왜 그러냐고 물었는데 한참을 울기만 하던 아줌마가 입을 연다. 거리를 걷고 있는데 경찰의 불심검문에 걸린 것이다. 파출소에 끌려간 아줌마는 경관이 마구 겁을 주는데 어쩔 수 없이 물건을 몽땅 압수당했다고 서럽게 우신다. 듣고 계시던 어머니는 아줌마를 달래기에 여념이 없었다.

어느 날, 어머니는 나를 데리고 남대문시장에 가셨다. 뭘 사러 갔는지 구경 삼아 갔는지는 기억에 없다. 우선 나는 시장의 규모에 놀랐고 인파에 질렸다. 당시에는 미아 사건도 자주 일어나 총기 있다고 소문난 나도 어머니 치맛자락을 잔뜩 움켜잡고 뒤를 따라다녔다. 어머니는 넓은 남대문시장을 이리저리 다니시다가 어느 골목으로 들어갔는데 거기서부터가 '별천지'였다.

지금도 그렇지만 당시의 남대문시장은 '고양이 뿔'과 '처녀 불알'만 없고 모든 게 다 있다고 할 정도로 없는 게 없었다. 특히 군대에서 흘러나온 '군수품'도 많았다. 하긴 당시에는 '월남전'도 한창일 때라 더했을 것이다. 어른들끼리 하는 이야기로 남대문에서 굴러다니는 군수품만 모아도 일개 사단은 무장할 수 있다고 할 정도였다.

나는 연신 눈이 돌아갔다. '꼬부랑' 글씨로 쓴 이름도 모르고 용도도 모르는 온갖 물건이 산처럼 쌓여 있었다. 손님들은 어딘지 모르게 돈도 있어 보이고 한눈에 봐도 여유가 있었다.

모든 게 갖고 싶고 먹고 싶었다. 하지만 어머니는 도통 뭘 사려고 하지 않으신다. 내가 조른다고 사 주실 어머니가 아니기에 난 조를 생각도 안 하고 있었다. 잠시 후 어머니는 어느 가게 앞에서 멈추시더니 주인과 뭐라고 흥정을 하신다. 주인은 가게 밑에서 뭘 한참 부스럭거리더니 아동용 '청바지'를 하나 꺼냈다. 한눈에 봐도 멋있었다. 당시 청년들도 입기 어려운 '청바지'라니 나는 눈이 돌아갔다. 주인과 몇 마디 더 하신 어머니는 '청바지'를 사셨다.

일단 집에 와서 입어 보니 바지 길이가 한 뼘은 컸다. 어머니는 자꾸 키가 자라니 그냥 입으라 하신다. 나는 한 뼘 정도 접어 입고 다음 날 학교에 날듯이 갔다. 내 청바지를 본 아이들은 눈이 휘둥그레지고 부러워 말들을 못했다. 나는 얼마나 좋은지 그냥 왔다 갔다 하며 나 혼자만의 패션쇼를 연출했다.

며칠 후 청바지를 빨고 마른 옷을 개키던 어머니가 갑자기 놀라신다. 한 뼘이나 컸던 청바지가 확 줄어들고 푸른 물이 빠져 변색이 돼 있었다. '가짜'를 사신 것이다.

어머니의 낭패감은 어린 내가 봐도 안타까울 지경이다. 그 후 다시는 남대문시장 미제 시장 골목은 가지 않으셨다.

성인이 되어 세상 물정과 이치를 알고 난 후에는 '미제' 물건이 엄청난 커넥션을 이루며 미군이 주둔하고 있는 나라의 경제를 손에 쥐고 흔든다는 사실을 알게 됐다. 베트남전이 한창일 때 ㈜사이공시의 암시장을 가면 총기도 베트콩과 밀거래했다고 한다(그것도 미국의 정보기관). 가히 볼장 다본 것이다. '블랙마켓'으로 미국의 영향력을 정치, 경제, 사회, 문화적으로 예속시킨다는 사실을 알고 나니 미국의 양면성이 씁쓸하기만 하다.

그러나 지금은 우리 대한민국 제품이 세계적인 수준이기에 자부심을 느낀다.

동네 바둑

내가 살던 동대문 이대부속병원 경비실 위에는 조그만 잔디밭이 있다. 잔디밭에는 휴식용 긴 의자가 세 개가 있는데 병원에 오는 사람들이나 직원들이 가끔 앉아서 쉬다 가는 자리였다.

나도 어머니에게 야단을 맞거나 하면 '반성의 시간'을 가지려고 찾는 곳이다. 거기에 앉아 있으면 병원에 출입하는 모든 사람을 한눈에 볼 수 있으며 뒤를 돌아보면 동대문 지붕을 눈높이로 볼 수 있는 시야가 확 트인 전망 좋은 곳이었다. 전차를 보고 어디론가 가고 싶은 꿈도 꿀 수 있는 자리였다. 소나무와 향나무도 심어져 있어 한여름 무더운 날씨에도 시원한 바람이 불어오는 나의 휴식처이기도 했다.

초등학교 2학년쯤 어느 무더운 여름날. 집 안에 있으면 덥기도 하려니와 좁은 한옥이 답답하기도 해서 얼마 전 아버지가 사다 주신 '미니 바둑판'을 들고 그곳으로 갔다.

바둑판은 원래 크기의 4분의 1 정도 크기에 경첩을 달아 반으로 접으면 휴대하기도 아주 간편했다. 요즘도 이런 제품이 여행용으로 나온 걸 봤다. 바둑돌도 작아 앙증맞고 귀여웠다. 그러나 누가 가르쳐 줄 사람도 없고 집안에 바둑 두는 사람도 없는데 아버지가 왜 이걸 나에게 사 주셨는지는 지금도 이유를 모르겠다.

그날은 처음 보는 사람이 의자에 앉아 하염없이 병원 쪽만 바라보고 있다. 웬만하면 그곳에 오는 사람들을 다 기억하는데 처음 보기도 하려니와 소아마비 장애가 심해 한눈에 들어왔다. 나이는 대충 17~8세쯤 돼 보이는 나보다는 한참 형뻘이었다. 내가 바둑판을 들고 쭈뼛거리며 의자에 가 앉았는데 한동안 서로 모른 척하다가 형이 나에게 먼저 말을 걸어온다. 어디 사나부터 시작해서 나이와 학교와 이름을 물어 보는 '호구조사'가 끝나고 나더니 바둑판에 호기심을 보인다. 바둑을 둘 줄 아느냐 해서 모른다고 했더니 자기가 가르쳐 준다고 한다. 내가 못 미더운 눈치를 보이자 형이 자기 이야기를 한다.

자기는 어릴 적에 심한 소아마비를 앓아 두 다리를 못 쓰게 된 이야기부터 초등학교만 졸업하고 시계 수리기술을 배우려고 준비 중에 있는데 집에서 심심풀이로 혼자 바둑을 익혔다고 한다. 그래서 내가 다리를 유심히 보니 한쪽 다리는 가늘고 짧아 발이 땅에 닿지도 않았다. 다른 다리도 가늘고 짧은데 발끝이 겨우 땅에 닿을 듯했다. 목발 없이는 한 발자국도 걸을 수 없는 심한 장애였다. 목발은 오래돼서 색깔이 벗겨지고 가운데 손잡이는 붕대로 칭칭 감았는데 손때가 묻어 흰색은 사라지고 새까맣게 변해 있었다. 얼굴은 햇빛을 못 봐서 그런지 하얗다.

내가 머뭇거리자 바둑판을 달라고 하더니 '오목'부터 하자고 한다. 나도 오목은 할 줄 아니까 한번 해 보자고 해서 둘이 오목을 두는데 이기고 지기를 반복하다 보니 재미가 있다. 아마 형이 내가 흥미를 갖게끔 봐주면서 한 것 같다. 그날은 그렇게 끝이 났는데 다리를 저는 형도 모처럼 재미가 있었는지 다음 날 형이 또 왔다.

종로6가 동대문 안쪽에 매미가 요란하게 울어 대는 시원한 나무 그늘에서 오목을 두는 재미가 신선놀음이 따로 없었다.

그날부터 본격적으로 바둑 수업이 시작됐다. 조그만 바둑판과 앙증맞은 바둑돌을 가지고 얼마나 진지하게 바둑을 두었는지 어머니가 저녁 먹으러 들어오라고 할 때까지 무아지경이었다.

그러다 보니 어느 날은 구경하던 어느 어른이 자기랑 한번 두자고 해서 둘이 붙었는데 내가 보기에도 치열했다. 나중에 알고 보니 다리 저는 그 형이 아마추어 2~3단쯤 되는 실력이었다. 같이 붙은 어른들이 번번이 지고 고개를 설레설레 흔들며 가는 경우를 몇 번 봤다.

그렇게 시작된 우리 둘의 인연은 무더위가 가시고 아침저녁으로 제법 선선한 바람이 부는 어느 날 온다 간다 말없이 나타나지를 않았다. 거의 매일 하루도 빠짐없이 오던 형이 하루 이틀도 아니고 한동안 안 보이니 내심 걱정이 됐다. 이제 나도 막 바둑에 재미를 느끼려고 하는데 아쉽기만 했다. 학교에서는 이미 오목의 적수는 없고 이제 바둑만 어느 정도 두면 되는데 배우다 말았으니 미련이 남을 수밖에 없었다. 그때 두 달 배운 바둑 실력이 9급까지 갔다. 그게 나의 마지막 바둑이 되었다. 그 이후 다시는 바둑판을 접할 일도 바둑을 둘 일도 없어졌다. 만약 그때 다리 저는 형에게 바둑을 제대로 배웠으면 지금쯤 기원에서 '내기바둑'이나 두고 있지는 않았을까 하는 생각이다.

다만 아직도 기억에 남는 것은 바둑 용어 몇 개 정도인데 덤, 꼼수, 포석, 패착, 묘수, 자충수, 무리수, 호구, 사활, 대마불사, 초읽기 등등은 비록 바둑은 모르지만 흔히 사용하는 용어이다.

지금도 '미니 바둑판'을 보거나 소아마비 장애를 가진 청소년을 보면 이름도, 사는 곳도 모르는 오래전 '그 형'이 생각난다.

겨울나기

 없이 살수록 추운 법이다. 60년대 중반은 너나 할 것 없이 대체로 형편이 어렵고 힘든 시절이었다. 특히 겨울은 나에게는 추운 기억이다. 지금처럼 난방이 보편화되고 의복이 발달하지 않았기에 옷은 무조건 두텁게 껴입고 화목이나 연탄으로 한겨울을 났다. 그래도 나 같은 아이들은 추운 줄 모르고 온 동네를 헤집고 다니며 추위를 이겨 냈다.

 우리 집은 30년대에 지은 한옥이었다. 그나마 각 방 아궁이는 화목이 아닌 연탄으로 난방을 했기에 연탄만 넉넉하게 준비하면 그럭저럭 겨울을 지낼 만했다. 초겨울에 접어들면 어느 날 집 앞에 연탄을 가득 실은 트럭이 한 대 온다. 보통 3백 장 정도 집 안에 들이는데 손바닥만 한 마당을 가득 채운다. 인부 세 명이 반나절 동안 연탄을 나른다.

 본격적으로 추위가 닥치면 부모님은 연탄불을 꺼트리지 않기 위해 수시로 아궁이를 확인하신다. 각 집에서는 초등학교만 들어가도 연탄 갈기를 기본으로 배운다. 나도 부모님이 안 계시면 수시로 연탄을 갈았는데 연탄가스를 맡으면 머리가 지끈지끈 아팠다. 겨울철 당시 신문에 늘 빠지지 않고 나오는 기사는 연탄가스 중독 사고였다.

 동네에서도 수시로 들리는 이야기가 누구네 집 누군가 연탄가스를 맡아 어떻게 됐다는 등의 이야기가 한겨울의 화제였다.

우리 집도 동생이 연탄가스를 맡아서 동치미 국물을 한 대접 마시고 살아났다. 연탄가스에는 동치미 국물이 당시 집에서 할 수 있는 유일한 응급조치였다.

연탄불은 아무리 화력이 좋다고 해도 한옥의 구조상 외풍이 엄청 심했다. 요를 깔아 둔 아랫목은 뜨끈뜨끈하고 좋으나 구들장을 잘못 놓은 집 윗목은 그냥 냉골이었다. 우리 집은 그래도 윗목이 미지근해 지낼 만했다.

잠을 자려고 자리에 누우면 등짝은 뜨끈해서 좋은데 숨을 쉬면 입김이 하얗게 나온다. '자리끼'라고 자다가 목이 마르면 마시려고 머리맡에 둔 물이 아침에 꽁꽁 얼어 대접에 손을 대면 쩍쩍 달라붙을 정도다. 벽에 난 쪽창에는 성에가 잔뜩 내려앉아 숟가락으로 긁어 내면 빙수처럼 하얗게 떨어질 정도였다.

방한용으로 남녀노소 누구나 내복을 입고 지낸다. 여자들은 빨간 내복, 남자들은 흰색이나 미색 내복을 주로 입었다. 지금도 기억나는 '엑스란' 내복은 제일 고급으로 쳐 아무나 입지 못했다. 형제가 많은 집은 위로부터 물려 입었고 어른들은 여기저기 기워 입기도 했다. 내복은 한번 입으면 보통 한 달씩은 입은 것 같다. 추운 겨울에 땀 흘릴 일이 없으니 그럴 만도 했다. 목욕이나 세탁을 자주 못하던 시절이니 그저 빨리 봄이 오기만 기다릴 뿐이다. 그러다 보니 당시에는 한겨울 큰 선물이 질 좋은 내복이었다. 내 생각이지만 지금도 자식이 첫 월급을 타면 부모님께 계절에 관계없이 내복을 사다 드리는 게 당시의 추억이 아닐까 싶다.

솜씨가 좋은 어머니는 뜨개질을 잘하셨다. 집 안 농을 뒤져 털실로 짠 오래된 스웨터의 실을 풀어 뜨거운 물에 한 번 삶으셨다. 삶아진 털실을 잘 말린 후 동그랗게 감아 뜨개질을 하셨는데 만약 실이 부족하면 이 실 저 실을 이어서 하기도 했다. 완성된 스웨터는 실색이 안 맞으면 총천연색 옷이 되기도 했다. 당시에는 '도꾸리'라고 목이 긴 셔츠를 그렇게 불렀다. 오래 입다 보면 팔꿈치는 닳고 소매 쪽은 실이 풀려 너덜대기도 했지만 따뜻하기는 그만이다.

어른들은 미군용 내의나 방한복을 염색해서 입고 다니기도 하고 '유엔(UN)모자'라고 귀를 덮을 수 있는 방한모를 머리에 쓰고 다녔다. 아이들은 장갑을 잘 잊어버려서인지 장갑 양쪽을 실로 잇고 손이 통째로 들어가는 '벙어리장갑'(지금은 엄지 장갑이라 부른다)을 하고 다니고 귀에는 토끼털로 짠 귀마개를 하고 한겨울을 지낸다.

'없는 집' 아이들은 최소한의 방한 수단도 부족하여 늘 손이 빨갛게 터져 있거나 귀가 얼어 있어서 항상 손을 바지춤에 넣거나 귀를 만지곤 한다. 그런 아이들일수록 늘 누런 코를 달고 하루 종일 훌쩍거리고 다닌다.

겨울방학이 되면 당시 동대문운동장에 있는 야외배구장 혹은 정구장에는 임시로 스케이트 링크가 개장된다. 링크라고 해 봐야 바닥에 비닐을 깔고 주변에는 모래주머니를 쌓아 얕은 벽을 쌓은 후 거기다 물을 채워 두면 워낙 날이 추워서인지 금방 얼어 버린다. 한낮에 얼음이 녹지 말라고 광목천을 길게 이은 후 스케이트장 끝에서 끝으로 걸어 둔다. 그러면 햇빛이 들지 않아 얼음이 쉬 녹지를 않는다. 나는 집이 종로6가라 동대문운동장으로 다녔지만 시내 안쪽에 살던 친구들은 창경원, 덕수궁 등으로 다녔다고 한다.

초등학교 저학년 때까지는 스케이트장 입구에서 스케이트를 빌려서 탔다. 일정한 돈을 맡기면 신발 사이즈에 맞는 스케이트를 빌려 주는데 이 사람 저 사람이 타다 보니 날이 엉망이다. 그런 날은 스케이트장 앞에서 진을 치고 있는 '날갈이' 아저씨에게 돈을 주고 날을 간다. 자주 다니다 보면 단골이 생기기도 하고 날 가는 비용을 깎아 주기도 한다.

날을 가는 모습을 지켜보면 우선 스케이트를 뒤집어 날을 위로 향하게 고정한 다음 접시만 한 원형 숫돌로 날 위아래를 열심히 왕복하여 날을 간다. 그러고는 사포로 옆면을 문지르면 날이 새파랗게 선다. 주인은 우리가 보는 앞에서 자기 손톱을 깎아 보이며 잘 갈렸다고 한다. 날이 잘 선 스케이트를 타다 보면 나도 모르게 빙상 선수처럼 폼을 잡고 스케이트를 탄다. 우리들은 스케이트라고 하지 않고 '스케또', 또는 '시계또'라는 엉터리 일본식 발음으로 부른다.

이웃집 아저씨와 그 집 아이들하고 자주 갔는데 이웃집 아저씨는 딸부잣집이었다. 큰딸이 누나와 친구이기도 했고 아들이 없다 보니 내 생각이지만 나를 특별히 더 귀여워하신 것 같다. 아저씨는 스케이트를 잘 타셨다. 어린 나를 붙잡고 체계적으로 잘 가르쳐 주셨는데 그때마다 나는 아저씨가 아버지처럼 여겨지곤 했다. 무엇보다 몇 바퀴 돌고 나면 아저씨는 맛있는 '오뎅(어묵)'을 사 주시곤 했는데 지금도 그 맛을 생각하면 기가 막히다. 가끔 아주 예쁜 여학생이 '피겨' 스케이트를 멋지게 타며 돌고 있으면 모든 사람이 주목을 하며 부러워했다. 한편에서는 체격 좋은 형들이 '하키'를 타다가 여학생들 앞에서 갑자기 멈춰 얼음가루를 휘날리기도 했다. 그러면 여학생들은 있는 대로 소리를 지르지만 싫어하는 기색은 아니었다.

당시에는 유일한 실내빙상장이 동대문에 있었다. 동대문 실내스케이트장이라고도 하고 동대문 실내빙상장이라고도 했다. 현재 지하철 동묘역 근처인데 지금은 힐리고 SW컨벤션센터로 바뀌었다. 이곳에서 한일 대학생 친선 아이스하키 대회가 열렸다. 일본의 와세다대학과 한국의 고려대학이 맞붙었는데 결과는 기억나지 않지만 경기 내용은 비등했다. 어쩌다 입장권이 생겨 동네 형하고 응원을 가서 목이 터져라 응원을 했던 기억이 난다.

그러다 어머니께서 스케이트를 사 주셨다. 제품 이름은 잘 기억 못하지만 무슨 사람 이름의 스케이트였는데 제법 비싸게 주고 산 제품이었다. 이제는 이 사람 저 사람 타던 스케이트를 빌리지 않아 날을 잘 간 후 길을 내기 시작했다.

어느 날 친구와 함께 동대문운동장에 가서 신나게 스케이트를 타고 집에 가는 길이었다. 열대여섯쯤 돼 보이는 '형'이 슬며시 다가오더니 우리가 갖고 있는 스케이트보다 훨씬 더 좋은 스케이트를 바꿔 주겠다고 속이고 나와 내 친구를 종로3가까지 데려갔다. 그러고는 우리 손에서 스케이트를 받아 잠시 기다리라고 하고는 어느 건물로 들어간 후 '함흥차사'였다. 순간 불길한 생각에 친구와 나는 건물로 들어가 여기저기를 찾아 헤맸으나 결국 찾지를 못했다. 소위 '네다바이'를 당한 것이다. 눈앞이 캄캄했다. 어머니가 사 주신 지 얼마 되지도 않는 '신삥'인데 그걸 눈앞에서 '사기'를 당했으니 집에 가서 뭐라 할 것인가.

며칠은 어머니가 눈치를 못 채셨다. 나중에는 친구한테 빌려 주었다고 거짓말을 했다. 속마음은 겨울이 빨리 지나기만 기다리고 있는데 결국 돌아오는 겨울에 들통이 났지만 어머니는 별 말씀을 안 하셨다. 알고 봤더니 동대문운동장 근처에서 그런 사기가 많이 벌어진다는 보도가 나올 때였다. 겨울방학이 끝나고 학교에 갔더니 그런 식으로 사기를 당한 친구들이 한둘이 아니었다.

　겨울의 또 다른 재미는 포천 외갓집에 가서 방학을 보내고 오는 일이었다. 어머니의 항렬이 낮다 보니 나에게는 나이 어린 이모, 삼촌들이 많아 같이 놀기에는 그만이었다. 순전히 서울 사대문 안에서 태어나고 자란 나와는 달리 외갓집 친척들은 아직 전기도 들어오지 않고 초가집에서 살고 있기에 전형적인 시골의 정취가 고스란히 남아 있었다.

　추수를 끝낸 빈 논에 물을 대고 하루만 지나면 꽁꽁 얼어 버린다. 바로 천연 스케이트장이 되는 것이다. 그러나 내가 스케이트를 가지고 가도 타기가 쉽지 않았다. 얼음 사이사이로 잘라낸 볏짚이 한 뼘 내지 반 뼘쯤 올라와 있어 자칫 잘못하다간 넘어지기 일쑤였다. 그러나 시골 아재들은 썰매를 타고 팽이를 치며 한겨울을 보낸다. 나도 외할아버지가 만들어 주신 썰매를 타고 노는데 조금 큰 아재들은 소총 탄약통 뚜껑을 이용해 외날 썰매를 즐겨 탄다. 탄약통 뚜껑을 뒤집어 날을 삼고 긴 나무 끝에다 못을 박아 스틱처럼 사용하며 논 사이를 요리조리 다니는 걸 보면 신기하기도 했다. 썰매도 무쇠를 잘라 제법 스케이트 날처럼 만든 게 있는가 하면 그냥 굵은 철사 줄을 날로 삼아 타기도 한다. 썰매에 무릎을 꿇고 앉아 짧은 막대기를 이용해 논을 달리다 보면 어느덧 머리에서는 김이 모락모락 나기도 한다.

　한참을 땀을 흘리고 놀다 들어오면 외할머니가 감자, 고구마, 군밤 등을 화롯불에 구워 주시는데 그렇게 맛있을 수가 없었다. 비단 외갓집뿐만 아니라 한 마을이 다 집성촌이고 친인척 관계이다 보니 나는 어디 가든지 서울서 왔다는 이유 하나로 덕을 많이 봤다. 내가 나이 비슷한 이모, 삼촌들 앞에서 '서울이야기'를 신나게 하면 그들은 넋을 잃고 내 이야기에 귀를 기울인다. 당시만 해도 고향을 떠나오기가 쉽지 않고 결혼을 해도 인근에서 살기에 서울 같은 대도시를 본다는 게 쉽지 않은 일이었다. 나는 나대로 시골 생활을 접해 보지 않았기에 모든 게 신기하고 재미있었다. 호롱불, 변소, 아궁이 등이 불편하기는 했어도 놀거리는 지천이고 하루가 언제 가는지 모를 정도로 시간이 금방 지나간다.

지금 외갓집은 단 한 분의 외숙모만 생존해 계시고 다 돌아가셨다. 어릴 적 항렬 무시하고 '야자' 하며 지냈던 많은 삼촌과 이모들은 지금 만나면 나이 많은 조카를 편하게 대하고 오히려 나는 어려워한다. 항렬의 힘이다.

그래도 그 시절이 그리워지는 건 뭘까.

요즘보다는 당시의 겨울이 훨씬 추웠는데 마음은 참 따뜻했다. 그러나 지금은 몸은 따뜻해졌지만 마음은 더 추워졌다.

그래도 그 시절이 그리운 건 나만이 느끼는 걸까?

화재

68년쯤으로 기억난다. 내가 살던 동대문 이대병원 사택 조그단 한옥 옆에는 일본강점기에 지은 소위 '적산가옥'이 한 채 있었다. 그 집은 백화점 등에 납품하는 여성용 뜨개를 만드는 '요꼬' 집이었다. 1층은 살림집이고 2층에서는 젊은 여자 미싱공들이 직조기와 재봉틀을 10여 대 갖다 놓고 제품을 만들어 내고 있었다.

초겨울로 접어드는 어느 새벽에 그 집에서 불이 났다. 제품을 말리려고 천장을 가로지르는 긴 줄에 완성된 제품을 잔뜩 걸어 놓고 있었는데 밑에는 연탄난로가 있었다. 그 연탄난로가 과열되어 털실로 된 제품을 태우며 순식간에 2층 공장에 불이 붙은 것이다. 새벽이라 한참 곤하게 자고 있는데 갑자기 병원 입구에 있는 경비실에서 경비 아저씨가 다급하게 우리 가족을 깨우는 소리였다. 비몽사몽간에 일어나 보니 안방에서 뒤쪽으로 통하는 문에 시뻘건 불빛이 아른거렸다. 한지를 바른 문에서는 금방 불이 옮겨 붙을 것 같았다. 멀리서 소방차 사이렌 소리가 울리고 병원 입구에 있던 파출소 경관들이 뛰어 올라왔다.

어머니는 형제들을 다 깨우고 나는 막냇동생을 챙겼다. 동생들은 영문도 모르고 새벽에 잠을 깨우니 울기부터 했다. 아버지는 마침 병원에서 당직 근무를 하시느라 집에 안 계셨다.

어머니는 그 와중에도 안방 서랍을 여시더니 귀중품을 챙기셨다. 나는 울고 있는 막내를 경비실에 던져 놓고는 어린 마음에도 책가방과 책을 챙기러 집 안으로 다시 들어갔다. 침착하게 챙겨 나오는데 그 사이 출동한 소방차가 마구 물을 뿌려 댔다. 나는 물을 흠뻑 맞고 밖으로 나왔는데 출동한 소방관들이 불난 집보다는 아직 불이 옮겨 붙지 않은 우리 집에다 엄청난 양의 물을 뿌린다. 그러면서 하는 말이 불난 집은 어차피 지금 진화를 해도 이미 다 타 버렸으니 더 이상 번지지 않게 한옥 목조인 우리 집에다 집중적으로 물을 뿌린다고 한다.

지금 생각하면 불난 집은 개인 집이고 우리 집은 병원 재산이니까 아마 병원 재산을 보호하려고 했던 것 같다.

한참을 그러더니 이제 진화가 됐다. 주변은 온통 물바다가 됐고 불탄 잔해에서 나는 매콤한 냄새만이 난다. 간혹 타다 만 나무 등에서 수증기처럼 연기가 모락모락 나는데 한마디로 처참했다.

그날 아침 현장이 어느 정도 정리가 된 후 살펴보니 집 안은 얼마나 물을 뿌려 댔는지 내 종아리가 다 잠길 정도였고 가구가 둥둥 떠다니고 있었다. 나는 챙긴다고 챙겼지만 교과서 등이 물에 잠겨 퉁퉁 불어 있었다. 한마디로 기가 막혔다. 그날 학교에 가지 못했다. 내가 초등학교 때 개근상을 못 받은 단 하나의 이유였다.

그래도 다행인 것은 사람이 아무도 다치지 않고 그 정도로 끝난 거였다. 불난 이웃집은 서로 잘 아는 사이였다. 그 집 큰아이인 윤경이는 나보다는 몇 살 아래여서 내가 잘 데리고 놀았는데 얼마나 놀랐는지 아이가 한동안 말을 못할 정도였다. 화재 현장인 2층 공장은 완전히 숯이 돼 버렸다. 매캐한 냄새가 코를 찌르며 여기저기 타다 만 원사며 제품과 기계가

물에 젖어 있었다. 윤경이의 외삼촌이 공장 책임자였는데 어디 갔는지 보이지도 않았다.

우리 집은 물먹은 집이 되어 한동안 축축했다. 가재도구가 물에 젖은 것 외에는 피해가 없어 그나마 다행이었다. 다만 한 가지 아쉬운 점은 내가 초등학교 입학 때부터 모아 놓은 돼지저금통이 통째로 없어진 것이다.

몇 년을 모았기에 내가 들기에도 꽤 무거운 빨간 플라스틱 돼지저금통에는 상당한 돈이 있었다. 동전뿐 아니라 고액지폐도 제법 있었는데 아무리 찾아도 없는 것이다. 집에서는 사람 안 다친 게 어디냐고 나를 위로하고 잊어버리라 했지만 나는 내내 억울했다.

한 두어 달 후 병원 영안실 앞 쓰레기통에서 배가 쫙 갈라진 돼지저금통을 발견했다. 한눈에 봐도 내 거였다. 아무도 모르게 돼지 귀 뒤에다 나만 아는 표시를 해 두었는데 똑같았다. 심증은 가지만 물증이 없다. 억장이 무너졌다. 지금 생각해도 상당한 금액인데 억울하기 그지없었다.

화재 사건 이후 아버지는 그때부터 이사를 준비하고 계셨던 것 같다. 당신 집도 아니고 병원에서 내준 사택에서 언제까지 살 수는 없었던 거다.

윤경네는 화재 사고를 수습하고 얼마 후에 당시 최고의 거주지로 꼽힌 세운상가아파트로 이사를 했다.

나는 화재 사건을 겪고 나서는 불에 대한 경각심이 새로 생겨났다. 불구경, 물 구경 등이 재미있다고 하지만 막상 내가 겪고 나니 무섭다. 요즘 산불, 주택, 공장 등 화재가 빈번하다. 불은 정말 무섭다. 당해보지 않은 사람은 잘 모른다. 우리 모두 불조심, 자나 깨나 불조심이다.

그나저나 지금 진짜 아쉬운 것은 윤경네 집은 건축적으로 굉장히 의미가 있는 집이었고 지금까지 잘 보존됐다면 근대문화유산 가치가 상당했을 텐데 하는 생각에 아쉽기만 하다.

고서점과 박제사

 종로6가 이대병원 입구 왼쪽에는 오래된 고서점이 있다. 지금은 흔적도 없이 사라졌지만 당시에는 꽤 규모가 큰 서점이었다. 나이 많이 드신 분이 주인으로 있었고 젊은 남자 종업원이 총채를 들고 책들의 먼지를 열심히 털고 있었다. 내가 가끔 놀러 가면 주인 노인은 늘 내 머리를 쓰다듬으며 공부를 열심히 해야 한다고 습관처럼 말씀을 하신다. 그때나 지금이나 아이들 보고 공부 열심히 하라고 하거나 잘하라고 하면은 잔소리로 들리며 듣기 좋은 소리는 아니다. 그러나 두 번에 한 번은 1원짜리 지폐를 용돈으로 주시는데 공부 열심히 하라는 잔소리는 싫어도 용돈 받는 재미에 발걸음을 옮긴다.

 한번은 흰 두루마기에 갓을 쓰고 수염이 허연 노인이 큰 궤짝을 멜빵으로 묶어 어깨에 메고 들어섰다. 주인 노인은 외출 중이었고 나는 젊은 종업원과 총채로 칼싸움하며 놀고 있는데 시골 노인은 주인 노인을 찾는다. 젊은 종업원은 이미 아는 사이인 듯 시골 노인에게 인사를 공손히 하더니 부리나케 주인 노인을 찾으러 나갔다.

 시골 노인은 무거운 궤짝을 메고 오느라 힘이 부친 듯 숨을 쉴 때마다 그르렁거리며 가래 끓는 소리를 낸다. 나는 분위기가 어색해서 나가려고 하는데 시골 노인이 나를 불러 세운 후 '호구조사'를 시작한다. 나이는 몇 살이냐, 집은 어디냐, 성씨는 뭐냐, 본관은 어디냐 하고 나를 탐문하는데 내가 일일이 대꾸를 하지 않으니 나보고 맹랑하단다. 어른이 물어 보면 따박 답을 해야지 그러면 못쓴다신다. 내가 뿌루퉁해서 있으니 두루마기 속에 손을 넣어 허리에 찬 주머니에서 박하사탕 한 알을 꺼내 주신다. 시원한 박하 향이 입 안에 퍼지니 기분이 좋아 시골 노인의 질문에 속사포같이 답을 했다. 시골 노인은 만족한 듯 내 머리를 쓰다듬으며 주인 노인과 똑같은 말씀을 하신다.

"공부 열심히 해라."

나는 왜 어른들은 아이들만 보면 공부를 열심히 하라고 하는지 이해도 안 되고 듣기 싫었지만, 어른이 된 나도 똑같이 아이들 보고 공부 열심히 하라고 한다. 이래서 '꼰대'가 되어 가는 거다.

잠시 후 주인 노인과 젊은 종업원이 책방으로 들어섰다. 두 노인은 반갑게 인사를 하더니 내실로 들어간다. 나는 거기서 본 시골 노인이 마지막이었다.

며칠 후 젊은 종업원의 말에 의하면 시골 노인이 궤짝을 열어 보니 많은 수의 옛날 책들이 나오는데 자기가 봐도 꽤 값어치가 나가는 책처럼 보였다고 한다. 거래가 끝나고 가는 시골 노인의 눈이 충혈된 것을 봤다고 한다. 지금 생각하면 아마 문중의 고적을 무슨 이유인지는 몰라도 고서점에 넘긴 것 아닌가 하는 생각이다.

고서점 바로 옆에는 박제하는 집이 있다. 그 집도 내가 자주 놀러 가는 집인데 우선 고서점보다는 훨씬 볼거리가 많았다. 이름도 모르는 온갖 동물들의 박제가 진열돼 있는데 새들은 금방 날아갈 듯한 자세로 있고 짐승들도 금방 달려들 것처럼 생생하게 박제돼 있다. 주인아저씨는 배가 불뚝 나오고 몸집이 좋은 중년의 아저씨인데 늘 손마디를 꺾으며 '우두둑' 소리를 낸다.

내실 안에서는 박제 작업을 하는데 비릿한 냄새와 소독약 냄새가 뒤섞여 묘한 냄새가 났다. 지금도 겁이 없지만 나는 겁이 없는 아이였다. 처참한 시신이나 공포영화, 동물의 사체 등을 봐도 무감각하기만 하다. 그런 나를 보고 박제 집 주인 아저씨는 자기 후계자라고 볼 때마다 이야기를 한다. 돈도 많이 번다고 했다. 약간의 흥미를 느끼긴 했지만 평생 내실에서 동물을 상대로 바느질을 하기는 싫었다.

한번은 누군가 작은 곰 사체를 가지고 왔다. 내가 생각할 때는 밀렵으로 잡은 것 같은데 서로 묻지도 따지지도 않고 작업에 들어간다. 내실에서 먼저 작업을 끝낸 후 아기 곰의 가죽을 벗겨 가지고 나왔다. 피가 아직 뚝뚝 떨어지는 가죽을 널빤지 위에다 골고루 편 후 네발과 머리에 못질을 했다. 그러고는 뜨거운 햇볕에 말리는데 족히 이틀은 말린 것 같다. 바짝 말려진 작은 곰의 가죽을 다시 내실로 가져간다. 내실은 아직까지 나에게는 공개하지 않은 밀실이었다. 나는 과정도 궁금하고 작은 곰이 어떻게 변했겠느냐는 생각에 궁금증이 더해져 매일같이 들렀다.

며칠 후 드디어 완성됐는데 사포질을 하고 니스를 바른 나뭇등걸에 앙증맞게 올라앉아 앞발을 들고 있는 아기 곰이 탄생했다. 마치 살아 있는 곰의 모습을 보는 것 같아 신기하기만 했다. 털 하나가 진짜처럼 보이고 발톱 하나도 완벽하게 복제됐다. 박제된 아기 곰은 숨만 안 쉬지 진짜와 똑같았다.

지금 그곳에 있던 고서점과 박제하는 집, 그 옆에 사진관, 파출소, 여러 실험 기구를 판매하는 ○○이화학 상회 등은 흔적도 없이 다 사라졌다.

흰 두루마기를 휘날리며 들어오던 시골 노인도 새끼 곰을 감쪽같이 박제하는 집을 이제는 어디서 본단 말인가?

전도사 누나와 미국 할머니

갑자기 원인 모르게 많이 아팠다. 지독한 몸살에 걸린 것이다. 주말부터 시작된 몸살은 일요일까지 꼼짝 못하고 누워 있어야만 했다. 당시 아이들은 어지간하면 앓아눕는 경우가 거의 없었으나 이번 몸살은 지독했다.

나는 아버지가 병원에 근무함에도 병원 문턱에는 가 보지도 못하고 그냥 끙끙거리고 약과 아버지가 놔 주시는 수액으로 버티고 있었다.

약 기운에 비몽사몽하고 있는데 잠결인지 꿈결인지 머리맡에서 누군가가 내 머리를 짚고 열심히 기도를 하고 있었다. 눈을 떠서 보니 우리 집에 가끔 오는 '전도사 누나'였다. 늘 단정한 정장 차림에 미소를 띠는데 사실 누나라고 하기에는 나이 차이가 좀 났고 아가씨라고 부르기도 그랬지만 그냥 누나라고 부르라기에 큰누나라고 불렀다.

우리 집은 특별한 종교를 믿지 않았다. 그렇다고 특정 종교를 배척하지도 않았다. 각자 알아서, 믿건 말건 간섭하지 않았다. 그래서 전도사나 스님이나 목사든지 누구든 간에 우리 집에 쉬 발을 들여놓고 쉬고 가기도 했다. 어찌 보면 종교에 관한 한 이미 통일을 이루었다.

'전도사 누나'는 아픈 나를 어루만지며 뭐라 알 수 없는 소리를 계속하는데 나는 뭐라고 하기도 귀찮고 해서 그냥 가만히 누워만 있었다. 시간이 흐르고 어머니에게 이제는 하나님 덕분에 괜찮아질 거라고 하고는 자리에서 일어났다. 그러곤 내 머리맡에 〈파수대〉라는 만화책과 간행물을 놓고 갔다.

기도 덕분인지는 몰라도 몸이 조금 나아지는 것 같아 놓고 간 〈파수대〉 만화를 보기도 했지만 도통 무슨 내용인지 감도 안 잡히고 비과학적인 것 같아 더 이상 읽지 않았다.

동대문 이대부속병원 사택에 살다 보니 병원을 놀이터 삼아 여기저기 놀러 다니는데 매주 일정하게 오시는 '미국 할머니'를 본다. 영국제 '랜드로버' 지프를 직접 몰고 오시는데 연세가 아주 많이 드셨다. 하얀 금발에 도수 높은 금테 안경 그리고 얼굴이 잔뜩 주름진 할머니는 우리말도 곧잘 했다. 아마 이대병원이 기독교 계열이라서 그랬을 것이다.

나를 보면 반가워하며 핸드백에서 사탕이나 조그만 장난감을 손에 쥐여 주고는 하나님 열심히 믿고 교회 다니라는 말을 빼놓지 않고 했다. 나는 그럴 때마다 사탕 먹는 재미에 꼭 그러겠다고 약속을 하지만 지키지 못했다.

한번은 차를 한 번 태워 주면 교회를 다니겠냐고 하기에 그러겠다고 하고 '랜드로버' 옆자리에 냉큼 올라탔다. '미국 할머니'는 나를 차에 태운 후 종로5가 쪽으로 운전을 하시는데 노인임에도 불구하고 운전을 잘하셨다. 태어나 처음 타 보는 '외제차'였다. 그것도 '랜드로버'로 말이다.

나는 당시의 기억으로 여유가 있으면 꼭 '랜드로버'를 타고 싶다. 그러나 할머니와의 약속은 못 지켰다. 기독교, 천주교, 불교 등 어떤 종교도 나에게는 흥미가 없었다. 물론 지금도 그렇다.

크리스마스 전날 합창단의 노랫소리가 집 앞에서 울려 퍼지며 복음을 전하는데 통 재미가 없다. 관심도 없다. 한참 호기심 많고 세상에 대한 궁금증이 유별할 터이고 교회나 성당을 한 번쯤 가봤을 텐데 놀러는 갔어도 뭘 하러 가지는 않았다. '전도사 누나'나 '미국 할머니'는 소 힘줄같이 고집 센 나 같은 녀석도 처음 봤으리라. 웬만하면 넘어왔을 텐데 꿈쩍도 안 했으니 많이 서운했을 것이다.

아버지는 평북 출신이시다. 평안북도 출신 분들은 웬만하면 교회를 나간다. 기독교가 일찍 전파되었기에 어지간하면 당신이나 모든 가족들을 이끌었을 텐데 간혹 아버지 입에서 '예수쟁이'라는 신자를 비하하는 소리가 나오면 의아하게 생각했다.

67년으로 기억하는데, 아버지가 늦은 밤 어느 노인을 집으로 모시고 오셨다. 우리들을 다 깨우더니 다짜고짜 노인에게 큰절을 하라고 하신다. 우리 형제들은 영문도 모르고 큰절을 올렸는데 아버지와 너무 닮으셨다. 알고 보니 아버지 외사촌 형님이셨다. 월남 후 종로거리에서 우연히 만난 유일한 혈육이었다. 문제는 큰아버지(아버지의 외사촌 형)가 멀리 경북 선산에서 목회 활동을 하셨던 것이다. 아버지는 반종교적이지만 유일한 혈육인 외사촌 형님에게까지는 차마 반감을 갖지 않으셨다. 물론 큰아버지도 우리에게 기독교를 강요하지 않으셨다. 아버지는 내가 나중에 중학생이 된 후 방학이면 선산에 있는 큰아버지 댁을 가라고 선선히 허락도 하시고 큰아버지도 굳이 나에게 예배를 강요하지도 않으셨다.

종교적으로는 상당히 '프리'한 집안이었다.

초등학교 친구 중에 아버님이 유명 목사님이 계셨다. 창신동에 있는 오래된 석조 교회였는데 교회 마당이 크다 보니 자주 놀러 갔다. 당시 홍 모라는 친구였는데 아주 잘살았다. 미제 전축이며 제니스 라디오, 릴 녹음기 등 없는 게 없었다. 집 안에 냉장고가 있는 '있는 집' 아이였다. 마당에 농구 골대까지 있는 그야말로 잘사는 친구였다. 친구의 어머니는 한눈에 척 봐도 '인텔리'였다. 친구는 공부도 잘했지만 마음씨도 착했다. 하지만 나는 '성직자'가 가장 밑바닥에서 위를 우러러봐야 한다고 생각을 하는데 생활수준이나 소득은 이해하기 어려웠다. 다행스러운 것은 친구의 아버지이자 목사님이 나를 좋게 봐주어 친하게 지낼 수 있었지만 늘 마음 한 구석이 찜찜했다.

요즘 한국 기독교는 참으로 많은 문제를 가지고 있다. 교계 지도자라고 하는 목사들이 불륜, 탈세, 사기, 공갈, 협박, 성폭력, 성추행, 세습, 폭력 등 일반 속인들도 하기 어려운 짓을 서슴지 않고 있으며 세계적인 초대형 교회, 엄청난 신자, 수십 가지의 헌금을 강요하며 교회를 기업화한다.

나는 이 사람들에게 묻고 싶다. 성경 구절에는 '부자는 절대 천당에 갈 수 없다'고 나와 있는데 과연 천당 가기를 포기한 것인지. 외제차, 경호원, 억대 연봉, 호화 사택, 권력 등을 갖고 있는 우리나라의 목사님들이 과연 천당에 갈 수 있을지 궁금하다.

성직자이기에 수많은 어린 양을 천국으로 인도하고 본인들은 지옥에 갈려고 하나 궁금하다. 그만큼 제대로 믿는다는 것이 얼마나 어려운 일인가?

물론 이 땅에 양식 있는 성직자가 훨씬 많겠지만 심히 걱정된다.

 은주 누나

나에게는 누나보다 더 친누나 같은 10여 살 차이 나는 '은주 누나'가 있었다. 은주 누나의 어머니가 어머니 친구분이기도 했고 병원 조리실에 근무하셨기에 우리 집하고도 가깝게 지냈다. 지금도 젊은 시절 두 분이 사진관에 일부러 가시어 찍은 낡은 흑백 사진이 있다.

은주 누나는 밑에 남동생이 하나 있는데 나보다는 다섯 살 정도 위로 친형이 없는 나는 그 형을 친형처럼 따랐다.

67년으로 기억나는데 은주 누나가 여고를 막 졸업했다. 누나는 여러 가지 이유로 대학 진학을 포기하고 집에서 놀고 있었다. 당시에는 중학교 입학시험이 시행되고 있는 시절이라 어머니는 은주 누나에게 매일 놀 궁리만 하는 나를 공부를 시킬 요령으로 과외공부를 부탁했다. 누나는 용돈도 벌 겸 나를 붙잡고 공부를 시키는데 누나는 학교 공부에 별로 흥미가 없는 나를 공부시키기가 쉽지는 않았을 것이다. 과외는 누나 집으로 가서 했다.

이대병원 뒤 충신동 꼭대기에 집이 있어 계단을 많이 올라가야 했다. 대신 힘들게 올라가면 서울시가 한눈에 내려다보이는 전망이 참 좋은 곳이었다.

당시만 해도 서울의 공해가 심하지 않아 날이 좋으면 서울의 전경이 거의 한눈에 들어왔다. 나는 이 집을 비둘기집이라고 불렀다. 그러나 나도 그랬지만 누나도 나를 가르치는 것에는 큰 흥미를 못 느끼고 있었다. 그러다 보니 공부는 딱 기본만 하고 둘이서 놀러 다니기에 바빴다.

누나는 우리 어머니가 주시는 과외비로 용돈은 비교적 넉넉했다. 그 돈을 자금 삼아 명동으로 남산으로 덜리 광나루로 놀러 다녔다. 맛있는 빵을 사 먹기도 하고 나는 부모님과 살면서 경험해 보지 못한 많은 것들을 은주 누나를 통해서 경험했다. 나에게는 은주 누나와의 만남이 새로운 세계와의 만남이었다. 10년 정도의 나이 차이를 극복하고 누나도 나를 많이 믿고 의지했다.

어느 뜨거운 여름에는 동대문 기동차 종점에서 기동차를 타고 광나루로 물놀이를 갔다. 지금 워커힐호텔 강 건너편이었는데 그 시절에는 서울 시민들이 한여름에는 물놀이를 많이 하러 왔다. 한강이 아직 오염이 덜돼서 그런지 물은 비교적 깨끗했다. 가끔 똥덩어리가 내려와 기겁을 하긴했지만 그런대로 수영은 할 만했다.

누나는 광나루 백사장을 여기저기 찾는 듯하더니 어느 커다란 천막 안으로 들어갔다. 천막은 수영복과 파라솔 등을 빌려 주는 곳이었다.

그러더니 어느 남자와 나온다. 대학생처럼 보이는 젊은 남자는 온몸이 까맣게 그을려 한눈에 봐도 멋졌다. 나를 동생이라고 소개하고는 둘이 다정하게 이야기하는데 썩 잘 어울렸다. 잠시 후 형이 트럭 타이어에서 뺀 '주브(그때는 튜브를 그렇게 불렀다)'를 주면서 나보고 수영을 하고 놀라고 했다. 둘의 데이트를 방해하지 말라는 뜻일 게다. 나는 신이 나서 한참을 놀다가 와 보니 어느 틈에 누나가 까만 원피스 수영복으로 갈아입고 모래밭에서 둘이 엎드려 이야기를 한다. 나는 마치 못 볼 것을 본 것처럼 시선을 외면하고 멀리 아차산만 바라보고 있었다.

한낮의 뜨거운 열기가 가시고 이제 집으로 가야 할 시간이다. 누나와 나는 집에 오는 내내 별말이 없이 왔다. 우리 집 앞에서 헤어져야 하는데 누나가 나에게 다짐을 받듯 오늘 있었던 일은 누구에게도 이야기하지 말라고 했다. 나는 알았노라 하고는 헤어졌는데 누나는 얼마 후에 광나루 남자와 헤어졌다고 한다.

나는 그때 은주 누나가 어른이라는 걸 알았다. 나는 그냥 친구처럼 생각했는데 20대 초반의 성숙한 여자였다.

누나의 가정은 안정적이지 못했다. 아버지는 충신동 입구에서 리어카에다 도넛을 만들어 팔고 있었고 어머니는 이대병원 조리실에 근무하는데 이혼은 안 했지만 남남처럼 지내고 있다. 가끔 아저씨가 우리 집에 술이 잔뜩 취해 와서 마누라를 내놓으라고 주정을 부린 적도 있다. 우리 집을 중심으로 은주 누나와 밑에 남동생인 창완이 형 그리고 은주 어머니가 교대로 우리 집을 방문해 하소연을 하기도 하고 가족 간의 안부를 물어보는 이상한 곳이 됐다. 어린 내가 봐도 정상이 아니었다. 그러나 누구 하나 그런 내색을 하지 않아 나는 그게 더욱 신기했다.

그렇게 저렇게 세월이 지나갔다. 70년 나는 종로6가에서 휘경동으로 이사를 했다. 그게 은주 누나네와의 마지막 이별이었다.

그로부터 몇 년 후 친누나가 우연히 은주 누나를 봤다고 한다. 모 호텔 입구에서 일본인 남자 관광객들과 함께 있는데 아는 척을 하니까 황급히 자리를 피하더라고 한다. 누나 생각에는 아무래도 당시 한참 유행하던 기생관광을 하러 온 일본인 같고 은주 누나는 '다찌(현지체)'처럼 보였다고 한다.

나는 믿어지지 않았지만 여러 정황상 충분히 가능성이 있다고 본다. 하지만 나는 끝까지 믿고 싶지 않다. 은주 누나가 '다찌'라니 이건 말도 안 돼!

 김장

 지난가을에 해 둔 김장 김치가 떨어져 가니 갑자기 철도 아닌데 김장에 관한 생각이 떠올라 기억을 반추해 본다.
 60년대 중반 어느 늦가을, 방 안에서 부모님이 두런두런 말씀을 나누시는데 김장 이야기가 나온다. 우리 집도 김장을 할 모양이다. 며칠 후 큰 트럭이 배추와 무를 산같이 싣고 집 앞에 왔다. 어머니가 외갓집에 이야기해서 싼 가격으로 배추를 산 것이다. 동네 몇 집에서 지금 식으로 말하면 '공동구매'를 한 것이다. 직거래이다 보니 배추 값이 싸서 좋고 시골은 판매가 되니 좋았다.
 동네 몇 분이 리어카를 가지고 와 자기가 산 수량만큼 배추를 가져가고 우리 집은 3백 포기를 하기로 했다. 지금이야 소량으로 적당히 하고 말지만 당시 한겨울의 주식은 김치였다. 3백 포기를 쌓아 놓고 보니 내 눈에는 동산처럼 보였다. 어머니를 비롯해서 동네 아주머니와 용두동 작은어머니까지 오시어 손바닥만 한 마당이 북새통을 이룬다.
 김치 만드는 과정이야 그때나 지금이나 크게 변한 게 뭐 있겠냐만 그래도 집집마다 첨가하는 젓갈이나 양념 배합의 차이로 맛의 차이가 많이 났다.
 배추를 씻고 절이고 무채를 썰고 양념을 버무릴 즈음 아버지는 마당 한

귀퉁이에 장독을 묻을 구덩이를 파신다. 곡괭이와 삽을 이용해 큰 구덩이를 파시는데 내가 들어가면 목만 나올 정도였다. 나도 일조를 한답시고 구덩이의 잔돌과 흙을 연신 위로 올린다. 구덩이에 장독을 집어넣고 요리조리 살펴보시다가 장독의 크기와 구덩이의 크기를 비교한 다음 장독이 한 뼘쯤 올라오게 한 다음 갈무리를 하신다.

양념이 배추 속에 골고루 섞이면 드디어 장독에 김치가 들어간다. 이때쯤이면 진작부터 끓고 있던 돼지고기가 다 삶아진다. 아버지는 푹 삶아진 돼지고기를 꺼내 먹기 좋은 크기로 썰어 놓으신다. 김장에 참여한 모든 사람과 이웃들도 돼지고기를 새우젓에 찍어 양념과 함께 노란 배춧속을 찢어 쌈을 싸 먹는다. 그 맛이 기가 막히다. 사람들은 너나 할 것 없이 '맛있다'를 연발하며 먹기에 여념이 없다.

뜨거운 배춧국을 한 사발씩 들이켜면 김장의 고단함도 초겨울 추위도 물리친다. 사람들이 돌아가며 한마디씩 하는데 올겨울 김치 걱정은 없을 거라고 하며 웃음꽃이 피어난다. 그야말로 동네잔치다.

지금 생각해도 우리 집 김치는 그전부터 인기가 좋았다. 꼭두새벽부터 시작된 김장은 저녁 무렵에야 끝이 보인다. 물론 어머니는 며칠 전부터 준비를 하셨지만 동네 분들이 함께 해 주어 3백 포기의 김장을 하루에 한 것이다.

김장 초기에는 겉절이로 김치를 대신했지만 서서히 김치가 숙성되며 고유의 풍미가 살아난다. 더욱 땅을 파고 묻은 김칫독이기에 그 맛은 지금하고는 비교가 안 되었다. 겨울이 깊어 가며 김치의 맛은 절정으로 치닫는다.

겨울철 주식은 밥과 국과 김치였다. 간혹 꽁치, 고등어, 갈치 등 생선이 올라오고 드물게 돼지고기, 더욱 드물게 쇠고기가 올라오는 밥상이지만 집안 식구 모두의 젓가락은 늘 김치로 향한다.

찬밥 한 덩어리를 뜨거운 물에 말아 먹을 때도 김치 한 보시기면 충분했다. 집안 식구 모두가 둘러앉아 밥을 먹다 보면 김치 한 그릇이 부족하다. 그러면 어머니는 식사를 하시다 말고 김칫독을 열고 새 김치를 꺼내 오신다. 그러면 더욱 맛있다.

김장 김치뿐만 아니라 총각김치, 물김치, 나박김치, 파김치 등도 조금씩 담가 먹는데 김치는 아무리 먹어도 물리지 않아 단언컨대 한국인들의 유전인자 속에는 김치가 단단히 자리 잡고 있는 모양이다.

봄이 다가온다. 지난 초겨울에 담근 김칫독의 김장이 바닥을 드러내기 시작하며 이미 시어졌다. 이때쯤이면 신 김치를 가지고 돼지비계를 적당히 넣고 김치찌개를 끓여 먹거나 하는데 이 맛 또한 기가 막히다. 이 글을 쓰면서도 내 입에서는 연방 침이 고인다.

우리 집에 가끔 오는 '거지'가 있다. 식은 밥 한 덩어리와 묵은 김치를 주는데 여러 군데 동냥을 다녀도 우리 집 김치가 제일 맛있다고 너스레를 떤다. 거지 깡통으로 쓰이는 미제 깡통에 이 집 저 집 동냥으로 얻은 게 섞일 텐데 뭔 소리인가 했더니 우리 집에서 얻어 가는 김치만큼은 따로 챙겨 먹는다고 한다. '거지' 말이 사실인지 아닌지는 지금도 모르겠다.

지금은 마당이 널따란 시골에 가도 김치냉장고 하나씩은 있다. 도무지 땅을 파고 김장독을 묻은 집을 찾기가 쉽지 않다. 인공적으로 익히는 맛이 자연적으로 익히는 맛을 이긴 걸까 아니면 편의성만 생각하는 걸까. 하기야 주택의 구조가 모조리 아파트로 바뀌는 세상에 살다 보니 김장독 묻을 땅이 있기야 하겠냐마는...

드물게 마당 한구석을 파서 김장독을 묻은 집을 발견(?)하면 왠지 그 집 김치는 아주 맛이 있을 것 같다. 일부러 주인장을 불러 김치 맛 좀 보여 달라고 하고 싶은 정도이다.

이제는 김장도 공장에서 대량 생산해 사서 먹는 시대이고 집에서 김장을 한들 불과 10여 포기 정도만 하는 시대에다 김치냉장고에서 숙성시켜 먹는 김치이다 보니 예전 어머님이 하시던 김장 김치 맛이 아닌 듯해서 많이 서운하다.

그래도 마누라 음식 솜씨가 좋아 어머니 김장 김치 맛을 얼추 재현하기에 김치를 즐기는데 손색이 없다.

오늘 저녁은 떨어져 가는 김장 김치에다 돼지고기 뭉텅뭉텅 썰어 넣어 김치찌개를 해서 먹어야겠다.

막내 태어나던 날

내 밑으로 다섯 살 터울의 막내 남동생이 있다. 나는 우리 집 막둥이가 태어난 날을 지금도 생생히 기억한다. 가을이 깊어 가는 어느 날이다. 포천 외가에서 외할머니가 오셨다. 어머니가 만삭이 되어 해산일이 가까워지자 딸의 해산 뒷바라지를 하시려고 오신 것이다.

당시에는 거의 모든 사람들이 병원이나 의원이 아닌 집에서 아기를 낳았다. 우리 집 다섯 자식은 모두가 집에서 태어났다.

시간은 정확히 기억 안 나지만 낮부터 진통이 시작된 어머니는 안방에서 신음을 크게 내시고 외할머니와 산파 아주머니가 연신 부엌을 들락거리며 어머니에게 뭐라 하신다. 아버지는 출근을 하셨고 바로 밑의 동생들은 올망졸망 마루에 있었다. 외할머니는 나를 비롯한 동생들을 건사하랴 딸인 어머니의 해산을 도우랴 분주하셨다.

어느 정도 시간이 지나자 어머니는 이미 네 명의 자녀를 출산한 베테랑(?)답게 큰 고통 없이 순산을 하셨다. 나는 안방에서 마루로 난 창호문의 종이를 손가락 끝에 침을 발라 뚫고는 안방의 광경을 지켜봤다. 김이 많이 나는 큰 대야에는 이미 태어난 막내가 담겨 있고 외할머니가 아기를 씻기고 계셨다. '아들'이었다.

산파 아주머니는 어머니의 몸을 이리저리 살피고 뒤처리를 하고 있었다. 큰 대야에 담긴 막내는 울음을 터트리며 버둥거리고 있다.

우리 집에서 다섯째가 태어난 것이다. 내 위로 누나와 여동생 둘을 낳고 두 번째 '아들'이자 막내가 된 것이다. 요즘 고령화 문제와 저출생 문제로 온통 나라가 시끄럽다. 인구소멸 위기가 왔는데 불과 50여 년 전에는 누구 집 할 것 없이 자식들이 많았다.

나는 뭐가 뭔지도 모르고 남동생이 태어난 것이 마냥 좋기만 했다. 외할머니는 부엌에서 이미 펄펄 끓고 있는 미역국을 한 대접 들고 방으로 들어가시고 연신 무사히 출산한 딸에게 고생했다는 말을 하시며 싱글벙글하셨다. 막내는 연신 울고 있다. 어느덧 산파 아주머니가 돌아가시고 내가 안방으로 들어갔다. 땀에 푹 전 어머니가 나를 보시더니 빙그레 웃으시며 아기를 한번 보라 한다. 이제 갓 태어난 동생은 얼굴이 빨갛게 부어 있어 제 모습을 찾기가 어려웠다. 그래도 예쁘기도 하고 신기하기도 했다. 장난감 아기 인형이 숨 쉬는 것 같다.

아버지가 퇴근 후 집에 오셨다. 아버지는 막내를 보시곤 연신 입가에 미소를 띠신다. 나는 당시에 몰랐지만 막내는 자랄수록 아버지를 빼다 박았다. 나는 어머니를 많이 닮았는데 아마도 아버지께서는 당신을 쏙 닮은 막내가 예쁘기 그지없으셨던 모양이다.

다음 날 아침, 아버지가 어디서 구해 오셨는지 '금줄'을 만들어 대문 앞에 달고 계셨다. '금줄'은 '인줄'이라고도 했는데 우리 집에 아기가 태어났음을 알리는 표식이었다.

어느 집이든지 아기를 낳으면 대문 위에다 새끼줄을 걸고 숯과 빨간 고추를 끼워 놓아 걸어 둔다. 딸을 낳으면 숯만 끼워 놓고 아들이 태어나면 숯과 빨간 고추를 끼워 놓았다.

아버지는 대문에 '금줄'을 달면서 연신 즐거운 표정이셨다. 지금이야 딸, 아들 구별 않고 출산의 기쁨을 같이하지만 그 당시에는 있는 집, 없는 집 가리지 않고 '아들'타령을 했다.

'금줄'이 둘러지면 동네 사람들이나 손님들도 삼칠일, 즉 이십여 일 동안은 출입을 삼갔다. 소위 '부정'을 탄다고 해서 집안 식구들은 상갓집도 방문해서는 안 됐다. 지금은 아무리 둘러봐도 '금줄'은 보이지 않는다. 나는 지금 생각해 봐도 우리 선조들의 현명함에 절로 고개가 숙여진다. 위생 관념 없이 하는 출산과 온갖 질병이 나돌던 시대에 출산은 상당히 어려운 일이다. 그래서 아무나 들이지 않고 나름 감염을 막으려고 '금줄'을 만들어 출생의 기쁨을 널리 알리고 감염을 예방하려고 했던 것일 것이다.

막내의 출생 후 늘 오던 손님이 거짓말처럼 발걸음이 없다. 대문에 둘러진 '금줄'을 보고는 발걸음을 되돌려 간다. 대신 정히 급한 볼일이 있으면 대문 밖에서 이야기를 하고 갔다. 가까운 인척들은 미역과 쇠고기 등을 놓고 가기도 하고 기저귀에 쓰라고 광목을 놓고 가기도 했다. 자주 오던 '거지'도 '금줄'이 쳐진 동안에는 얼씬도 하지 않았다.

외할머니는 한참을 그렇게 어머니의 해산 뒷바라지를 돌보고는 포천으로 가셨다. 막내는 별 탈 없이 무럭무럭 잘 자라 주었다. 자랄수록 아버지를 쏙 빼다 박아 동네에선 '작은 석호'라고 불렀다. 부친의 함자가 '박자 석자 호자'였기 때문이다. 나는 막내가 걸어 다니고 뛰어다닐 때쯤에는 같이 놀 '파트너'가 생겨 심심치 않았다.

지금 막내는 부모님의 기대와 형제들의 기대에 어긋나지 않게 잘 자라주어 모 유명 사립대학의 교수로 재직 중이다.

'자랑스러운 내 막냇동생!'

미스 김 아줌마

종로6가 우리 집에 늘 오는 '미스 김 아줌마'가 있다. 미스 면 미스지 왜 아줌마라는 호칭이 붙을까 하겠지만 결혼을 하지 않아 미스인데 나이가 많아 '미스 김 아줌마'로 불렸던 것이다.

'미스 김 아줌마'는 평양 태생이다. 월남 과정은 자세히 모르지만 1·4 후퇴 때 내려오다 부모님과 헤어진 걸로 알고 있다. 분명 고아는 아닌데 고아처럼 자란 것이다. 아버지도 평북 출신이라 '미스 김 아줌마'를 고향 동생처럼 생각하고 잘 대해 줬다.

'미스 김 아줌마'는 이대병원 전화 교환실에서 전화 교환수로 일했다. 당시에는 전화 교환수가 꽤 괜찮은 직업 중의 하나였다. 약간의 평안도 억양이 남아 있기는 해도 일을 하는 데는 지장이 없었다.

당시 이대병원에는 유난히 평안도 출신 사람들이 근무를 많이 해서 여기저기서 평안도 억양이 들리곤 했다. '미스 김 아줌마'는 자주 우리 집에 들러 밥도 먹고 쉬다 가곤 했다. 아마 우리 아버지를 통해 고향의 향수를 달래려고 했는지 모른다. 나에게도 친조카처럼 잘 대해 주고 올 때마다 내 손에 꼭 무언가를 쥐여 주었다.

'미스 김 아줌마'는 사실 인물도 별로이고 키가 작은 데다 약간 뚱뚱하기도 해 매력 있는 여자는 아니었다. 나는 '미스 김 아줌마'가 아직 시집을 못 간 이유가 인물이 떨어져서 그렇다고 생각을 했다. 그래도 마음씨는 좋아 늘 웃으며 주변 사람들에게 잘해 주었다.

일 년 내내 거의 검은색 아니면 짙은 감색 정장 투피스를 입고 다녔다. 어머니에게 물어 봤더니 돈이 없어 정장 두 벌로 일 년을 지낸다고 했다. 지금 같으면 청바지 등 대충 걸치고 다녀도 무방하겠지만 당시의 어른 여자들은 한복 아니면 정장으로 다닌 경우가 많았다.

나는 '미스 김 아줌마'를 통해 6·25와 1·4후퇴 이야기를 들으며 얼마나 많은 사람이 죽고 고생을 했는지에 대해 소상하게 들었다. 그런 이야기를 할 때 '미스 김 아줌마'의 두 눈은 붉게 충혈되고 흥분으로 두 손을 부르르 떨곤 했다.

70년에 휘경동으로 이사를 하고 별다른 소식이 없다가 몇 년 후 결혼을 한다는 청첩장이 왔다. 부모님과 나는 결혼식을 보러 갔는데 성애 제일 예쁘다고 하는 결혼식 당일에도 '미스 김 아줌마'의 미모(?)는 여전히 개선이 안 되었다. 그래도 좋은 짝을 만나 시집을 가니 다행이라는 생각이 들었다. 신랑은 나이가 좀 있는데 지금도 헷갈리는 게 노총각이라고도 하고 홀아비라고도 하는데 정확히는 모르겠다. '미스 김 아줌마'는 친인척이 거의 없기에 우리 집 식구하고 병원 동료들이 하객으로 자리를 채워 주었다. 나는 그저 잘 살기만을 빌어 주었는데 한참 시간이 흐른 후 어느 날 '미스 김 아줌마'가 울면서 우리 집을 와 어머니에게 한참 신세타령을 하고 갔다고 한다. 서울 변두리 어느 곳에서 잘 사는 줄 알았더니 그런 이야기를 듣고 나니 마음이 애잔했다.

'미스 김 아줌마'의 동료 중에 '미스 한'도 있다. '미스 김 아줌마'에 비해 나이가 조금 어려 아직 아줌마 호칭은 듣지는 않았지만 노처녀인 것은 틀림없다.

'미스 한'도 우리 집에 자주 놀러 오는 평안도 여자였다. 이북 여자답게 씩씩하고 성격이 활달했다. 나를 많이 예뻐해 주고 해서 나는 '미스 한'이 오며는 반가워했다. 나하고 이야기하기를 좋아해서 주제에 관계없이 이런저런 이야기를 많이 했다. 나는 나이에 비해 호기심도 많고 또래에 비해 어른스러웠기에 대화가 통한 모양이다. '미스 한'은 모든 가족이 월남해서 외롭지는 않았다. 그래서 그런지 항상 웃으며 쾌활했다. 집안도 비교적 좋아 공부도 잘하고 잘된 사촌들도 많다고 했다.

환경이 다르다 보니 '미스 김 아줌마'와 '미스 한'은 여러모로 대조가 됐다. 같은 평안도 출신이지만 한쪽은 다소 소극적이며 자기를 잘 나타내지 않고 또 다른 쪽은 가족도 많고 큰 고생을 하지 않아서 그런지 늘 자신감이 차고 넘치며 활달한 기상을 보였다. '미스 한'은 우리 집에 꽤 오랫동안 발걸음을 했다. 내가 어른이 되고 사회 초년병 생활을 할 때까지 봤으니 상당히 오래 본 것이다.

한번은 내가 영화를 한다고 설치고 다닐 때 '미스 한'이 자기 사촌오빠가 영화를 한다고 해서 깜짝 놀랐다. 나중에 누군가 했더니 당시 국립영화제작소에서 다큐멘터리를 연출하는 선배 감독이었다. 인사를 드렸더니 그런 사촌여동생이 있다고 하는데 교류는 별로 안 하고 지내는 듯했다.

한참 세월이 흐른 후 '미스 한'의 사촌오빠인 선배 감독과 대형 프로젝트를 같이할 줄은 꿈에도 몰랐으니 사람은 언제 어디서나 잘하고 볼 일이다.

내가 성인이 되고 가끔 그 시절을 떠올리면 사람들은 성장 배경이나 환경이 참 중요하다는 생각이 든다. 환경이 전부는 아니겠지만, 유년기에 내가 만난 많은 사람은 좋든 나쁘든 나에게는 많은 영감을 준 사람들임은 분명하다. 그나저나 미스 김 아줌마나 미스 한은 잘 살고 계실지 궁금하다. 만약 살아 계시면 팔순이 한참 넘었을 나이일 텐데….

외갓집 가는 길

방학이면 어머니는 날 내쫓듯 당신의 친정인 경기도 포천으로 보냈다. 아버지는 평안북도 실향민이고 나는 종로에서 나고 자랐기에 시골체험을 할 수 있는 곳은 외가가 유일했다. 그래도 나는 행복한 편이었다. 부모가 도시 출신인 경우도 있어 유년기에 제대로 시골 체험을 못한 아이들도 제법 됐다. 친가의 정은 못 느꼈지만 나에게 외가는 참 포근했다.

당시 외가는 경기도 포천군(현재는 포천시) 신북면 계류리에 있는 쇠죽골이었다. 평창 이 씨 집성촌인데 나의 외조부님이 장손이셨다. 외조부모님이 살고 계시고 어머니 밑으로 한 분뿐인 외삼촌은 하심곡이라고 하는 곳에서 한의원을 하고 계셨다. 38선에서 그리 멀지 않아 6·25 때는 새벽에 포 소리를 시작으로 아침 6시에 인민군이 마을에 들어와 아침을 해 먹고 남으로 내려갔다는 외할머니의 증언을 들어보면 38선에서 멀지 않은 곳이었다.

어머니는 보따리에 '방학생활'이라는 방학 숙제집과 옷 몇 가지를 싸주고는 차비와 용돈을 조금 주고 나의 '똘기'를 믿는다는 눈치로 혼자 보냈다. 저학년 때는 딱 한 번 누나와 같이 가 봤지만, 처음이자 마지막이었다. 지금 생각해도 용기인지 만용인지 모르지만, 하여튼 꼬마 아이 혼자 외가에 갔으니 나의 모험심은 이때부터 생겼는지 모르겠다.

외가 방문을 하는 여정을 되짚어 보겠다. 일단 집에서 종로5가에 있는 시외버스터미널을 걸어간다. 시외버스터미널은 현재 종로5가 사거리에서 이화동 사거리로 가다 보면 내가 다니는 효제초등학교 못 미쳐 있었다. 거기서는 의정부, 포천, 동두천, 연천 등지로 가는 시외버스들이 있는데 거기서 소아용 버스표를 사고 버스를 탄다.

버스에는 부대로 복귀하는 휴가 장병들이 반이고 나머지 민간인은 주로 노인네와 나이 든 아주머니들이 많았다.

버스는 큰 버스도 있었지만 '하동환자동차제작소'에서 만든 마이크로 버스도 많았다. 글을 모르는 사람이 많아서일까 버스 차장은 여자도 있지만 조수라 불리는 남자가 소리를 고래고래 지른다. '의정부~, 동두천~, 포천~' '직행' 어쩌고 하면서 빨리 타기를 재촉한다.

버스에 올라타면 어른들은 우선 담배부터 한 대씩 피워 문다. 지금 같으면 상상도 못할 일이지만 당시에는 언제 어디서든지 누구의 간섭이나 시선을 의식하지 않고 담배를 피워 댔다. 지금 흡연자들이 생각하면 천국이 따로 없다. 승객들은 누구 하나 뭐라 하지 않고 버스 창문을 죄다 열고 간다.

버스가 혜화동 로터리를 지나 돈암동을 거쳐 미아리고개를 넘어가는데 당시 미아리고개는 좁고 꼬불꼬불했다. 높이도 제법 돼 성능이 나쁜 버스는 사람이 걷는 속도로 힘겹게 올라갔다. 겨우 미아리고개를 넘은 차는 창동, 도봉동을 향해 거침없이 달렸다. 당시 수유리 가기 전 지금의 지하철 미아역 근처에 신일 중고등학교가 한참 공사 중이었다. 주변은 전부 논이고 황량하기 그지없었다. 도로에서 상당히 멀리 떨어져 있었는데 요사이 가 보면 도로와 가깝게 있다. 도시 개발과 확장으로 도로가 넓어진 탓이다. 수유동, 도봉동은 완전 촌이었다. 집보다는 논과 밭이 훨씬 많아 어느 시골과 별반 차이가 없었다.

드디어 의정부다. 이제 외가는 반쯤 왔다. 내릴 승객 내리고 탈 승객을 태운 후 포천으로 달린다. 의정부는 이미 당시에도 시로 돼 있어 중심부는 제법 도시다운 면모를 갖췄다. 군사도시답게 상당수가 군인이고 미군도 많이 보였다.

아스팔트도로는 의정부 시내를 벗어나면 바로 편도 1차선의 좁은 비포장도로로 바뀐다. 그것도 빨리 못 달리는 건 버스의 성능도 성능이지만 우마차와 자전거가 뒤엉켜 다니고 자주 만나는 군용차량의 긴 행렬이 앞길을 막기 때문이다.

차 안에서 담배를 피워 대니 창문을 죄다 열 수밖에 없고 그 창문으로 한여름의 뜨거운 열기와 비포장도로의 먼지가 쏟아져 들어오니 숨이 막힐 지경이다. 그래도 누구 하나 불평불만이 없다. 당연하다는 듯 느긋하게 차 안에서 부채질을 하거나 일행하고 잡담을 한다. 오죽 먼지가 많으면 머리가 까만 사람의 머리에 먼지가 내려앉아 한참을 가다 보면 머리 색깔이 변한다.

포천을 가려면 반드시 건너야 하는 고개가 '축석고개'다. 지금은 고개 정상을 많이 깎아 내리고 직선화시켜 고개인지 뭔지 모르게 지명으로만 남았지만 당시에는 험한 고개였다. 높기도 하고 굴절이 심해 나는 고개만 들어서면 머리털이 쭈뼛거렸다. 무서움은 어른들도 마찬가지로 느끼는지 버스 안에 잡을 수 있는 모든 것을 움켜잡고 간다. 그만큼 고개가 험했다. 6·25 때는 이 고개를 사이에 두고 국군과 인민군이 엄청난 전투를 했다고 한다. 하도 사고가 자주 나다 보니 계곡 아래에 굴러 처박힌 차들이 즐비했을 정도다.

축석고개를 힘겹게 넘으면 '송우리'다. 당시 송우리는 초가집만 즐비했고 주변은 온통 논이었다. 지금은 아파트가 들어서고 변해도 너무 변했다.

송우리를 지나 포천 읍내를 막 지나 왼쪽으로 가면 또 하나의 힘든 고개가 나타나는데 '무럭고개'다. 지금은 87번 국도로 승격됐는데 예전에는 지방도이자 군 작전도로였다. 이 고개 역시 지금은 직선화되고 많이 깎여 나갔지만 당시에는 굴절이 심하고 좁고 가팔라 사고가 끊이지 않던 험한 고개였다. 이 고개를 지나려면 나도 모르게 오금이 저렸다. 버스는 차라리 걷는 게 빠를 정도였으니 얼마나 높았겠나.

겨우 힘들게 고개를 내려오면 '하심곡'이다. 하심곡까지 오면 거의 다 왔다. 하심곡을 지나 드디어 내려 '소죽골' 외가까지는 걸어간다. 마을 입구에 '외북초등학교'가 있는데 미 공병대가 지어 준 목조 임시 건물 한 채가 학교의 전부였다. 그 학교는 지금도 그 자리에 있다. 외가 친척 또래들하고 운동장에서 많이 뛰어놀았다.

여기까지 오는 과정에서 본 풍경은 의정부를 지나서부터는 초가집, 논, 밭, 군부대가 전부다. 특히 군부대가 많이 주둔해 있어 버스 정류장 이름도 ○○연대 앞, ○○대대, 공병대, 통신대 등 부대 단위를 표시한 곳이 많았다. 간간이 미군 전차와 병력도 많이 보이는데 어른들이 말씀하시길 훈련을 나왔다고 한다. 외가 근처에도 '축소 사격장'이 있어 늘 군인들이 훈련을 나왔다.

당시 베트남전이 한참인지라 참전했던 새카맣게 그을린 "상사 아저씨"가 훈련 나온 병사들에게 가혹한 기합을 주는 모습도 봤다. 마을 입구에 들어서면 제일 먼저 보이는 집이 셋째 외종조 댁이다. 외조부는 남자로만 다섯 형제였는데 전부 한마을에서 살고 계셨다.

외할머니는 벌써부터 집 입구에 나와 계셨다. 서울에서 한참 어린 큰 외손자가 보따리를 들고 혼자 왔으니 대견스럽기도 하고 안쓰럽기도 해서 나를 한참을 끌어안아 주신다. 외할아버지에게 인사를 드리자마자 외종조 댁으로 가 역시 인사를 드린다. 몇 집을 돌며 인사를 끝내면 드디어 하루의 일정이 끝난다.

서울서 제법 일찍 출발하였건만 외가에 오면 점심시간이 한참 지날 정도이니 꽤 오랜 시간 동안 온 것이다. 지금이야 길도 좋고 차도 좋아 서울 집에서 출발해도 한 시간 조금 넘게 걸리면 가는 거리인데 당시에는 멀고도 험했다.

초등학교 저학년인 나는 겁 없이 이렇게 방학 때면 수시로 다녔다. 지금 내가 생각해도 대견스럽다. 어른이 되어 다큐멘터리 연출한다고 겁 없이 세계를 누비고 다닐 수 있었던 것은 아마 그때의 경험이 큰 바탕이 된 듯싶다. 과연 요즘 부모들이 자기 자식을 이렇게 보낼 수 있을까? 아마도 난리가 날 것이다.

아이들에게 새로운 세상을 보여 주려면 어린 나이일수록 '여행'을 자주 보내라. 그것이 나의 경험 철학이다.

외갓집의 방학생활

드디어 서울내기의 '시골생활'이 시작됐다.

어제 외가에 왔지만 나도 모르게 눈이 떠져 일찍 일어났다. 제일 큰 변화를 느끼는 건 아침에 눈을 뜨면 공기가 달랐다. 상쾌하고 온몸의 독소가 빠져나가는 듯한 기분이다. 그리고는 구수한 냄새가 난다. 외할아버지는 벌써 일어나시어 소여물을 끓여 외양간에 매어 둔 소에게 주고 계신다. 외할머니는 부엌에서 아침 준비에 바쁘시다.

한여름 시골은 아침이 이르다. 날이 뜨거워지기 전에 서둘러 논일이고 밭일을 해야 하기에 부지런할 수밖에 없다. 그렇잖아도 외할아버지는 벌써 한 바퀴 돌고 오셨다고 한다.

외가는 초가집으로 안방, 대청, 사랑채, 행랑채, 부엌, 외양간, 창고로 이루어졌다. 평창 이 씨 장남답게 마을에서는 제일 크고 동네에서는 '큰집' 혹은 '큰댁'으로 통했다. 기와집은 한 채도 없고 전기, 수도는 구경도 못했다.

안방은 외조부모님이 함께 생활하고 사랑채는 마을의 서당이었다. 동네 더벅머리 총각들이 외조부 앞에서 한문책을 소리 높여 읽던 모습이 눈에 선하다.

행랑채는 인근에 근무하던 군인가족인 '장 중사 아저씨'가 살았는데 후

일 나의 수양 외삼촌이 되었다. 아저씨가 따로 살림을 나간 후에는 '박 서방'이라고 불리는 술 좋아하는 평안도 출신 머슴과 외가 일을 거들던 눈에 장애가 있는 식모 아줌마가 살림을 차려 살고 있었다.

외양간에는 소가 한 마리 매여 있고 어디나 그렇듯 놓아 키우는 닭 10여 마리가 한가롭게 마당에서 모이를 먹는다. 전형적인 농촌 풍경이다.

마당 가운데는 우물이 있고 옆에는 '뽐뿌(펌프)'가 있는데 마중물을 붓고 '뽐뿌질'을 하면 한여름에는 시원한 물이, 한겨울에는 미지근한 물이 올라와 세수하기에 제격이었다.

대청마루 기둥에는 마당을 향해 '스피커'가 달려 있는데 군용 삐삐선이 길게 뒷산으로 이어져 있고 다이얼도 없고 볼륨도 없이 하루 종일 방송이 나오기도 하고 안 나오기도 하기를 반복했다.

변소는 대문 밖에 있는데 흙벽돌과 짚으로 엉성하게 엮어서 안과 밖이 훤하게 보이기도 한다. 뒤를 보고 나면 옆에 있는 삽으로 재를 한 번 뿌려 덮으면 끝이다. 서울내기인 나는 처음 시골 생활 중에 제일 힘들었던 것이 용변이었다. 나중에는 아무것도 아니었지만 당시에는 적응하기까지 꽤 오랜 시간을 보내야 했다.

밤에는 호롱불이나 남폿불로 어둠을 밝혀야 했다. 남폿불은 심지를 자주 청소하지 않으면 연기가 나기도 했고 유리병을 늘 깨끗이 닦아 놔야 빛이 밝았다.

안방에는 1년을 한눈에 볼 수 있는 연력이 있다. 당시 포천군을 지역구로 둔 민주공화당의 오치성 국회의원이 나누어 준 걸 어느 집을 막론하고 안방에 붙여 놓고 사용을 했다. 오치성의원은 소위 5·16군사 쿠테타 주체 중의 하나였다. 지금도 잊지 못하는 건 가운데 본인의 사진을 넣고 공화

당의 상징인 황소가 큼직하게 그려져 있으며 '황소처럼 열심히 일하겠습니다'라는 문구가 인쇄돼 있다. 오치성의 연력은 상당히 오랜 기간 붙어 있었다.

   서울내기인 나는 처음에는 문화적 충격(?)을 적지 아니 받았다. 하지만 사람은 환경에 적응하는 능력이 있어서인지 처음에는 낯설고 힘들었지만 며칠 지나고 나니 어느덧 '촌아이'가 돼 가고 있었다.

   외가는 외조부가 제일 맏이고 밑으로 네 분의 외종조가 계신다. 외조부는 농사는 소작을 주고 평생 글을 읽으시는 소위 '한학자'이셨다. 겨우 하시는 일은 지게를 지고 어쩌다 산에서 땔감을 하시는 정도였는데 나에게도 작은 지게를 만들어 주시어 외조부를 따라다니곤 했다. 외조부는 평생을 위궤양에 시달리셔서 '소다'를 입에 달고 다니셨는데 그래도 천수를 누리시고 돌아가셨다.

   어머니는 큰집의 큰딸이라 막내 작은아버지와 두 살 정도 차이가 났고 그 위에 작은아버지들도 어머니와 나이 차이가 별로 나지 않았다. 그러다 보니 외종숙들이 나보다 어리거나 나이가 비슷하지만 전부 삼촌, 이모들이다. 내가 항렬이 낮았던 것이다. 지금이야 나이에 관계없이 존칭을 쓰며 삼촌, 이모로 대우하지만 당시에는 항렬에 관계없이 나보다 어리면 내가 하대를 했다. 그러면 어른들이 손윗사람에게 그러면 못쓴다고 나를 나무랐다. 나는 그게 억울해서 어른들이 안 보이면 더 심하게 하대를 했다. 외종숙들의 '트라우마'인지 지금은 나이 많은 조카인 나에게도 깍듯하게 경어를 쓴다.

   아침에 눈만 뜨면 소죽골 마을은 온통 나의 놀이터였다. 서울 종로에 살고 있으면서 절대로 경험하지 못할 귀중한 시골 체험을 맘껏 했다. 거기다 나이가 비슷한 외종숙들의 시기와 사랑을 동시에 받았기에 내 세상이었다. 아침에 밥 한술 뜨면 점심, 저녁은 아무 집이나 가서 먹었다. 마을 전체에서는 평창 이 씨가 아닌 집은 두 집뿐이고 전부 친인척으로 연결돼 있어 어느 곳을 가도 환영이었다. 다만 점심은 감자나 고구마 혹은 누룽지를 주로 먹었지만 내 입에는 잘 맞았다.

여름에는 마을 개천에서 살다시피 해서 온몸이 볕에 그을려 서울아이의 티는 벌써 벗었다. 물놀이를 하다 보면 나만 팬티를 입고 거의가 벌거숭이였다. 그래도 전혀 개의치 않는다.

개구리, 방아깨비, 메뚜기 등등 온갖 벌레와 곤충을 잡아서 노는데 서울 종로에서는 구경도 못할 것들이다.

산머루, 달래, 산딸기 등도 온 산을 헤집고 다니며 따 먹는데 그 어떤 과일보다 맛있었다. 그러다 보면 북한에서 날려 보낸 소위 '삐라'가 산에 여기저기 많았다. 그걸 주워 지서에 갖다 주면 연필과 공책을 주기도 했다.

하루는 불발 박격포탄을 발견하고 군부대에 신고해 군인들이 출동해서 가져간 적도 있었다. 학교에서는 방학식날 혹시 시골에 가는 학생이 있냐고 물어 본다. 있다고 하면 '삐라'를 발견하면 무조건 파출소에, 폭발물을 발견하면 무조건 군부대에 신고해야 한다고 담임선생님은 신신당부를 하셨다. 그리고 덧붙여 불발탄을 가지고 놀다가 사고 난 사례를 실감 나게 설명해 주셨다. 교육의 힘이다.

가끔 인근에 훈련 나온 미군들이 차량을 타고 이동하다가 우리가 원하지도 않았는데 초콜릿이나 껌 등을 던져 주기도 하는데 나는 그때마다 거지 취급을 받는 것 같아 기분이 상해 미군들을 향해 '쑥떡'을 먹이곤 했다.

인적이 드문 곳에서는 미군과 '양갈보'들이 뒤엉켜 짐승처럼 '그 짓'을 했다. 어려도 '그 짓'이 뭔지는 알기에 우리들은 멀리서 돌을 마구 던지며 욕을 해댔다. 그 시절에는 머리를 노랗게 물들이거나 화장을 요란하게 하고 노출이 심한 옷을 입으면 '양갈보'라고 놀렸다. '양색시', '양공주'라고 하기도 했는데 아이들이 부르기는 무조건 '양갈보'였다. 그때의 문화적 충격이 남아서인지 나는 지금도 머리를 노랗게 물들이거나 화장이 요란하거나 혹은 노출이 심한 젊은 여자들을 보면 좋은 시선으로 보지 않는다.

그렇게 들로 산으로 쏘다니며 외종숙들과 신나게 놀다 보면 여름 긴 하루해가 짧았다.

밤에는 아무 집이나 가서 아직 어린 외종숙들을 상대로 '구라'가 적당히 섞인 '서울이야기'를 신나게 한다. 아직 아무도 서울을 가 보지 못한 외종숙들은 내 이야기가 진짜인 양 귀를 잔뜩 세우고 마른침을 삼키며 듣고 있다. 자동차, 빌딩, 창경원, 영화, 텔레비전, 만화, 학교 등등 아무 이야기나 '썰'을 풀어 대도 누구 하나 토를 달지 못했다. 심지어 전기, 수도 이야기만 해 줘도 '청중'들은 숨이 넘어갔다.

개학 며칠 전 '방학생활' 숙제집은 한 줄도 채우지 못한 채 외가 친척들이 챙겨 주는 다양한 물건들을 잔뜩 보따리에 담고 고행 길의 귀경을 한다.

외가에서 인사를 마치고 출발하려고 하면 외조부는 짚으로 엮은 달걀 한 줄을 들고 나오신다. 마을 입구에 주로 군인들을 상대로 장사하는 조그만 가게가 있는데 거기다 달걀 한 줄을 팔고 그 돈을 나에게 쥐여 주신다. 차비도 되고 남으면 내 용돈이 될 정도였다.

겨울방학에도 어김없이 포천 외가로 갔다. 겨울은 겨울대로 시골의 놀거리는 풍성했다. 마을 앞 논이 얼면 썰매장이 된다. 거기서 앉은뱅이 썰매, 외날 썰매, 군용 탄통 썰매 등을 타고 손이 터지는 줄도 모르고 신나게 논다.

외종숙이 만들어 준 팽이를 가지고 놀기도 했다. 외종숙들은 나에게 잘 보이려고 내가 원하는 것은 무엇이든지 만들어 주었다. 연을 만들어 달라고 보채면 바로 만들어서 내 코앞에 디밀었다. 외종숙들은 '슈퍼맨'이었다.

밤, 고구마, 감자 등을 화로에서 구워 먹거나 부엌 아궁이에서 구워 먹는 재미가 쏠쏠했다. 외종숙들하고 눈 덮인 산에서 토끼몰이를 하여 잡은 산토끼를 가지고 토끼탕을 해 먹기도 했다.

칼바람이 매섭게 몰아치는 추운 겨울 들판에서 뛰놀다 보면 손이고 귀가 빨갛게 얼어 얼얼해도 개의치 않고 논다. 그러다 집에 가면 살살 가려우며 동상 증상이 나타나는데 외할머니는 이런 내가 어찌 될까 봐 손과 귀를 한참을 주무르며 말씀하신다. '큰 외손자가 외가에 와서 다치면 안 된다.'고 걱정을 하시는데 나는 별로 신경 안 쓴다.

방은 부엌 아궁이에서 잡목 등을 태워 구들을 데우는데 내가 불장난 삼아 너무 많은 나무를 집어넣어 부엌을 태울 뻔도 했다. 외할머니에게 처음으로 호되게 야단을 맞은 기억이 난다.

한 분뿐인 외삼촌이 6·25 당시 미군의 폭격으로 포탄이 부엌에 떨어져 불이 나며 한쪽 눈을 실명했기에 할머니의 화는 대단했다. 꼭 화재 때문은 아니었을 것이고 외손자가 어떻게 될까 봐 그러셨을 것이다. 안방의 아랫목은 발을 디딜 수 없을 정도로 달아올라 탄내가 진동했다. 내가 큰 실수를 했다. 지금은 두 분 다 돌아가시어 허전한데 한 분뿐인 외삼촌마

저 돌아가시고 유일하게 외숙모 한 분만 살아 계신다.

역시 '방학생활'은 한 줄도 채우지 못한 채 개학 며칠 전 서울로 왔다.

다시 서울 생활을 하는데 이상하리만치 '시골 촌놈'이 돼 버렸다. 전깃불은 너무 밝고 차량으로 인해 어지럽다. 도시의 소리가 소음으로 들린다. 공기도 탁하고 물도 맛이 덜했다. 무엇보다 재미가 없다. 내 몸속에는 '촌놈'의 피가 흐르고 있는 게 틀림없다. 도시 생활의 편리함이란 게 별것 아니었다. 그러나 지금은 가고 싶어도 가기가 그렇다.

평창 이 씨 집성촌인 '소죽골'은 이제 유일하게 도시 생활에 지친 외종숙만 한 분만 귀향하여 살고 계시기 때문이다. 유년기 서울아이가 유일하게 '시골 체험'을 할 수 있었던 기회는 영영 사라졌다.

내 아이들에게 미안한 점은 나도 종로에서 나고 자랐지만 내 처도 종로가 고향이다. 우리 아이들의 유년기 추억은 친가, 외가 할 것 없이 도시였다는 것이다. 미안하다 아이들아.

종로에서 휘경동으로

혹시 이 글을 읽으시는 독자 분들 중에 예전 휘경동을 이야기하니 현재 사시는 분들은 오해가 없기를 바란다.

종로6가에서 나고 자란 내가 아버지의 결심으로 이대병원 사택 생활을 마감하고 초등학교 6학년 때인 1970년 서울 동대문구 휘경동으로 이사를 왔다. 지금 서울삼육병원(예전에는 위생병원이라 불렀다) 바로 옆인데 당시에는 병원만이 덩그러니 있었다.

지금은 복개가 됐지만 중랑천으로 흘러가는 조그만 하천이 흐르고 있어 위생병원을 가려면 콘크리트 다리를 건너야 했고 병원 입구에는 파출소가 하나 있다.

병원 옆에는 주택 몇 채만 있고 주변은 논이었다. 이사 온 첫날밤에 잠을 못 이룰 정도로 논에서 개구리가 시끄럽게 울고 있었다. 생전 종로에서는 못 듣던 소리였다. 포천 외가에서나 들을 수 있는 소리를 바로 집 옆에서 들어야 했다. 생경한 일이다.

재밌는 경험은 집 뒤 배봉산에서 약수를 길어다 먹는 일이었다. 아버지와 함께 물통을 들고 운동 삼아 가면서 부자지간의 정담을 나눌 수 있어서 좋았다.

집에서 망우리 쪽으로 한 블록만 가면 중랑교다. 지금은 확장되어 넓어졌지만 당시에는 낡고 좁은 다리였다. 밑에는 중랑천이 흐르는데 여름에는 악취가 많이 났다. 70년 겨울까지는 스케이트장을 만들어 입장료를 내고 스케이트를 즐겼는데 한번 넘어지면 옷에서 냄새가 대단했다.

중랑천 둑 따라 끝이 보이지 않는 무허가 판잣집들이 즐비했다. 학교 친구들 중에는 거기 사는 친구도 더러 있었다. 그 길은 지금 동부간선도로가 뚫려 시원하게 차들이 다닌다. 중랑교 바로 못미처서는 장미원이라고 하는 과수밭이 있었는데 아버지끼리 친구이셨다. 그 집 아들은 나하고 동갑인데 후에 재수를 하여 나하고는 같은 과 일 년 후배가 되었다. 과수밭 역시 지금은 고급 아파트가 들어서 있다.

당시 휘경동은 신흥 주택단지라고 하기도 뭐하고 농촌도 아닌 어중간한 형태였다. 집 뒤의 휘경중학교는 이제 막 배봉산을 깎고 토목공사를 끝내 아이들의 놀이터로 아주 좋았다. 우리는 거기서 이웃 동네 아이들과 야구공을 걸고 야구 경기를 자주 했다.

당시 서울 동부 쪽에 인구가 급격하게 늘어 학교 수요가 많았다. 휘경, 전농, 장안, 중화중학교 들이 동시에 개교를 하였다. 58년 개띠들은 이런 학교 2회 졸업생들이다.

집 앞 개천 건너에는 보루네오 가구공장이 있어 합판 같은 걸 생산하고 있었고 옆에는 독립문 메리야스 공장이 있었다. 독립문메리야스 공장은 우리 어머니가 소개하여 친정인 경기도 포천에서 초등학교만 졸업한 외종숙들이 많이 취업했다. 지금은 피에이티(PAT)라는 브랜드로 다양한 의류를 생산하는 공장이 되었다가 지금은 이전을 하였다. 우리 동네 아이들은 휘경동에 있는 공장이 왜 독립문메리야스라는 상호를 썼는지 지금도 의문이다.

집 앞 길을 건너면 전통시장인 휘경시장이 있는데 어머니는 장을 주로 거기서 보셨는데 시장이 크지 않아 물건은 다양하지 못했다. 시장 끝에 대영극장이라는 삼류극장이 있었다. 주로 동시상영을 하는데 시설이 낡고 오래되어 스크린에서는 비가 하염없이 내렸다. 더 지나면 경희대와 외대가 있는데 동네 아이들이 과외를 하게 되면 주로 휘경동에서 하숙하며 이곳에 재학하는 형들에게 많이들 했다.

집 바로 옆의 위생병원은 우리들의 훌륭한 놀이터였다. '제칠일안식교'라는 교단에서 운영하는 삼육대학, 위생병원은 우리에게는 다소 생소했다. 토요일은 쉬고 일요일에는 근무를 했다. 병원 안에는 미국 영화에서나 봄직한 예쁜 빨간 양옥들이 몇 채 있는데 선교사들의 집이라고 했다. 선교사들의 자식인 어린 서양 애들을 보면 정말 인형같이 예뻤다. 그러나 그 아이들은 우리에게 극도로 경계심을 갖고 근처에 오는 것을 싫어해 의아하게 생각했다. 병원은 분위기가 별장 같았고 한가롭기 그지없었다. 조경이 잘되어 있어 병원에 놀러 가면 마음이 차분해지고 괜히 경건해졌다.

아이들은 동네 골목길에서 정구공을 가지고 '짬뽕 놀이'를 하거나 축구를 하는데 동네가 시끄러워도 누구 하나 뭐라고 나무라지 않았다. 간혹 친구 형이 취업시험 준비를 하는데 그 형이 뭐라고 야단을 쳐야 겨우 말을 들었다.

당시에는 시조사 삼거리에서 우측으로 큰길이 새로 났다. 그전까지는 경희대 입구 삼거리까지 가서 휘경시장을 거쳐 경춘선 철길을 건너 집으로 갔는데 노선버스도 그 길로 다녔다. 어느 날 시내를 오가는 안성여객이 철길에서 열차와 충돌하는 큰 사고가 났다. 많은 사람이 죽고 다친 사고가 나서야 버스를 우회시켰다. 그 바람에 그쪽 상권이 죽었는데, 74년 전철이 개통되며 다시 살아나 지금은 엄청나다. 사람 팔자 모르는 일이다. 지금은 회기역을 중심으로 차량은 전혀 통행하지 못해 전철 역사로만 횡단이 가능하다.

새로 난 길에서는 웃지 못할 사건(?)도 있었다. 지금도 그렇지만 위생병원에서 청량리로 가는 길이 약간 오르막길이다. 어느 여름날 분뇨 수거차가 힘겹게 올라가다가(그렇게 높진 않지만 분뇨가 가득 차서) 뒤 배출구가 그만 열려 버렸다. 난리가 난 것이다. 엄청난 양의 분뇨가 도로를 뒤덮고 심지어 도로보다 낮은 주택가를 덮쳤다. 내용물은 말할 것도 없지만 냄새는 도저히 참을 수 없을 정도로 풍겼다. 긴급하게 물차와 소방차가 동원되어 씻어 냈지만 며칠 동안 근처를 지나가면 냄새로 종종걸음을 해야 했다.

휘경동 동네 주민들은 서울에서 2대 이상 뿌리를 내리고 사는 사람이 거의 없었다. 평안도, 함경도, 황해도, 개성 등 실향민이 많았고 양평, 가평 등 경기도 인근에서 온 세대가 많았다. 충청, 전라, 경상도 등은 내 기억에 거의 없었다. 그러다 보니 실향민끼리는 서로 동질감을 느껴 형님, 아우하며 어른들끼리도 잘 지냈고 아이들도 친하게 지내며 형제들이 많은 집에서는 위아래 서열대로 친형제처럼 지냈다. 그야말로 이웃사촌이었다. 별식을 해 먹으면 나누어 먹기도 하고 동네에 경조사가 있으면 서로 챙겼다. 종로6가에 살던 때와는 인간적인 정들이 많았다. 내가 볼 때는 다소 촌스러운 점도 없지 않았다. 가령 같은 서울이지만 중심지로 갈 때는 꼭 '시내'를 간다고 한다.

사람들의 뇌리 속에는 '시내'는 광화문을 중심으로 한 서울 성곽 안이고 성 밖은 그냥 서울이었다. 성인이 된 나는 고향을 물어 볼 때 상대방이 그냥 서울 그러면 꼭 다시 물어 본다. 아마도 종로에서 나고 자란 쓸데없는 자만심으로 물어 보는 것 같다.

서울 어디냐고? 그러면 어디어디라고 이야기한다. 만약 성안에 유서 깊은 동 이름이 나오면 반갑기 그지없다. 그러다 보면 생각하지 못한 동창을 찾기도 한다. 성 밖 동네 이름이 나오면 하다못해 창신동, 홍은동만 나와도 내 입에서는 벌써,

"에이 그러면 순 서울 사람은 아니지."

라는 말이 나온다. 쓸데없는 성안 사람 프라이드였다.

따지고 보면 나는 순 서울 사람은 아니다. 적어도 3대 이상 100여 년은 살아야 서울 사람인데 실향민 2세인 내가 단지 종로에서 나고 자랐다고 괜한 '서울놈' 행세를 했으니 누가 뭐라고 해도 사실 할 말은 없다.

지금은 많은 사람들이 서울이 싫어 기회만 있으면 탈 서울을 하려고 한다. 맑은 공기와 쾌적함, 거주비 등을 고려하여 자꾸만 벗어나려고 하는데 나는 지금의 서울이 참 좋다. 얼마 전까지 여러 가지 이유로 서울 근처 위성도시에서 25여 년을 살다 다시 서울 휘경동으로 와서 몇 년 살다가 지금은 충남 보령에 거주하고 있다. 하지만 지금도 틈만 나면 서울이 그리워진다.

나에게는 아직도 꿈이 있다. 혼경이 바뀌면 보령을 벗어나 '서울시내'로 나가고 싶다. 나고 자란 종로에서 평생 살다가 생을 마감하고 싶다. 서울특별시민 중에 종로에서 사는 '특별한 시민'으로 살고 싶다. 그러나 오해는 하지 마시라. 특별한 대우를 받고자 하는 게 아니라 마음속에 고향을 그리워하며 살고 싶은 것이다. 그리운 서울~

휘경동에서 살기

70년 당시의 동대문구 휘경동은 그다지 볼 게 없었다. 휘경동의 휘경원은 조선 제22대 임금 정조의 후궁이자 제23대 임금 순조의 생모인 수빈 박 씨의 묘다.

처음에는 양주 배봉산(오늘날의 서울 동대문구 휘경동 일대) 아래에 묘역을 정하였는데, 철종 6년(1855)에 양주 순강원 옆으로 옮겼다가 철종 14년(1863)에 달마동(오늘날의 남양주시 진접읍)으로 천장하였다. 휘경동의 유래는 이런 역사적 사실이 지명으로만 남아 있는 것이다.

배봉산, 위생병원, 근처에 경희대, 외국어대, 서울시립대 등 학교 분위기가 많이 나 '놀기에는' 적당(?)하지 못했다. 그러다 보니 나를 비롯한 악동들은 멀리 원정을 가서 놀고는 했다. 중랑교, 상봉동, 망우동을 지나면 굴곡이 심하고 좁고 가파른 망우리고개를 지난다. 주변에는 온통 묘지만 보였다. 망우리고개를 지나서 교문리 사거리에서 왼쪽으로 가면 동구릉이 나온다. 당시에는 망우리고개만 넘어가면 완벽한 시골이었다. 주변에는 초가집이 즐비했고 논 아니면 과수밭이다. 차량도 한산하고 다니는 사람도 드물었다.

동구릉을 개구멍으로 들어가 온종일 능에서 뛰어놀다가 관리인에게 쫓겨나기도 했다. 지금은 사극 촬영을 하면 거대한 세트를 지어서 촬영하는데 당시에는 영화 촬영을 할 장소는 능만 한 곳이 없었다. 그러나 사극 촬영이다 보니 현대 복장을 한 우리를 호락호락하게 구경시켜 주지 않는다. 멀리 숨어서 볼 따름인데 말을 타고 달리기도 하고 엑스트라 병사들이 전투를 하며 영화를 찍었다.

한여름에는 휘경동에서 버스를 타고 중화동, 중랑구 묵동, 육사, 서울여대, 태릉, 삼육대를 지나면 불암동이다. 이곳에는 불암산에서 내려오는 찬 계곡 물을 가두어 수영장을 만들었다. 입장료 30원을 내면 하루 종일 물에서 놀 수 있는데 물이 워낙 차서 미리 받아 놓고 햇볕에 덥힌 다음 손님을 받을 정도였다.

집에 갈 차비는 진작 군것질을 해서 없기에 친구들과 불암동에서 휘경동까지 걸어갔다. 제법 먼 거리지만 친구들과 함께하는 길이기에 피곤하거나 지루하지 않아서 좋았다.

당시에는 중화동부터가 과수밭이었다. 태릉 입구부터는 서울여대와 육사를 제외하고는 논밭 아니면 과수원이었다. 삼육대를 지나면 완전히 농촌이었다. 초가집도 보이고 어디서나 매미 소리가 시끄러웠다. 버스 종점은 자주 다니던 포천 외가와 비슷할 정도로 촌이었다.

이렇게 '개 싸돌아 다니듯' 놀다 보면 차비도 떨어지고 하여 휘경동 집까지 걸어간다. 당시에는 애 어른 할 것 없이 웬만하면 걸어 다녔다.

중랑천 둑 위에는 조그만 농로가 있다. 아래는 무허가 판자촌이 촘촘하게 있고 그 옆으로는 여러 가지 채소를 심은 밭들이 길게 끝이 안 보였다. 우리는 둑 좁은 길에서 2인용 대여 자전거를 가지고 4~5명씩 타고 놀다가 운전 부주의로 길 아래 개천에 처박히기도 하는데 그래도 다친 아이 하나 없이 멀쩡하게 걸어 나오기도 했다. 지금 그 길은 흔적도 없이 사라지고 아파트와 도로만 나 있다. 커다란 미루나무도 매미소리도 온갖 들꽃도 다 사라지고 아스팔트로 포장되고 삭막한 풍경으로 변한 걸 보면 아쉽기만 하다.

새로운 도로가 나기 시작하며 낡고 좁은 중랑교도 확장공사를 시작했다.

전철역이 생긴다고 하여 철길 주변이 정비되기 시작했다. 지금의 1호선 회기역이다. 지금은 1호선과 중앙선 등이 환승하는 중요한 역이 되어 사람으로 늘 북적거린다.

문화 주택이라 하여 엇비슷한 집들이 고만고만 있었는데 주택단지 개발 붐이 막 일 때여서 하루가 다르게 기존의 집들을 부수고 '양옥'으로 변해 갔다. 위생병원 옆 논도 갈아엎어져 더는 개구리 소리를 들을 수 없고 하늘을 찌를 듯 서 있던 미루나무들도 개발이라는 이름으로 마구 베어져 나갔다. 우리들의 놀이터였던 배봉산도 깎여 나가 정상에는 대공 진지가 들어서고 학교가 들어서고 조그만 실개천도 복개가 되었다. 이제 더 이상 고즈넉하고 조용한 휘경동이 아니다.

70년 처음으로 이사를 하며 종로에서 휘경동으로 갈 때에는 시골 촌으로 가는 줄 알았다. 하지만 정 붙이고 친구들과 사귀면서 종로에서는 미처 느끼지 못한 새로운 경험을 하게 됐다. 개구리 소리와 매미 소리를 듣고 미루나무 그늘에서 더위를 피할 수 있다는 것도 알았다. 90년에 서울을 떠날 때까지 초중고를 졸업하고 대학교와 군대 생활을 휘경동에서 보냈다. 군대 생활은 해병대에서 복무했는데 휴가를 나오면 내가 '멋있어' 보인다고 동네 친구들이 나를 따라 많이 지원하여 내 후임으로 복무를 했다.

신혼살림을 부모님과 함께한 곳도 휘경동이고, 바로 밑의 여동생과 아버지가 돌아가신 경험도 휘경동에서 했다. 나에게 종로는 태어나고 유년기를 보낸 곳이고 제2의 고향인 휘경동은 또 다른 경험이었다.

지금은 그나마 그곳에서도 떠나고 충남 보령으로 내려왔지만, 아직도 "서울 티"를 벗지 못한 영원한 "서울 사람"으로 살아가고 있다. 이제는 종로를 가거나 휘경동을 가면 예전의 정겨움은 사라지고 마치 낯선 외지에 온 것 같은 분위기다.

옛날의 종로와 휘경동이 그립기만 하다.

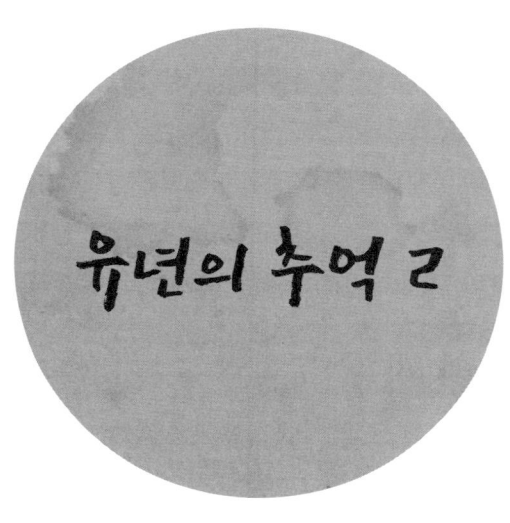

유년의 추억 2

초등학교 입학

1965년 초봄. 드디어 제도권 교육으로 진입했다. 내가 서울 종로5가 효제동에 위치한 '서울효제국민학교'에 62회로 입학을 한 것이다. 당시 효제국민학교는 1895년에 개교한 매우 유서 깊은 학교였으며 소위 5대 공립국민학교라 하여 수많은 인재를 배출한 명문 국민학교였다.

내 위로 누나가 하나 있는데 누나는 이미 62년에 입학하여 59회로 학교를 다니고 있었다. 당시에는 지금의 초등학교를 '국민학교'라고 불렀다.

65년 초에 '취학통지서'가 우편으로 왔다. 어머니는 나를 불러 앉히고는 이제 너는 학교에 가야 하니 선생님, 부모님 말씀 잘 듣고 공부를 열심히 해야 한다고 몇 번을 강조하셨다. 아직 글을 깨치지 못한 나는 취학통지서를 봐도 뭔 글인지 전혀 모르고 그냥 어머니의 말씀만 듣고 있었다.

어머니는 나를 데리고 광장시장으로 가시어 학용품 일체와 짙은 갈색 가죽의 어깨에 메는 가방을 사 주셨다. 당시를 기억하면 그 가방을 '란또셀'이라고 부른 기억이 난다. '란또셀'은 고급 제품이었다. 소가죽으로 만들어 질기고 튼튼했다. 상당히 고급 제품이어서 아무나 메는 가방이 아니었다. 우리 집의 형편이 '없는 집'에 속해 있었지만 집에서는 장남의 입학을 축하하는 의미로 '있는 집' 아이들이나 메는 '란또셀'을 장만해 주셨다.

드디어 입학식 날. 집에서 제일 좋은 옷을 입고 명찰을 달고 학교를 가니 이미 운동장은 아이 어른 할 것 없이 사람들로 넘쳐나고 있었다. 명찰 밑에는 아직 코를 흘리는 아이들은 명찰 밑에 손수건을 달고 온 아이도 많았다. 물론 나는 코를 흘리지 않았기에 명찰만 달고 갔다.

어머니 손을 꼭 잡고 정해 준 학급대로 줄을 맞춰 서 있었다. 2반인가 6반인가 지금 기억은 가물가물하다. 잠시 후 여자 담임선생님이 앞에 서시고 우리는 담임선생님의 구령에 맞춰 더욱 정신을 차리고 긴장하고 있는데 담임선생님은 나이가 좀 들어 보이고 몸집이 많이 나가는 데다 미모와는 거리가 멀고 한눈에 봐도 심술맞게 생기셨다. 혹시 당시 담임선생님이 생존해 계시고 이 글을 읽으신다면 용서를 빈다.

정식으로 입학식이 시작되었다. 국민의례 등 식순에 따라 식이 진행되는데 신입생이 국기에 대한 경례를 아나 애국가를 아나 그냥 멀뚱멀뚱 보고만 있었다.

교장선생님의 긴 '훈화'가 시작됐는데 이때쯤 아이들은 딴 짓을 하며 지루해한다. 같이 온 엄마를 찾느라 목을 길게 빼 주위를 두리번거리는 아이, 벌써 힘이 드는지 그냥 주저앉는 아이, 불안한지 눈물이 글썽거리는 아이, 심지어 우는 아이까지 난리가 아니다. 그때마다 담임선생님은 줄 사이로 다니며 아이들을 진정시키고 있는데 일제강점하인 1930년대부터 교사를 해 온 교장선생님은 아랑곳하지 않고 그야말로 '일장연설'로 지루하기만한 '훈화'를 끝냈다.

아주 드물게 진짜 '있는 집' 아이의 아버지는 자기 아이를 찾아 '귀한 사진'을 찍는다. 다른 학부모는 부러운 표정으로 바라보는데 지금 동창들 만나서 물어 보면 단 한 명도 입학식 사진은 없다.

지금 기억하기에 한 반에 대략 70여 명이 넘었다. 그런 학급이 15~6반까지 있으니 어림잡아 '입학 동기생'이 천여 명이 훌쩍 넘었다. 베이비 붐 세대의 위력이었다.

지루하기만한 입학식이 끝나고 담임선생님의 인솔하에 배정받은 자기 교실로 들어가는데 워낙 학생은 많고 거기다가 학부모까지 더해지니 그야말로 교실 복도부터 인산인해다. 눈치 빠른 엄마들은 일찌감치 교실 뒤편에 자리 잡고 있지만 그렇지 못한 엄마들은 복도에서 목을 길게 빼며 자기 아이들을 찾고 있다.

아이들은 아이들대로 처음 경험에서 오는 불안감에 좌불안석이다. 담임선생님은 아이들을 진정시키며 뭐라 말씀하시는데 사실 아이들이 들으라고 하는 이야기보단 학부모한테 하는 말씀인 것 같다. 준비물이라든가 지각, 결석, 변소 사용 등 단체생활에 필요한 내용들을 설명하고 유인물을 나누어 준다. 아이들은 아직도 적응이 안 된 듯 불안한 표정들이다. 이날 입학식은 이렇게 끝이 났다.

다음 날 4학년인 누나 손을 잡고 등교를 했다. 집은 종로6가이고 학교는 종로5가에 있으니 등하교는 어려움이 없다. 누나가 있어 길을 잃어버릴 일도 없거니와 총기가 있어 잘 적응해 갔다. 나뿐 아니라 거의 모든 학생이 아직 국문을 깨치지 못하고 입학을 했다. 지금도 기억나는 건 '유치원'을 마치고 온 학생이 한 반에 두세 명에 불과했다. 당시의 유치원은 아주 '있는 집' 아이들의 전유물이었다.

아침부터 '가갸거겨'를 외우고 애국가를 부르며 간단한 셈법을 공부했다. 나도 한 달 정도 지나 국문을 깨쳤다. 장님이 눈을 뜬 경험이다.

당시의 교육은 '주입식'이었다. 무조건 '외어야' 했다. 많은 학생들을 짧은 시간에 목표치까지 도달시키려면 개인의 창의성이나 개성보다는 일정한 규격에 맞추어 낸 '대량생산'이었다. 콩나물 교실은 '수용' 개념이다 보니 인성 교육은 뒷전이다. 이러다 보니 학습 지진아를 따로 돌볼 여유가 없어 그들은 도태되기 마련이다. 이렇게 도태된 아이들은 영원히 사회의 낙오자가 될 수밖에 없다. 초등학교 일 년이 일생을 좌우하는 것이다.

일 년이 지나도록 담임선생님은 학생들의 이름을 다 기억하지 못한다. 담임선생님과 대화 한 번 못해 보고 학년을 마친다. 지금의 교육 현실과는 너무도 달랐다.

별의별 아이들이 다 있다. 한 번도 준비물을 못 챙기고 오는 아이, 걸핏하면 우는 아이, 변소가 무섭다고 그냥 똥오줌을 싸는 아이, 식모 등에 업혀서 등교하는 아이, 다른 반에 가서 헤매는 아이 등등 지금 생각해도 어이가 없는 경우가 많이 있다.

2학기에 접어들자 2부 수업이라 하여 오후에 등교했다. 학교 시설은 낡고 좁았으며 학생 수는 많으니 어쩔 수 없는 고육지책이지만 인근에 3부제를 하는 학교에 비하면 그래도 괜찮았다. 2부제 수업을 하면 일찍 등교를 하여 학교 운동시설물이 있는 놀이터에서 신나게 놀다가 반에 들어간다. 평소에는 아이들이 워낙 많아 제대로 놀 수가 없기 때문이다.

월요일에는 전교생이 모여 '조회'를 한다. 교장선생님의 지루한 '훈화'를 듣고 각 반으로 들어가는데 좁은 운동장에 최소 5천여 명에서 7천여 명의 학생들이 바글거리니 오가는 것도 쉽지 않다.

종례를 마치면 청소를 하는데 처음에는 5학년 누나 형들이 와서 청소를 해 줬다. 당시에 6학년생은 중학 입시가 있기에 얼굴조차 보기 힘들었다.

집에 오면 이제 입학을 했으니 응석은 어림도 없다. 밑에 동생들도 줄

줄이 있다 보니 늘 어머니는 나에게 모범을 보이라고 하신다. 학교 괜히 갔다.

당시의 행정이 체계가 안 잡혔는지 58년생이 65년도에 입학을 하는 게 정상인데 57, 56년생도 보이고 59, 60년생도 섞여 있다. 그래도 다 친구로 지내고 지금도 만나면 그냥 친구다.

형제, 자매가 한 학교에 다니는 경우가 많다 보니 위 아래로 다양한 학년이 같이 다닌다. 나도 한때는 누나가 6학년, 내가 3학년, 동생이 1학년으로 같이 학교를 다닌 적이 있다. 우리 집 다섯 아이는 전부 효제초등학교 입학생이다. 누나만 졸업을 했고 나부터는 전부 전학을 가서 졸업생은 못 됐다.

이종, 고종, 큰집, 작은집 사촌 간도 많아 지금도 동창회를 하다 보면 동창인지 문중인지 재밌는 경우가 생기곤 한다.

소풍과 방학을 두 번 보내고 운동회를 한 번 하니 학년이 올라갔다. 사계절을 한국전쟁 직후 미군 공병대가 지어 준 콜타르 향이 진한 판자 교실에서 보내다 보니 어느덧 후배가 들어왔다.

내가 초등학교에 입학한 해가 어느덧 58여 년이 지났다. 이제는 기억도 가물가물하지만 그래도 친구, 선생님에 대한 잔상이 기억나니 추억이 참 오래간다는 생각을 한다.

최근에 학교 근처를 가 볼 일이 있어 일부러 둘러봤다. '변해도 너무 변했다.' 상전벽해란 말이 딱 어울리게 학교도 변하고 주변도 변했고 학생들도 변했다. 5천~7천여 명이 뛰어놀던 운동장은 썰렁하기만 하고 2부제 수업을 하던 학교가 학생 수의 급감으로 폐교를 걱정해야 하는 그야말로 혁명적 변화를 겪고 있다. 그러나 내 마음속에는 아직도 영원히 당시 국민학교 입학하던 시절에서 크게 변함없다. 아직 철이 덜 든 까닭이다. '유년의 추억'은 그래서 소중하다.

가정환경조사서

매년 신학년이 되면 어김없이 작성해야 하는 것이 있다. 학교에서 나누어 주면 집에 가지고 가 주로 아버님이 작성을 하는데 내용이 어마어마하다. 이름하여 '가정환경조사서'다. 지금 생각해도 학생 당사자뿐만 아니라 그 집안의 모든 환경을 손금 보듯이 파악하는 '조서'였다.

요즘 흔히 사용하는 에이포(A4) 용지 규격에 질 나쁜 누런 갱지에다가 등사기(그 시절에는 '가리방'이라고도 했다)로 밀었다.

아직 글을 깨치지 못하고 들어간 나로서는 전적으로 아버지가 그 '조서'를 작성할 수밖에 없었다. 당시에는 나처럼 입학 전에 국문을 깨치고 입학한 학생이 한 반에 두세 명에 불과했다. 하기야 한 반 70여 명 중 유치원을 마치고 온 학생이 두세 명에 불과했으니 글을 모르는 건 너무도 당연했다.

기본적 호구 조사인 원적, 본적, 현주소, 성명 등을 기재하고 이제 본격적으로 가정환경 조사에 들어간다.

제일 먼저 재산 상태를 파악한다. 동산이 얼마이고 부동산이 얼마인지부터 파악한다. 다음은 주거 형태를 알아보는 항목인데 소유자가 누구인지를 알아보는 자가, 전세, 월세, 일세, 사택, 관사인지를 파악하고 집의 형태를 알아본다. 당시에는 아파트는 거의 없던 시절이라 지금 생각은 잘 나지 않으나 한옥인지 양옥인지를 조사하고 슬라브 집인지 개량한옥인지 이층집인지 단독인지 공동으로 거주하는지 등등을 알아본다. 방의 숫자와 온돌인지 양실인지를 기재하고 평수 등 면적도 당연 기재 사항이었다.

다음은 집 안의 시설물을 알아본다. 변소(그 시절에는 화장실이란 개념이 아예 없었다)는 안에 있는지 바깥에 있는지, 그 변소가 개인 혹은 공동인지, 재래식인지 양식인지, 목욕탕은 있는지 없는지 등도 빠짐없이 기재해야 한다. 집 안의 난방은 화목(아궁이)인지 연탄인지 등도 필수 사항이었다. 그러고는 전기가 들어오는지 등도 확인해야 했다.

다음은 일일이 열거하기 힘들어 기억나는 대로 기술하면 문화생활 즉 신문, 잡지, 텔레비전, 냉장고, 전축, 라디오, 시계, 도서, 카메라, 자가 수도, 공동수도, 우물, 등등도 세세하게 기재해야 한다.

부모님의 나이와 학력, 직업 등을 기재하고 나면 다음은 형제 차례다. 심지어 부모님의 소득까지 기재해야 한다.

이렇듯 모든 항목을 기재하고 나면 용지가 빈틈이 없다. 결국 그 학생의 고향, 출신, 부모님의 직업, 학력, 재산, 소득 등 모든 가정환경이 그야말로 경찰 정보보고서보다 더했다.

다음 날 학교에 제출하면 담임선생님은 며칠 동안 꼼꼼히 검토를 한 후 결론이 내려진다. 우리가 봐도 좋은 옷을 입고 고급 문방구와 용모가 깨끗한 소위 '있는 집' 아이는 대우가 달랐다. 어린 나이지만 담임선생님의 '편애'가 남다르고 그 집 어머님이 오시는 횟수에 비례해 담임선생님의 태도가 다르다는 걸 한눈에 봐도 알 수 있었다. 반면 허름하고 늘 콧물을 달고 사는 '꼬질꼬질'한 아이는 구박덩어리였다. 이미 초등학교에 입학한 순간 집안 환경으로 인한 '서열'이 매겨지는 것이다.

종로5가의 전통 있는 공립학교다 보니 재력, 권력과 유명 인사의 아이들이 제법 있었다. 반면 도시화 바람이 불며 지방에서 물밀듯이 밀려오는 이주민 자녀들도 많았다. 그들의 부모들은 주로 힘든 일에 종사하며 저소득인 관계로 아이들을 제대로 돌볼 형편이 못 되었다.

학교에 운동회나 소풍 같은 큰 행사가 있거나 하면 '있는 집' 아이들의 부모들이 한껏 '위세'를 부릴 좋은 기회가 온다. 또 봄가을로 대대적인 환경미화를 하는데 역시 '있는 집' 부모들은 자식을 위한 건지 본인의 위세를 생각해서인지 아낌없이 협찬을 한다. 그러다 보니 아이들 간의 서열은 힘센 놈과 깡다구 좋은 놈, 그리고 '있는 집' 아이들의 상호 공존과 공생이었다. 어른 세계나 지금의 현실과 별반 차이가 없다.

그 모든 것은 '가정환경조사서'라는 학교에서 작성되는 '조서'로부터 시작이다. 토씨 하나 틀리지 않게 사실대로 정확하게 기재하라는 담임선생님의 '엄포'에 집에 가서 정직하게 아버지를 상대로 전달한다. 아버지의 표정은 암담하기도 하고 공포스러웠을 것이다.

우리 세대의 부모님 중에는 무학도 많았고 글을 깨치지 못한 분들도 분명 계시었다. 그분들의 곤혹스러움을 어찌 말로 표현할까? 심지어 대서방에 가서 머리 조아리며 자기 자신을 다 까발려야 했을 우리 부모님 세대들을 생각하면 지금도 마음 아프다.

모든 교사가 그랬으리라고는 생각하지 않지만 당시에 치맛바람은 대단했다. 교사를 '돈'으로 회유하여 자기 자식이 보다 우월한 지위를 가지게 하고 학교에서의 불이익을 줄이며 '우리 자식만이 잘되길' 기원하는 기성세대의 잘못된 관행이 지금도 면면이 이어져 내려오는 듯해 쓸쓸하기만

하다. 요즘은 엄마의 치맛바람보다 '아빠 찬스'라는 신조어가 생기면서 "바짓바람"이 불어댄다나 뭐 한다나.

  아이들아, 미안하다. 아빠 바지는 다 낡고 헤어져서 바람을 못 일으켰구나….

용의 및 신체검사

매년 신학년이 되면 반드시 해야 하는 과정이 있다. 바로 신체검사이다. 학기가 어느 정도 진행된 따뜻한 봄날. 담임선생님께서는 미리 날짜를 알려 주신다. 아이들은 이날을 대비해 평소 자주하지 않던 목욕도 하고 머리도 단정히 하며 소위 '때 빼고 광내고' 학교에 간다.

이날은 수업이 없다. 하루 종일 신체검사를 한다. 내용은 별것 없다. 기본적인 신장, 체중, 가슴둘레, 시력, 청력, 치아 상태 등을 측정하고 다음은 청진기로 가슴을 대 보고 이동식 엑스레이 검사기로 가슴 사진을 찍는다. 이 모든 측정값은 '학생건강기록부'에 꼼꼼하게 기재가 된다. 기록부는 전학을 가더라도 학적부와 함께 반드시 다음 학교에 넘겨지게 되는 중요한 기록이다. 그리고는 한 명 예외 없이 구충제를 먹는다. 아이들이 먹기 좋게 '미루꾸'처럼 포장하고 갈색의 부드러운 사탕 맛이어서 그런대로 먹을 만했다.

혹시 이 글을 읽으시는 분들이 식사 전이면 양해를 바란다. 당시에는 위생 상태가 안 좋아 거의 모든 사람들이 기생충을 몸에 지니고 살았다. 아무리 영양가 높은 음식을 먹어도 기생충이 배 속에 기생하고 있는 한 좋은 걸 먹어도 소용이 없었다. 그러다 보니 기생충 박멸이 국가적 사업이 되었다.

신체검사 며칠 전 학교에서는 변 검사를 하기 위해 조그만 채변봉투 하나씩을 미리 나누어 주었다. 누렇고 약간 두툼한 갱지에는 학교, 학년, 학급, 이름 등을 기재하여 채변봉투 속 비닐에 자기의 '똥'을 받아야 했다. 당시에는 거의가 재래식 변소였기에 변소 뒤 맨땅에다가 신문지 한 장 깔고 똥을 눈 다음 나무젓가락으로 대추만 한 크기로 잘라 채변봉투에 담아야 했다. 그러나 무슨 일이든지 긴장하면 잘 안 되는 법. 늘 똥을 잘 누던 아이도 숙제처럼 여겨서 생각만큼 똥이 나오질 않으면 친구 똥이나 가족이 싼 똥, 심지어 개똥까지 가져오는 아이들이 있었다. 그나저나 다 안 되는 아이들은 학교 변소 뒤에 가서 반장의 감시 속에 단체로 똥을 싸야 하는 곤혹을 치르기도 한다.

이러다 보니 학교에서는 모든 학생들은 기생충이 있다고 간주하여 몽땅 약을 먹이는 것이다. 문제는 구충약을 복용하고 변소를 가면 난리가 아니다. 변소 밑에 지렁이만 한 크기에서 새끼 뱀만 한 크기의 온갖 다양한 기생충들이 그야말로 바글바글하다. 어른들은 거기에다 석유를 뿌리거나 하여 기생충을 죽인다. 한 이틀 이렇게 쏟고 나면 아이들의 얼굴색이 훤하게 밝아진다. 평소 누렇게 뜬 얼굴이 가시며 발그스레한 피부 본래의 모습으로 돌아오는 것이다. 그만큼 거의 모든 학생들은 몸에 기생충을 지니고 살았다.

담임선생님이 아무리 사전에 일정을 알려 주고 준비를 하라고 했건만 부모들이 살기 어렵고 바삐 사느라 미처 챙기지 못한 경우가 많았다. 팬티 등 속옷을 입지 않은 아이도 제법 됐고 제대로 씻지를 않아 몸에 때가 덕지덕지 있어 검사하는 선생님의 눈살을 찌푸리게 하기도 한다. 구멍 난 속옷에 양말에 빈곤의 그림자가 여기저기 보인다. 그나마 남학생들은 참고 견딜 만하다. 아무리 어린아이들이라 해도 여학생은 여자다. 여기저기 여자아이들이 모여 있는 곳에서는 울음보가 터지기 일쑤다. 특히 고학년이 되면 조숙한 여학생들은 생리도 시작하고 2차 성징도 나타나는데 자존감 강한 여학생들은 심리적으로 얼마나 위축됐을까? 이때 잘못 보인 아이들은 별명이 생기게 마련인데 이 별명이 수십 년이 지난 동창회에서도 불리는 걸 보면 한번 각인된 것은 평생 가는 모양이다.

학교에서는 수시로 용의검사를 한다. 평소 자기 위생관리를 잘하지 못하는 아이들이 많았다. 지금 같으면 부모들이 어련히 알아서 챙겨 주겠지만 그 시절에는 형제들도 많고 다들 어려운 시절이라 그런지 자기가 스스로 하지 않으면 누가 챙겨 주는 사람이 없다.

종례시간에 갑자기 선생님이 용의검사를 한다. 손톱, 발톱, 세면, 치아, 속옷 상태 등 눈으로 보이는 것들을 살피는데 아이들 대부분이 지적을 당한다. 손톱을 제때 자르지 않아 마귀처럼 기른 아이와 이로 물어뜯어 손톱이 들쑥날쑥하기도 하고 얼굴은 그런대로 괜찮은데 목 뒤로 새까만 때가 있어 검정 목도리를 한 것처럼 보이는 아이들도 많았다. 양치를 제대로 못해 이빨은 충치로 가득하고 냄새 또한 심했다. 선생님 앞에서 입을 크게 벌리고 검사를 받을라치면 자격지심에 입을 조그맣게 벌리다가 야단을 맞기도 한다.

종기나 부스럼도 많아 사내아이들은 머리에 '땜통(기계충)'이라 하여 머리를 깎을 때 소독 안 된 이발기로 머리를 밀다가 흔히 생기는 피부병을 달고 살았다. 여자아이들은 머리를 길다 보면 '이'가 생긴다. 있는 집 아이들은 어머니나 식모가 아침마다 참빗으로 머리를 곱게 빗어 학교에 보내지만 없는 집 아이들은 언제 머리를 감았는지 모르게 머릿기름이 흐르고

'이'나 '서캐'가 득실득실했다.

얼굴에 '버짐'은 웬만한 아이들은 다 갖고 있기에 일도 아니다.

한 반에 보통 70여 명이 넘다 보니 누가 하나 전염성이 강한 질병이 걸리면 순식간에 퍼지기 일쑤여서 담임선생님이 늘 개인위생을 강조하지만 일일이 아이들을 챙길 수도 없고 하여 문제가 되곤 했다.

복장도 검사를 하는데 당시에는 고급 브랜드 개념이 거의 없기에 누가 좋은 옷을 입고 아니고는 문제가 되지 않았다. 그저 깨끗하게만 입으면 됐다.

남자아이들은 봄부터는 거의가 반바지를 입는데 날이 조금 추우면 긴 양말을 신지만 아주 있는 집 아이 아니면 그냥 맨살이다. 그래도 누구 하나 춥다고 하지 않는다. 팬티와 러닝셔츠 그리고 반바지에 티셔츠 한 장 걸치면 옷은 다 입었다.

문제는 속옷을 제대로 입지 않은 아이들이 제법 됐다. 거기다 반바지의 앞단추나 지퍼가 고장 나서 그 사이로 작은 고추와 호두만 한 불알이 덜렁거리고 튀어나와 여자아이들이 기겁을 하곤 했다. 러닝셔츠는 대개 형이 입던 옷을 물려받거나 혹은 오래돼 여기저기 기워 입은 것이다. 이런 옷은 아이들도 잘 안 입으려고 하지만 어머니에게 다음 해는 꼭 사 준다는 다짐을 받거나 아니면 등짝을 한 대 맞고서야 억지로 입는다. 한참 뛰어놀 아이들이기에 바지 엉덩이 쪽은 점점 얇아지다 급기야 터져 팬티가 보이거나 맨 볼기살이 다 보이기도 한다. 단추로 여미게 된 옷들은 단추가 자주 떨어져 달아야 하는데 맞는 짝이 없이 단추가 제각각이다. 아이들은 그런 것에 크게 개의치 않았다. 소위 유명 브랜드도 없고 옷의 질이 전체적으로 '하향평준화'되어 위화감도 없을뿐더러 설령 아주 좋은 제품

옷은 부모들이 입히지 않았다. 당시에도 좋은 옷을 입고 다니는 아이들을 상대로 '네다바이(사기)'를 하는 못된 어른들이 있었기에 가급적 삼갔다

학교에서도 복장검사를 하게 되면 옷이 깨끗한가, 속옷은 입었는가, 제대로 수선은 하고 입는가 정도만 검사를 했다.

신발은 남녀 아이들은 천으로 만든 검정 운동화나 빨간 운동화를 주로 신었고 검정 고무신을 신는 아이들도 제법 있었다. 고무신을 신는 아이들은 대개가 맨발인데 고무신 위의 발목은 새까맣고 그 아래는 하얘가지고 고무신을 벗으나 신으나 마치 늘 신고 다니는 것처럼 보였다. 천으로 만든 운동화는 자주 해져 굵은 실로 꿰매기도 하고 신발 바닥 고무창이 쉽게 닳아 구멍이 나 비가 오면 양말이 다 젖기 일쑤다.

참 어려운 시절이었다. 그래도 누구 하나 불평하지 않고 그러려니 하고 지냈다. 누가 좋은 옷을 입어도 부럽다거나 하지 않고 싸구려 옷을 입어도 위축되지 않았다.

지금은 어른 옷값 뺨치는 고급 브랜드의 좋은 옷을 입히고 온갖 비싼 걸로 치장을 해서 아이들을 학교로 보내는데 아이들이 크게 행복해하지 않는다. 아이들의 진정한 행복은 비싼 옷과 학용품이 아니라 친구들과 건강하게 잘 어울려 놀고 아이들 스스로 행복감을 느끼는 게 아닐까?

여자 누드를 보다

제목이 도발적이다. 머리에 피도 안 마른 어린 녀석이 벌써부터 성인 여자의 누드를 보다니 망측한 짓이다. 그러나 독자들이 조금은 이해해 주기 바란다. 달리 무슨 뜻이 있거나 조숙해서가 아니라 순전한 호기심의 차원이었고 '성장통'의 과정으로 봐 주면 좋겠다.

60년대 당시 서울대학교 미술대학은 동숭로, 즉 연건동에 위치하고 있었다. 내가 다니던 종로5가의 효제초등학교와는 가까운 거리에 있었다.

지금도 그러겠지만, 반에 한두 명쯤은 성적으로 조숙한 아이가 있게 마련이다. 당시에도 그런 아이가 있었다. 지금 이름은 기억이 나지 않지만 표정은 생각이 난다. 작은 체격에 얼굴이 동그랗고 늘 눈이 반짝거리며 오락시간에는 탁자 위에 올라가 유행가를 잘 부르던 아이였다.

3학년까지는 남녀 합반이다 보니 짓궂게 여학생들에게 장난을 치는 아이도 있다. 괜스레 여자아이 치마를 들치거나 가슴을 만지려고 하는 아이들이다. 치마를 들칠 때는 꼭 '아이스케키'를 외치는데 난 지금도 이 뜻을 모르겠다. 아직 어린 여학생이다 보니 가슴도 없는데 굳이 왜 그랬을까 하는 생각이다.

학교 변소에 가면 꼭 적혀 있는 낙서가 있다. '누구는 누구를 좋아한다', '누가 누구를 어떻게 했다'라는 등의 유치한 내용이지만 어느 학교에든지 반드시 적혀 있게 마련이다.

'까진 친구' 녀석이 어느 날 나에게 제의를 한다. 미대 쪽에 가면 홀딱 벗은 여자의 몸을 볼 수 있다고 나를 꼬드긴다. 녀석은 유달리 '홀딱 벗음'을 강조를 한다. 나는 뭔 소리냐고 되물었지만 아무 말 없이 나를 끌고 서울미대 쪽으로 갔다. '홀딱 벗은 여자'라는 녀석의 말이 계속 내 머릿속에 남아 있다. 초등학교에 입학하기 전까지는 어머니와 여탕을 몇 번 가 봤지만, 그때는 아무런 감정이 없었다. 실로 몇 년 만에 '홀딱 벗은 여자'의 몸을 본단 말인가? 나는 은근한 기대 속에 녀석의 뒤를 쫄랑거리고 따라갔다.

동숭동은 서울 문리대, 의대, 치대, 미대 등이 모여 있었는데 나는 사실 어디가 어딘지 잘 모르고 있었다. 친구 녀석은 자기 집이 근처라 그쪽 지역을 훤히 꿰뚫고 있었다. 녀석은 학교 구내에 들어가 요리조리 한참을 가는데 나는 처지지 않으려고 녀석의 뒤통수만 보고 갔기에 어디가 어딘지 지금은 기억도 나지 않는다.

이윽고 어느 건물 앞에 섰다. 친구는 여기서부터는 조심해야 한다고, 만약 경비 아저씨에게 걸리면 우리는 죽는다고 엄포를 놓았다. 순간 나는 가슴이 벌렁거리고 다리가 후들댔다. 녀석은 건물 주변을 조심스럽게 관찰하더니 잽싸게 물감통이며 조각된 작품들로 가득 찬 창고 같은 허름한 곳으로 뛰어 들어갔다. 나도 두근거리는 가슴을 진정하고 녀석을 놓칠세라 부지런히 따라 들어갔다. 다음부터는 어디서 어떻게 들어갔는지 정신이 없다.

드디어 도착한 곳은 미대생들이 '누드 크로키'를 수업하는 강의실이었다. 창가로는 볼 수 없고 바닥 아래 철창 환기통을 통해 교실을 일부 엿볼 수 있는 수준이었다. 그래도 학생들과 '이젤' 사이로 얼핏 보이는 '홀딱 벗은 여자'의 몸이 적나라하게 보였다. 모델은 수시로 자세를 바꾸는데 정면이 보일 때는 숨을 못 쉴 정도였다. 가슴은 벌렁거리고 다리에 알 수 없는 힘이 들어갔다. 친구는 연방 마른침을 삼키며 '감상'을 한다. 여자에 대한 자각이 생긴 후 처음 보는 '여자의 벗은 몸'이었다. 이때의 충격은 꽤 오래갔다.

몇 년 후 동네 목욕탕에서 불이 났다. 천하의 제일 재밌는 구경이 '싸움구경', '물구경', '불구경'이라고 하는데 온 동네뿐 아니라 인근 동네 아이들까지 '불난 집'으로 총출동했다. 한걸음에 달려갔는데 소방차는 이미 출동을 해 물을 뿌리고 사람들이 우왕좌왕거리고 있었다. 희한한 건 구경꾼들은 대부분이 남자들이고 모든 시선은 '여탕'에 가 있다. 손님들이 워낙 많아서인지 아직도 대피 중인데 남자들은 그냥 목욕 대야나 수건으로 아랫도리를 가리고 뛰쳐나오는데 여자들이 문제였다. 할머니나 어린 여자아이들은 그냥 뛰쳐나온다. 하긴 특별히 가리고 자시고 할 것도 없다. 문제는 '젊은 여자'들이다.

이들은 주로 수건으로 얼굴을 가리고 잔뜩 수그리고 나오는데 간혹 한 손은 얼굴을 또 다른 손은 국부를 가리고 나오는 여자도 있다. 그때마다 구경하던 남자들의 안타까운 비명인지 재미있다는 건지 모를 함성과 탄식이 터져 나온다. 근처에 있던 아낙들은 그런 남자들에게 악다구니를 퍼부으며 수건이고 옷을 준비하고 있다가 몸을 덮어 주기도 하고 아무 가겟집에 몸을 밀어 넣기도 한다. 지옥이 따로 없었다. 화재 열기와 연기와 사람들의 악다구니로 일대는 엄청난 혼란에 빠졌지만, 처음이자 마지막으로 남녀노소의 벗은 몸을 한번에 본 것은 색다른 경험이었다. 다행히 사

상자 없이 화재는 진화됐지만, 불이 그렇게 무서운 줄도 처음 알았다. 요즘은 산불 등 화재가 자주 일어난다. 자나 깨나 불조심해야 한다. 그야말로 꺼진 불도 다시 보자.

지금도 그 당시를 기억하면 혼쭐이 난 분들에게는 미안하지만 혼자 웃음이 배어 나온다. 그때 우리 학교 여선생님도 계시고 여학생도 있었을 텐데….

운동회

　예전에는 서울 하늘이 참 푸르렀다. 당시만 해도 차도 별로 없고 공해가 한결 덜해 서울의 가을 하늘은 눈이 시리게 파랬다. 그 시절 미군들이 찍은 슬라이드 사진을 보면 지금처럼 황사, 미세먼지는 남의 나라 이야기였다.

　푸른 가을 하늘, 오늘은 '운동회' 날이다. 학교 행사 중 입학식, 졸업식은 의례적인 행사라 치고 소풍보다 더 재밌는 게 운동회다. 소풍이야 당일 하루 가면 그만이지만 운동회는 사전 준비가 필요하다. 우선 청군, 백군 편을 가르고 사전에 선수도 선발하고 연습도 필요하다. 매스게임을 하는 학년은 오후 수업을 전폐하고 연습을 했다. 공부하기 싫어하는 아이들에게는 최고의 행사였다. 학업보다는 운동이 더 좋은 아이들에게는 모처럼 자기의 기량을 한껏 뽐낼 수 있는 기회였다. 일주일 정도는 학교가 온통 운동회 준비로 정신없이 돌아간다.

　체육복 준비를 해야 하는데 우선 모자는 청군, 백군 어느 군에 속해도 사용할 수 있게끔 바깥쪽은 청색, 뒤집으면 백색이었다. 머리끈도 마찬가지로 양면을 사용할 수 있게 했다. 상의는 흰색 러닝셔츠로 통일이고 반바지도 뒤집어 입으면 청백 어느 군에 속해도 관계없었다. 대단한 아이디어다.

선생님들도 이날 하루만큼은 산뜻한 운동복으로 갈아입고 체육모를 쓰고 호루라기를 목에 걸고 '라이방(선글라스)'을 눈에 척 걸친다. 학교 본관 앞에는 하얀 광목 천막이 설치되어 여러 귀빈들이 자리 잡고 있으며 만국기가 가을바람에 펄럭거린다. 운동장에 설치된 스피커에서는 하루 종일 행진곡이 흘러나와 운동회의 분위기를 한껏 고조시켰다.

집에서 소풍 때 말고 '김밥'을 유일하게 먹을 수 있는 운동회는 그야말로 잔치다. 저학년 학생들은 보통 집에서 2~3명씩 따라 나오고 고학년 학생들도 시간 되는 학부모가 나오기에 학교 운동장은 사람이 차고 넘친다. 인근 상가와 잡상인도 덩달아 '운동회 특수'를 누리고 하릴없는 학교 근처 주민들도 기웃기웃한다.

개회식이다. 교장선생님의 지루한 '훈화'가 끝나고도 내외 귀빈의 격려사가 한없이 이어진 후 학생들은 청군, 백군으로 나뉘어 운동회를 하는데 단체상과 개인상 등 부상이 푸짐하다. 그래 봐야 노트, 연필 등 학용품이 대다수인데 특별하게 '축하 스탬프'가 찍혀 있어 두고두고 기념으로 아낀다.

종목이라야 별것은 없지만 뭘 하더라도 재미는 있다. 하다못해 선수로 못 나가도 응원의 재미가 있는지라 아이들은 뭘 해도 열심히 했다.

응원단장은 평소 반에서 활달하고 '까부는' 아이들이 주로 나서서 하는데 3·3·7박수나 구호를 선창하는 게 고작이지만 아이들은 목이 터져라 자기 팀을 응원한다. 가끔 응원이 시시하면 '끼'가 다분한 아이들이 차례로 나와 당시 유행하던 대중가요를 불러 젖히는데, 이때가 되면 그늘에서 보고 있던 어른들도 나와 덩실덩실 춤을 추며 같이 불러 젖힌다. 간혹 약주가 과해진 어른이 나오면 선생님이 제지하기도 했다. 서울 같은 대도시는 덜하지만, 촌에서는 그야말로 운동회는 학생들만의 행사가 아니라 '지역 축제'이기도 했다.

줄다리기, 달리기, 이어달리기, 기마전, 피구, 매스게임 등 기본적으로 하는 종목 말고도 대박 터트리기 등 재미있는 경기도 있는데 단연코 재미있는 건 줄에 매달아 놓은 과자를 입으로 따 먹는 경기와 밀가루 범벅을 해 둔 떡을 손 안 대고 입으로만 먹는 경기가 재미있다. 이 경기만큼은 평소 무섭던 선생님도 근엄한 아버지도 얼굴에 밀가루 범벅을 하거나 재밌는 모습이 연출되기에 누구나 웃고 즐기는 경기다.

어느덧 운동회는 정점에 치달으며 마지막으로 청군, 백군 가릴 것 없이 '대박 터트리기'에 나선다. 집에서 만들어 온 '오자미'를 몇 개씩 갖고 있다가 일제히 대박을 향해 던지는데 오자미는 콩이나 모래를 집어넣은 '놀이 주머니'를 가리키는 일본말이다. 드디어 대박이 터지며 박 속에 있던 오색 색종이와 긴 족자 글씨가 터져 나오면 운동회의 대단원이 막을 내린다.

운동회를 마치고 집에 가는 아이들의 손에는 공책이며 연필 등 부상으로 받은 학용품이 손에 들리어져 있다. 가을햇살에 얼굴은 까맣게 그을렸고 온종일 응원하느라 목은 쉬었지만 참 재밌는 하루였다.

다음 날 학교에 가면 '선수'로 활약했던 친구들이 근육통을 앓아 끙끙거리는 소리가 여기저기서 들린다.

나는 아이 둘을 키우면서 한 번도 운동회를 가 본 적이 없다. 학교에서 오라고 한 적도 없지만 아마 오라고 해도 바쁘다는 핑계로 가지 않았을 것이다. 지금은 후회가 된다.

어느덧 손자, 손녀가 셋인데 큰 손녀가 초등학교 4학년이고 막내가 1학년이다. 막냇손자가 초등학교 졸업 전에 운동회에 참석할 기회가 된다면 할아버지 자격으로 기어이 가보리라. 오래전 기억을 반추하며 '가족 이어달리기'에 선수로 나가야겠다. 문제는 몸이 예전 같지 않다. 손자 앞에서 창피당하지 않으려면 그때까지 건강관리를 잘해야겠는데….

반공방첩

초등학교 3학년 겨울방학 때였다. 며칠 후면 개학을 하지만 수업을 하는 둥 마는 둥 하다 보면 봄방학이 시작된다. 그러던 어느 날 서울이 발칵 뒤집혔다. 아니 나라 전체가 일대 충격에 빠졌다. 이른바 1·21사태가 벌어진 것이다.

1968년 1월 21일 청와대 뒷산까지 침투한 무장공비 31명이 서울에서 시가전을 벌인 것이다. 방학이다 보니 느지막이 잠을 깼는데 부모님 얼굴이 심상치 않았다. 라디오에서는 계속해서 긴급속보가 방송되고 있는데 될 수 있는 대로 집 안에 있으라는 둥 수상한 사람이 있으면 바로 경찰이나 군부대에 신고하라는 둥 하며 숨 가쁜 아나운서 목소리가 흘러나왔다. 나는 뭔 일인가 싶어 부모님 얼굴을 살펴보니 한국전쟁을 겪은 부모님의 안색이 어두웠다.

그해 겨울은 유난히도 추웠는데 나는 추운 줄도 모르고 살며시 방을 빠져나와 거리를 살펴보았다. 거리에는 군인을 잔뜩 태운 군 트럭이 헌병 선도차의 요란한 사이렌 소리를 앞세우며 동대문에서 종로 쪽으로 빠르게 질주하고 있었다. 당시에 병원 입구 좌측에 파출소가 하나 있는데 입초 경관이 경찰모의 턱끈을 아래로 내리고 집총을 한 채로 경계를 하고 있었다.

뭔가 큰일이 나도 크게 난 모양이다. 파출소는 평소에도 입초 경관이 근무를 하지만 지나가는 사람들하고 알은체도 하고 아이들하고도 웃으면서 쉬엄쉬엄 근무를 서는데 오늘은 달랐다. 잔뜩 눈에 힘을 주고 긴장된 표정이 역력했다. 나를 보더니 어서 집에 가서 꼼짝 말고 집에 있으라 했다. 나는 겁도 나기도 하고 계속해서 군 병력이 이동하는 걸 보고 정말 큰일이 났다는 걸 직감했다.

신문은 호외를 발행하며 시시각각 '전황'을 발표했다.

사태가 어느 정도 진정이 되고 '김신조'라는 공비가 생포돼 기자회견을 하고 모든 사람은 치를 떨었다. 소위 '빨갱이'의 무서움을 자각하게 된 것이다. 빨갱이뿐만 아니라 괴뢰군, 김일성, 공산당은 부모님을 죽인 원수보다 더한 불구대천의 원수가 되었다.

1·21사태가 나고 이틀 후인 1968년 1월 23일에는 동해에서 미 해군 정보수집함인 '푸에블로호'가 납치됐다. 이 사건은 나에게는 기억은 거의 없다. 그냥 주변에서 어른들이 걱정하며 혹시 한반도에 6·25 같은 전쟁이 또 일어나지 않나 하는 걱정들뿐이었다. 1·21사태처럼 서울 한복판에서 벌어진 일도 아니고 멀리 동해에서 벌어진데다 미군의 일이었다. 나를 비롯한 아이들은 크게 심각성을 못 느끼고 어른들에게 주워들은 이야기로 이러쿵저러쿵하지만 다 부질없었다. 초등학교 3~4학년 아이들이 뭘 얼마나 알겠는가.

얼마 후 개학을 했다. 담임선생님은 평소와 달리 '북괴'의 잔학성과 공산당의 허구성을 교육하는 데 많은 시간을 할애했다. 봄방학마저 끝내고 4학년으로 진학을 했다.

학교가 조금씩 변하기 시작했다. 우선 학교 건물 여기저기 '반공방첩'

등의 큰 글씨가 붉은 페인트로 적혀지고 반공 교과목이 강화되었다. 미술 시간에는 반공 포스터를 그려야 했고 이 중에서도 북괴군이나 공산당을 악마처럼 잘 표현한 것은 교실 뒤 솜씨자랑 게시판에 걸리기도 하였다.

　반공 웅변대회도 수시로 열렸다. 나는 순전히 목소리가 맑고 또박또박하다는 이유 하나로 담임선생님이 써 주신 원고를 가지고 교내 웅변대회에 나가기도 했다. "이 한 몸 다 바쳐 공산당을 쳐부수겠다고 이 연사 소리 높여 외칩니다~~." 등의 다소 상투적인 문장이지만 이 대목만 나오면 청중 학생들은 발을 구르며 주먹을 높이 쳐들고 열화같이 외치곤 했다.

　반공 궐기대회도 수시로 열렸다. 동대문운동장 등에서 연사가 나와 열변을 토하며 반공방첩을 외쳐 대고 우리는 수시로 손뼉을 치거나 구호를 연호하며 호응했다. 그래야만 되는 줄 알았고 우리는 모두 빨갱이들을 곧 때려잡을 기세였다.

　궐기대회의 마지막 하이라이트는 '김일성 화형식'과 '혈서' 쓰기다. 사람들은 '불'이나 '피'를 보면 흥분을 한다. 몇몇 어른들과 고등학생 형들은 불길에 타고 있는 '김일성'을 향해 발길질하며 온갖 욕을 한다. 한편에서는 흰 광목천에다 손가락을 자른, 혹은 상처를 내어 붉은 피로 "멸공"을 써 내려간다. 사람들은 그 모습을 보고 손뼉을 치며 환호한다. 이렇듯 궐기대회를 하고 나면 사람들은 뭔가 속이 시원하다는 표정이다. 아이들도 무슨 큰일을 해낸 것처럼 표정이 벌겋게 달아올랐다. 있는 힘을 다해 구호를 외치다 보면 목은 잠겨 있고 하도 박수를 '열렬히' 쳐 대 손바닥이 얼얼했다. 그래도 뿌듯했다. 내가 열심히 손뼉 치고 구호를 외치다 보면 민족의 원수 김일성이가 곧 죽을 것 같고 공산당이 곧 망할 줄 알았기 때문이다.

반공 글짓기대회도 자주 열렸다. 가장 격렬하고 살벌한 표현으로 문장을 만들면 무조건 수상을 했다.

텔레비전과 라디오에서는 반공드라마를 만들어야 했고 이런 프로그램이 인기도 끌었다.

반공만화, 반공포스터, 반공표어 등도 지속적으로 정부가 대국민 계도를 위해 만들어 냈다.

향토 예비군이 창설되어 학교 운동장이 졸지에 연병장이 되었다.

그렇게 온 나라가 반공방첩과 공산당 타도로 분위기가 고조되고 있을 때 1968년 10월에 '울진삼척무장공비침투사건'이 벌어졌다. 역시 서울에서 한참 떨어진 강원 삼척과 경북 울진에서 벌어진 일이라 서울에 사는 우리에게는 별로 실감이 나지 않았다. 연일 신문과 라디오에서는 난리가 나고 온 나라가 시끄러웠지만 내 곁에서 벌어진 일이 아니라서 그런지 별로 실감을 못하고 있었다.

이 사태가 벌어지고 난 후 최고의 '반공 스타'가 탄생했다. 바로 반공소년 '이승복'이다. "나는 공산당이 싫어요!"라고 외치고 죽었다는 애국소년의 표상 이승복. 우리 같은 아이들에게는 이승복이야말로 당대 최고의 반공투사였다. 우리 같은 아이들은 서로 모이면 "너 같으면 그렇게 말하고 죽었겠느냐?"라는 주제로 열띤 토론을 했는데 주변의 눈치를 슬슬 보며 결국은 모두 결연한 표정으로 "나도 그렇게 말하고 죽겠다."라고 말을 한다. 세뇌의 힘이다.

울진삼척 사태도 어느 정도 진정된 후 학교에서는 반공학생 '이승복 동상 세우기' 운동이 벌어졌다. 당시 앞뒤로 해서 '충무공 이순신 장군 동상 세우기'를 하여 전국 어느 학교에 가도 동상이 있는데 이번에는 '이승복'

이다.

그러나 그냥 세우는 게 아니었다. 학생들의 반공의식을 고취한다고 해서 '성금'을 모은 것이다. 집에서 버리는 폐지, 공병 등을 수집하고 아이들 코 묻은 용돈을 모아 동상 건립기금을 만드는 것이다. 한 푼 두 푼 모아 어느덧 동상이 만들어졌다. 학교 본관에서 제일 좋은 곳을 골라 좌대를 세운 후 도시락 가방과 책보를 어깨에 멘 늠름한(?) 반공소년의 전신상을 세운 후 우리는 동상 앞에서 이를 갈며 공산당을 쳐부수고 북괴군을 물리치며 김일성을 때려잡겠다고 굳은 결의를 했다.

조악한 콘크리트로 만든 동상이지만 학교에서는 당번을 정해 관리를 했다. 아이들은 등하교할 때마다 이승복 동상을 보며 반공에 대한 확고한 의지를 확인한다.

학교 교실 복도에는 온통 북한에 대한 적개심을 고취하는 내용으로 도배되고 학과 공부보다는 북한의 실상과 남한의 우월성을 강조하는 도발적인 문구와 포스터로 장식되어 있다.

온 나라가 반공방첩의 시대다. 반공방첩만이 우리가 살길이고 나아갈 좌표였다. 지금 생각하면 어이도 없거니와 한 편의 코미디를 보는 듯하지만 그 시절에는 '반공방첩'만이 먹고살 길이었다.

지금도 기억나는 표어 몇 가지를 소개하면 시대의 변화를 알 수 있다.
'총력안보 이룩하여 북괴망상 분쇄하자'
'무찌르자 공산당 때려잡자 김일성 쳐부수자 북괴군'
'반공방첩 철저하면 우리나라 부흥한다'
'북괴남침 예고 없다 자나 깨나 총력안보'
'간첩은 표시 없다 우리 주변 잘 살피자'

'수상하면 신고하여 애국애족 이룩하자'
'안보에는 너나없고 대공전선 밤낮 없다'
'힘에는 힘으로 도발하면 때려잡자'

지금 몇몇 보수단체 회원들이 6, 70년대로 시계를 돌려 그 당시의 모습을 친절하게 재연해 준다. 추억의 흘러간 영화를 보여 줘 고맙기는 한데 많이 안쓰럽다. 국민들의 의식 수준을 아직도 6, 70년대로 보고 있는 이 무지몽매한 사람들은 남북통일이 되면 무엇으로 먹고살까? 심히 걱정된다.

축구와 나

포르투갈의 축구 영웅 '에우제비오'가 2014년에 별세했다. 나는 전설의 축구 영웅 '에우제비오'의 경기를 서울 동대문운동장에서 직접 봤다. 그것도 경기장 안에서 볼보이로 말이다. 1970년 포르투갈의 '벤피카' 팀이 친선경기를 하러 방한을 했다. 우리 때는 영어식으로 이름을 불러 '유세비오'라고 불렀다. '검은 표범' 또는 '흑표범'이라는 별명을 지니기도 했다.

내가 축구와 처음 인연을 맺은 것은 효제초등학교에 축구부가 생긴 1970년 6학년 때였다. 신학년이 되고 얼마 안 돼서 교실 스피커를 통해 전달사항이 방송됐다. 축구, 야구, 농구, 배구 등 구기 4종목의 선수를 뽑는다는 내용이었다. 나는 앞뒤 가릴 겨를 없이 종례 후 운동장으로 향했다. 사실 공부보다는 놀 궁리에 온통 신경이 가 있었는데 이게 웬일이람 합법적으로 놀 수 있는 기회가 온 것이다. 동네에서 '뽈' 좀 찬다는 아이들이 4학년부터 모였는데 아마 4~50명은 족히 모였다.

간단한 체력테스트와 체격, 면접 등을 본 후 바로 그 자리에서 축구부원으로 확정됐다. 나는 사실 축구 실력이라고 해 봐야 별거 없었지만 체격으로 조금 좋았고 6학년이라는 프리미엄으로 겨우 선발됐다. 다른 친구들도 각자 선호하는 종목으로 운동부원이 됐다. 공부는 크게 하기 싫고 운동장에서나마 맘껏 뛰고 싶어서였다. 키가 크고 체격이 좋은 여학생들은 농구와 배구부에 들어갔다.

나는 체력은 딸리지만 운동신경은 좋았기에 최종 수비수로 활약했다. 그때 같이 뛰며 주장을 한 같은 반 친구 이강O이라는 친구는 0예 축구인의 길을 평생 걷게 된다. 강O이는 공격수였는데 발이 빠르고 발재간이 좋아 돌파력이 대단했다. 될 성싶은 나무는 떡잎부터 알아본다더니 후에 체육중학교, 체육고등학교를 1기로 들어가고 서울대를 진학한 후 프로 팀에서도 활약하고 지금은 모교에서 후배들을 지도하고 있다. 축구부원 전부가 체계적으로 축구를 배운 건 이때가 처음이다. 동네 골목길이나 공터에서 소위 '동네축구' 정도 하던 아이들이 기초 체력부터 규칙, 킥, 드리블, 슛, 헤딩 등을 배웠다. 복장부터 신발까지 모든 건 자비 부담이었다. 학교에서는 축구공과 골대의 그물 정도만 지원하고 나머지는 모두 선수 부담이었다. 이러다 보니 경제적으로 어려운 아이들은 중도에 포기하는 경우도 있다. 감독 선생님은 별로 기억이 나지 않고 코치 선생님은 젊은 분이셨는데 아마 대학생 선수가 아니었나 싶다.

방과 후 모여 연습을 하다가 해가 서서히 지고 배가 고파질 때면 훈련은 끝이 난다. 운동에 고단한 몸을 이끌고 붉은색 유니폼을 입은 채 집에 가는데 앞에는 '효제' 뒤에는 '등번호'가 있어 모든 사람이 나를 보는 것 같아 괜히 어깨가 으쓱거렸다. 나는 아무래도 운동을 '폼'으로 한 것 같다.

그럴 즈음 우리 학교에서 '일요축구교실'이 생겼다. 유명 축구인이셨던 김덕준 선생님이 사재를 털어 한국 최초의 '유소년축구교실'을 열었던 것이다. 지금이야 유명 선수들이 자기 이름을 걸고 유소년축구교실을 여는 게 일반화됐지만 이미 1970년에 선각자는 따로 있었다.

'일요축구교실'은 따로 장소가 없다 보니 효제초등학교를 임시로 빌려 일요일 오전마다 열었는데 서울 각지의 초등학교 축구부원들이 매주 2, 3백 명씩 몰려들었다. 김덕준 선생님은 아주 멋진 분이셨다. 금테 안경을 쓰고 머리는 적당히 벗겨지고 한눈에 봐도 축구에 대한 열정이 대단하셨다. 코치 두 명과 함께 축구공 수십 개를 큰 그물에다 담고 직접 들고 오신다. 까만 서류가방에는 은행에서 바꾼 신권 10원짜리가 가득했다. 이 돈은 멀리서 걸어오는 학생들을 위한 '차비'였다. 훈련이 끝나면 학생들이 한 줄로 서서 차비를 받아 간다. 돈을 내기는커녕 돈을 받고 운동을 한 셈이다. 김덕준 선생님은 사재를 털어 훈련을 시킨 것이다.

당시 짜장면이 한 그릇에 3~40원 하던 시절에 10원이면 아이들 처지에서 보면 꽤 괜찮은 돈이었다.

효제초등학교 축구부원들은 자기 학교에서 하다 보니 늘 일찍 나와 운동장에 라인도 긋고 여러 가지 뒷수발을 했다. 그러면 김덕준 선생님은 따로 우리들을 불러 점심에 설렁탕을 사 주셨다. 선생님은 내가 총기가 있어 보였는지 독일에서 만든 축구에 대한 기초 이론서를 번역한 책을 주셨는데 이 책에는 아주 기초적인 것부터 수록되어 있었다. 아마 독일에서도 유소년용으로 만들어진 것 같았다. 선생님은 나에게 책을 잘 읽고 축구는 꼭 선수만 있는 게 아니라 이론가도 필요하다고 하셨다. 아마 일찌감치 내가 선수 자질이 없다고 판단하신 것 같다.

'일요축구교실'에 나가다 보니 가끔 동대문운동장에서 벌어지는 외국과의 경기에 '볼보이'로 차출되는 '영광'을 갖기도 했다. 그래서 '에우제비오'의 경기를 눈앞에서 보는 잊지 못할 추억을 갖게 된 것이다. 또 당시 축구 스타였던 이회택, 박이천, 김호, 김정남, 정강지, 이차만, 김재한 선수 등의 경기도 요즘 말로 "직관"하는 영광을 누리기도 했다.

결국 나는 선생님의 혜안대로 '선수'도 못 되고 '이론가'도 못 되었다. 축구는 초등학교에서 접었다.

졸업을 얼마 남기지 않고 전학을 간 학교에서도 축구를 했는데 공부도 곧잘 하다 보니 담임선생님이자 감독 선생님이 한국 최초의 체육중학교에 나를 추천해 주셨다. 국립이고 전액 장학생에다가 기숙사 생활을 한다는 게 마음에 들어 응시를 했는데 당시 신문로에 있던 서울고등학교에서 시험을 봤다. 구기와 육상 등 전국 각지에서 운동 좀 하는 학생들이 모여 체력, 필기, 실기 등을 보는데 축구의 경쟁률이 10대 1로 제일 높았다. 여기서 효제에서 같이 운동한 이강O 친구도 만났다. 결과는 보기 좋게 낙방이었다. 덩치 좋고 기량 좋은 친구들이 대부분이었다. 형같이 보이는 학생들도 많았다. 아마 중학교 1, 2학년쯤 다니다가 온 것 같다. 강O이는 무난히 합격하여 후에 체육고까지 갔다. 필기시험은 초등학교 4학년 정도의 수준이라 5분 만에 쓰고 나왔는데 공부만 잘한다고 운동도 잘하란 법은 없는 모양이다. 여기서 나의 짧은 '축구 인생'은 끝이 났다. 나는 체력도 안 되지만 더 이상 공을 차지 않고 경기를 보기만 한다.

예나 지금이나 한국 남자들의 축구 사랑은 대단했다. 유년 시절부터 공과 장소만 있으면 줄기차게 공을 찬다. 군대에서도 '군대스리가'라 하여 틈만 나면 공을 찬다. 성인이 되어도 '조기축구'를 하며 공을 찬다. 그런 결과가 아마 2002년 한일 월드컵 4강의 신화를 낳지 않았나 하는 생각이다.

첫 사랑 김O강

나에게도 첫사랑이 있었다. 첫사랑이라고 무슨 거창한 것도 아니고 가슴 뛰는 그런 사랑도 아니었지만 지금도 '김O강'이라는 아이는 선연한 모습으로 다가온다.

초등학교 2~3학년으로 기억나는데 교실 한복판에 조신하게 앉아 있는 까무잡잡한 여자아이가 유독 눈에 띄었다. 곱슬머리를 길게 땋아 양 갈래로 묶고 아래턱은 약간 돌출형인데 전체적으로 마른 몸집에 병약해 보였다.

담임선생님은 O강이는 몸이 안 좋으니까 친구들이 잘해 줘야 한다고 몇 번을 말씀하셨다. 한참 후에 알았지만 신장 쪽에 이상이 있다고 했다. 가끔 O강이 어머니가 담임선생님을 만나 뭔가 말씀을 하시는데 그때 O강이 어머니의 표정이 많이 안 좋아 보였다.

반 친구들은 그런 O강이를 '요강'이라고 부르며 놀려 대곤 했는데 그럴 때마다 내가 나서서 '기사도 정신'을 발휘해서 놀리지 말라고 했다. 체육시간이면 늘 운동장 한쪽에서 다른 아이들이 노는 모습을 지켜보고는 했는데 그럴 때마다 O강이의 얼굴은 그늘져 보였다. 나는 그럼 모습이 더욱 안타까워 같이 이야기라도 하려면 별로 반응이 없이 먼 곳만 바라보고 했다.

나는 나대로 가슴앓이를 하고 있었다. 내가 마음속에 '연정'을 품고 있는지도 모르고 도대체 내 마음을 몰라주니 답답하기만 했다.

O강이는 반에서 공부도 곧잘 했다. 선생님의 질문에 답변도 잘하고 까맣고 동그란 눈동자는 늘 반짝거렸다. 피부가 검어서 그런지 유독 눈동자가 더 예뻤다. 쉬는 시간에도 다른 아이들은 난리법석을 피우는데 유독 혼자 앉아서 연필을 깎거나 책을 뒤적거렸다. 내 기억에는 1학년 시절에만 남녀 짝을 이루었고 이후 2~3학년까지는 따로 앉았고 4학년부터는 아예 반을 달리했기에 '치마' 입은 아이들과의 합반은 3학년이 끝이다. 나는 O강이와 분단이 달라 멀찍이서 늘 지켜보는데 마음이 아팠다. 짝도 못하고 그나마 학년이 올라가면 언제 볼 지도 모르는 상황이다. 쪽지를 보내 고백을 해야 하나 직접 보고 말을 해야 하나 혼자 끙끙거리고 있었다.

O강이는 가끔 종례가 끝나면 복도에서 기다리던 '식모 언니'가 데리러 오곤 했다. 아마 몸이 약하니까 집에까지 '에스코트'를 할 요량으로 오는데 수더분하게 생긴 '식모 언니'는 비쩍 마른 O강이를 등에 업고 책가방을 손에 들고 다정하게 이야기를 하고 집에 간다. '식모 언니' 등에 업혀 가는 O강이를 바라보는 내 가슴은 더욱 아팠다. 속마음은 '내가 업고 갔으면….' 하는 마음이었다. 사랑은 '제 눈에 안경'이라던가 다른 남자아이들은 O강이에게 관심이 없었다. 나는 더욱 그에게 마음이 끌리며 내 마음을 전할 궁리만 했다.

그러던 어느 날 드디어 내가 용기를 내어 단둘이 있던 교실에서 '고백'을 했다. '나는 네가 좋다'고…. 돌아온 반응은 차갑기 그지없었다. 갑자기 얼굴색이 변하더니 아무 말 없이 울먹거린다. 이런 낭패가 없다. 나는 빨리 이 사태를 수습하려고 했지만 이미 뱉은 말이고 버스는 떠났다. 모면

하는 길은 빨리 도망가는 수밖에 없었다.

다음 날 종례시간에 담임선생님이 한 말씀 하신다. 앞으로 O강이처럼 몸이 안 좋은 친구를 귀찮게 하면 혼을 낸다는 경고였다. 마치 나에게 하는 경고처럼 들렸다. 아무 말 없이 고개를 숙이고 있던 나에게 O강이의 싸늘한 시선이 느껴진다. 나는 억울했다. 특별히 귀찮게 하지도 않고 오히려 몸이 약한 아이를 도와주려고 했을 따름인데 몹쓸 놈으로 오해를 받고 있는 내가 한심했다.

한동안 나는 그 친구를 거들떠보지도 않았다. 선생님에게 일러바쳐 나를 나쁜 놈으로 몰다니…. 억울한 심정에 내가 단단히 삐친 것이다.

몇 달이 지났다. O강이가 웬일로 나에게 오더니 연필 깎는 칼을 빌려 달라고 했다.

나를 매몰차게 거절할 때는 언제고 이제 와서 뭘 어쩌자고 이러는 걸까.

순간 머릿속이 혼란스러웠다. 화해의 제스처를 받아 줘야 하나 말아야 하나 심경이 복잡했다.

그러나 나는 오기가 발동했다. 나 역시 찬바람이 나게 돌아앉았다. O강이는 알았다고 하더니 자기 자리로 갔다.

후회를 잠깐 했지만 속으로는 통쾌했다. 그것이 O강이와의 관계 전부이다. 그 후 아무리 봐도 무덤덤하고 감정이 생겨나지 않았다. 초등학교 2~3학년이면 기껏 우리 나이로 10살 내외다. 역시 남녀 관계는 나이를 불문하고 모를 일이다. 요사이는 어린이집에서부터 '연애'를 한다고 하는데 내가 너무 조숙했는지, 아니면 늦게 시작했나?

동창 모임에 나가서 물어 보는데 많은 친구들이 O강이를 기억해 깜짝 놀랐다. 혹시 이 녀석들도 연정을 품고 있었나 모를 일이다. 여자 동창들도 기억을 많이 하는데 언제 한번 보고 싶기는 하다. 그러나 당시의 몸 상태로 봐서는 살아 있으려나 모르겠다.

  나는 여자에게 한번 등 돌리면 그만인 나쁜 B형 남자다.

깜보

한동안 잊고 지내던 단어가 얼마 전부터 뜨기 시작했다. 바로 "깜보"라는 용어이다. 영화 〈오징어게임〉을 통해 "깐부 할아버지"라는 배역이 흥행에 힘입어 널리 알려지게 된 것이다. 그전에도 영화 "깜보"(1986년 개봉, 이황림감독, 김혜수, 박중훈)가 나왔지만 흥행이 저조하여 금방 잊힌 단어였다.

내가 영화판을 기웃거리고 있을 때 제작 중이였는데 학생 신분의 김혜수와 완전 신인의 박중훈이를 가까이서 자주 본 기억이 난다.

요즘 아이들도 '깜보'라는 말을 쓰는지는 모르겠다. 그 시절에는 '깜보'라는 말을 친구들하고 많이 사용했는데 그때는 그 말의 어원도 모르고 사용했었다.

성인이 되어 사전을 찾아보니 '원래 깜보는 피부색이 햇볕에 그을려서 검은 기가 좀 많이 도는 친구를 깜보라 부르는 것인데 그 뜻이 차츰 왜곡되어 친한 친구, 격의 없는 친구 등을 가리키는 말로 사용하게 되었다'라고 나와 있다. 평안도 방언이라는 설도 있다. 반에서 인기가 좋은 친구는 많은 깜보를 맺고 있고 그렇지 않은 아이들은 깜보가 거의 없어 외톨이로 지내는 경우가 많았다.

깜보는 대개 한동네에 살거나 서로 죽이 잘 맞아 늘 어울려 다니는 친구들 간에 '은밀하게' 약속하며 우정을 과시하는데 깜보를 맺는 '의식'은 별거 없다. 서로 마음이 맞고 친해지고 싶으면 어느 한 친구가 깜보를 하자고 한다. 그러면 상대방이 마음에 들면 그러자 하며 서로의 엄지손가락을 맞대고 새끼손가락을 걸어 '우리 이제 깜보 맺었다' 하면 깜보가 되는 것이다. 그렇지만 이 단순한 '의식'은 우리에게 부여하는 의미가 컸다. 깜보를 맺은 친구가 곤경에 빠졌거나 도움을 줄 일이 있으면 바로 도와줘야 할 '의무' 같은 게 생긴다. 그러다 보니 주로 깜보를 많이 맺은 친구는 반에서 반장이나 회장 같은 직책을 갖은 임원 아이들이 많이 맺거나 소위 '있는 집' 아이들과 공부를 잘하는 아이들이 깜보를 많이 갖고 있다. 나는 비교적 깜보를 많이 보유하고 있었는데 비교적 내가 친구들에게 인기가 많은 탓이었다.

그러다 서로 마음이 틀어지거나 도움을 주고받고 할 일이 없거나 견제 세력 아이에게 포섭되면 깜보를 그만두자고 일방적으로 통보하면 또 그만이다.

이렇게 '조직'이 만들어지면 같은 반에서 '세'를 과시하며 보란 듯이 몰려다닌다. 그렇다고 요즘 아이들처럼 특정한 누구를 따돌리거나 적대적이지는 않다. 특별한 비밀결사도 아니고 해서 굳이 깜보를 맺었든 아니든 크게 개의치 않고 같이 잘 어울렸다. 한참 유년기의 아이들이 서로의 우정을 그렇게 해서라도 확인하고 싶은 마음에 그랬으리라 생각된다.

조금 얍삽한 아이들은 전략적으로 깜보를 많이 맺어 보호막으로 삼고 자기의 편의를 위한 경우가 많다. 성인 세계와 진배없다. 하지만 시간이 지날수록 그 아이의 본색이 드러나 결국에는 외톨이가 된다.

아무리 어려도 당시의 분위기는 남자는 남자끼리, 여자는 여자끼리 어울리는 걸 당연하게 여기고 이성 간에 접촉이 있으면 바로 놀림감이 된다.

내가 다니던 학교는 공립이어서 초등학교 3학년까지만 남녀 합반이고 4학년부터는 별도의 학급이 편성되었다. 아직 이성을 느낄 나이는 아니지만 아무래도 당시의 어른들은 '남녀칠세부동석'을 철석처럼 믿고 있었던 모양이다. 그러나 사립초등학교는 6년 내내 남녀 합반을 했다고 해서 많이 부러웠던 기억이 난다. 그러다 보니 깜보는 남자아이들 간에 맺어지는 '우정의 약속'이었지만 여자아이들은 어떻게 우정을 표현했는지 궁금하다. 선후배 여학생끼리 '엑스 언니'를 맺는다는 이야기는 들었는데 실체를 모르겠다.

'이찌가다'라는 말도 있었다. 요즘 말로 쉽게 표현하면 '짱'이거나 '일진'이라는 표현이 맞을 것이다. '이찌가다' 혹은 '의찌가다'라고도 하는데 일본말로 첫째 어깨라고 해야 할까? 반에서 몸집이 제일 좋거나 싸움을 제일 잘하는 아이를 일컬었다. 그냥 몸집만 좋아서 누구나 '이찌가다'가 되는 건 아니다. '깡다구'가 좋아야 했다. 몸집이 작아도 기죽지 않으며 큰 덩치 아이에게도 물러서지 않는 '악'이 있어야 했다. 나는 큰 몸집은 아니었으나 '깡'으로 넘버 투는 됐다. 학급의 '이찌가다'가 워낙 순둥이여서 사실상 내가 '이찌가다' 노릇을 했는데 지금처럼 체구가 작고 힘이 약한 아이들을 괴롭히거나 하지는 않았다. 사실 그럴 필요도 없었거니와 그럴 일도 없었다. 학급 친구들 간에 그냥 암묵적으로 서열이 매겨지고 서열에 따른 자기 역할이 있을 뿐이다. 오히려 힘이 약한 친구들을 보호하고 학급 일에 솔선하는 모범생다운 역할을 더 많이 했다. 담임선생님도 이런 학급 분위기를 잘 이해하고 인정하는 분위기였다.

유년의 추억 2

'이찌가다'의 횡포라면 횡포일까? 밑에는 '꼬붕'을 데리고 다닌다. '꼬붕'이라는 말은 일본어로 자기 부하 직원을 일컫는데 당시에는 일본어를 아무렇지 않게 사용했다. '꼬붕'에게 자기 책가방을 들게 하거나 잔심부름을 시키기도 하는데 분위기상 대놓고 하지는 못했다. 주로 힘없고 착한 아이들이 하는데 대신 '이찌가다'는 다른 아이들로부터 '보호'를 해 주었다. 어른 세계와 같다.

요즘 큰 사회문제로 나타나는 '일진'이나 '짱' 혹은 왕따 분위기는 우리 시대에는 전혀 문제가 없었다. 그로 인한 '학폭' 문제도 큰 파장을 불러일으키고 있다. 당시에는 학생 수도 많거니와 서로 어렵게 사는 환경이라서 그런지 웬만하면 이해하고 넘어가는 분위기고 아무리 어린 학생들이지만 그 정도 눈치는 있었다.

요즘은 왕따, 학폭이 분위기가 학교는 물론 군대, 회사를 막론하고 만연됐다고 한다. 심지어 왕따를 당한 사람이 자살까지 하는 지경에 이르렀다. 개탄할 일이다. 서로 돕고 살아도 어려운 세상인데 어쩌다 이 지경이 됐는지 모든 사람이 반성해야 한다. 이러다가 모든 사람이 다시 "깜보" 맺기 운동이라도 펼쳐야 하는지 모르겠다.

리본 문화

    6, 70년대 그 시절에는 학생이나 공무원들은 왼쪽 가슴에 '리본'을 자주 달고 다녔다. 가로 2.5㎝, 길이는 8㎝ 정도 되는데 초기에는 하얀 헝겊을 규격에 맞게 자른 후 여러 가지 문안을 직접 적어 넣었다.
    기념일 같은 특정한 날이거나 무엇무엇 주간 등 한 주 단위, 혹은 무슨 달 하여 한 달 내내 부착하는 경우도 있다. 결국, 일 년 내내 왼쪽 가슴에는 리본이 떨어지는 날이 거의 없을 지경이다.
    몇 가지 기억나는 대로 열거해 보면—
    불조심, 수목주간, 반공방첩, 쥐를 잡자, 산불 조심, 저축 주간, 원호의 달, 교육 주간, 청소주간, 멸공, 교통질서, 국군의 날 등등이었다.
    하도 많은 리본을 달다 보니 눈치 빠른 업자가 아예 제품을 만들었다. 비닐로 씌우개를 만든 후 안의 내용을 인쇄하여 판매하는 것이다.
    제품은 진화하게 마련이다. 더 약은 업자는 아예 연중 사용할 수 있는 온갖 내용의 문안으로 인쇄한 후 병풍처럼 접어 비닐 커버 안에 집어넣는다. 보통 12개 정도 되는 문안이기에 결국 일 년 내내 사용할 수가 있다. 이렇게 하는 이유는 만약 리본을 달지 못하거나 가져오지 못하면 조회 때 담임선생님에게 크게 혼이 나거나 반장 혹은 주번에게 달달 볶이기 때문이다. 그러다 보니 급하면 흰 종이에다 급하게 만들어 풀로 교복에 붙이기도 하는 어이없는 일이 생기기도 한다.

 당시의 시대 상황으로 봐서 전 국민에게 뭔가 정부의 정책을 홍보하고 전파를 해야겠는데 별다른 수단이 없다 보니 학생들을 통해 정부의 다양한 정책을 알리고자 했던 방법이 아닌가 싶다. 등하교를 하다 보면 전 학생이 가슴에 똑같은 규격의 리본을 차고 다닌다. 자연스레 누구나 오늘은, 이번 주는, 이번 달은 무엇인지 각인되는 것이다. 심지어 소풍을 갈 때도 리본을 착용해야 하는 무언가가 있으면 반드시 달고 가야 했다.

 전제주의, 군사독재 시절에는 '구호'와 '슬로건'이 난무하던 시절이었다. 온 도시 곳곳에 현수막이 걸리고 공공기관 외벽에는 페인트 혹은 간판으로 다양한 구호들이 적혀 있다. 정치적인 내용도 많았지만 국민들을 일깨우는 내용이 많았다. 주로 국가 정책의 홍보인데 산아제한, 위생, 저축, 근검절약, 생산성 향상, 수출 증진, 반공방첩 등의 내용을 간결하거나 직접적인 내용으로 전파하였다. 그 첫 번째 전파 수단이 학생들의 '리본'이었다. 어린 학생들부터 교육되어야 가정에 전파가 되고 곧 이는 국가적으로 전달된다고 믿었던 모양이다.

 철마다 각급 기관에서는 다양한 표어를 공개 모집한다. 특정 계기에 맞추어 담당기관이 공모하는데 상금이나 부상은 보잘것없지만 응모 열기는 대단했다. 그리고 채택이 되면 여러 매체에서 다루어지며 개인과 단체의 영예가 되기도 한다. 그러다 보니 일 년 내내 공모와 발표가 되고 새로운 표어들이 생산되는 것이다.

 지금도 선명하게 생각나는 슬로건이 있다. 당시에는 영화관을 가면 본 영화 상영 전에 '대한뉴스'와 '문화영화'라는 선전영화를 의무적으로 상영해야 하는 제도가 있었다. 둘 다 당시 국립영화제작소에서 제작하는데 대한뉴스는 말 그대로 대통령과 정부 정책의 뉴스이고 문화영화는 더 심층적인 '다큐멘터리'였다.

자주 오는 관객들은 이미 본 영화이기에 대한뉴스와 문화영화가 끝나고 예고편을 할 때쯤 들어오는 경우도 많다. 나 같은 아이들이야 일 년에 한두 번 부모님 손을 잡고 가거나 동네 형과 함께 가는 게 유일하기에 처음부터 대한뉴스와 문화영화를 관람한다.

앞서서 이야기한 선명한 산아제한 슬로건은 대한뉴스 마지막 장면인데 만화영화, 즉 애니메이션으로 제작되었다. 흥부전을 패러디해서 놀부는 애들 없이 잘 먹고 잘사는데 흥부는 10여 명의 아이가 거지꼴을 하며 사는 장면이다. 당시의 산아제한 정책은 국가의 명운을 걸고 반드시 수행해야 하는 중대한 사업이었다.

해설자의 강한 목소리와 힘찬 자막이 화면 바깥으로 튀어나오는데 자막 내용과 해설은 '무턱대고 낳다 보면 거지꼴을 못 면한다.' 아주 강했다. 그 장면이 나오면 관객들은 심각하게 머리를 끄덕이며 공감을 표시한다. 당시 나도 5남매 중 둘째이자 장남인데 주변 친구들을 보면 그 정도 아이들은 기본이었다. 많은 경우 7, 8명씩 되기도 해서 정부 처지에서는 산아제한이 절실했던 모양이다.

지금은 어떠한가. 줄어드는 인구와 저출산, 고령화 문제 때문에 정부가 골머리를 앓고 있다. 불과 4, 50년 전에는 어떠하든지 인구를 줄이고 출산을 억제하는 게 정책의 우선이었다면 현재는 정반대가 되어 있으니 역사는 참 아이러니하다. 엄청난 예산을 쏟아붓고도 저출산 문제를 해결하지 못하는 걸 보면 자식을 낳는다는 게 정책으로만 해결되는 게 아니구나 할 때가 많다.

그나저나 다시금 생각해도 명 카피.
"무턱대고 낳다 보면 거지꼴을 못 면한다."

몽당연필

　60년대에는 모든 물자가 귀하던 시절이었다. 정부에서도 근검절약을 외치던 시절이었다. 지금은 모든 물건이 차고 넘쳐 오히려 돈을 줘 가며 버릴 것을 걱정해야 하는 시대에 살고 있다.
　아이들이 늘 가깝게 써야 하는 학용품이 있다. 그중에서도 연필이 제일 중요하다. 연필 값이 얼마나 하겠냐만 없이 살던 시절에는 그것도 부담이었다. 요사이 텔레비전 프로그램에서 자주 소개되는 아프리카 저개발 국가의 학교를 보면 알 것이다.
　아이들의 필통을 살펴보면 거의 안 쓰면서 애지중지하는 긴 연필이 한 자루쯤은 있게 마련이다. 그리고 작은 몽당연필이 몇 자루 있는데 쓰다가 길이가 짧아져 더 이상 손에 쥐기가 어려우면 못 쓰는 볼펜을 잘라 끼워 쓴다. 간혹 집에 할아버지와 같이 사는 아이들은 할아버지가 쓰시던 붓두껍에 끼워 쓰기도 한다.
　필통은 플라스틱 재질이거나 양철로 만든 게 대부분인데 간혹 여자아이들은 질긴 천으로 만든 필통을 가지고 다녔다. 저학년 아이들의 필통은 화려한 색과 다양한 캐릭터를 그려 넣었고 고학년으로 갈수록 점잖은(?) 필통으로 변한다. 가끔 미군 부대에서 흘러나온 '미제 필통'을 자랑하고 다니는 아이들도 있다.

필통 안에는 연필 몇 자루, 고무지우개, 연필깎이 칼이 전부다. 간혹 작은 자를 가지고 다니기도 하는데 드물었다. 아직 볼펜이나 만년필 등은 가지고 다닐 때가 아니었다. 형이나 누나가 쓰던 볼펜 등을 몰래 가지고 다니다 선생님에게 '압수'를 당하기도 한다. 선생님은 아직 글의 모양이 나지 않을 때 어른들이 쓰는 필기구를 쓰면 글씨가 늘지 않는다고 했는데 진짜인지는 몰라도 아마 연필로 쓰는 게 더 어려워서일 게다.

아이들은 몽당연필을 가지고 교실 책상에서 '연필 따먹기' 놀이를 한다. 두 명의 학생이 책상 하나를 같이 쓰는데 칼이나 연필로 책상 가운데에 선을 긋고 서로 넘어오지 못하게 한다. '연필 따먹기' 놀이는 책상 위에다 몽당연필을 서로 올려놓고 엄지나 검지로 자기 연필을 쳐 상대방의 연필을 바닥으로 떨어트리면 자기 것이 된다. 이 놀이는 연필뿐만 아니라 지우개 등 책상 위에 올려놓을 수 있는 모든 것들이 내기의 대상이 된다.

'연필치기'라는 것도 있다. 연필치기는 서로의 연필심을 맞대고 힘을 주어 부러지지 않고 남는 쪽이 상대의 연필을 따먹게 된다. 연필치기를 이기기 위해 질 좋은 미제연필을 일부러 사는 아이도 있다.

연필 깎는 칼도 진화되어 조그만 사각형의 연필깎이가 아이들에게 인기였다. 한번은 같은 반 친구가 미제 연필깎이를 가져와 교실이 난리가 났다. 교실 전체 아이들의 연필을 몽땅 깎아 주며 의기양양하던 친구의 모습이 생각난다. 이때는 평소 아끼어 한 번도 깎지 않은 연필마저 아낌없이 깎는다. 가늘고 긴 연필심을 보면 평소 하기 싫던 공부도 갑자기 하고 싶은 마음이 생긴다. 회색 참외만 한 원통 옆에 달려 있는 손잡이를 돌리면 사각거리는 소리를 내며 돌아가던 미제 연필깎이는 지금도 볼 수 있지만 볼 때마다 그 시절이 생각난다.

공책은 질이 안 좋아 필기를 하려고 연필에 조금만 힘을 주면 잘 찢어진다. 그러다 보니 한 자 한 자 조심해서 필기를 해야 하는데 남들이 보면 엄청난 정성을 기울이는 것처럼 보일 것이다. 연필심도 흑연가루를 제대로 거르지 않고 만들다 보니 간혹 심에 조그만 알갱이가 생겨 질 나쁜 공책과 만나면 여지없이 찢어지게 마련이다. 연필심의 질이 안 좋아 아이들은 연신 침을 발라 공책에 필기를 하기도 했다. 당시 아이들은 낙타가 그려진 '문화연필'과 '동아연필'을 제일로 쳤다.

미술 수업을 준비하기 위해 학교 앞 문방구에서 도화지를 산다. 당시에는 도화지라 하지 않고 마분지라고도 했다. 마분지는 글자 그대로 '말의 똥'을 가지고 재활용한 질이 좋지 않은 도화지인데 색연필이 제대로 먹지를 않아 그림을 그려도 영 아니었다. 오직 가격이 '스케치 북'에 비해 훨씬 저렴하기에 아이들은 마분지를 좋아했다. 물감을 가지고 수채화 등을 그리면 물감의 질이 안 좋아 자기 색이 잘 나오지 않는다. 그래도 수업시간에는 누구나 '피카소'를 꿈꾸며 진지하게 수업을 했다.

삼각자도 제대로 삼각형 모습을 갖춘 자가 별로 없어 제대로 된 삼각자를 아이들끼리 돌려 가며 사용을 했다. 분도기나 컴퍼스도 여럿이서 돌려 가며 사용했다. 그래도 누구 하나 불평하지 않고 빨리 자기가 쓰고 친구한테 빌려 주는 아량을 가지고 있다.

당시에는 있는 집, 없는 집 할 것 없이 모두 다 근검절약이 몸에 뱄다. 조그만 물건이라도 아껴 쓰고 수명이 다할 때까지 사용하는 게 미덕이었다. 잃어버리지만 않으면 마지막까지 알뜰하게 사용했다. 요즘이야 '소비가 미덕'이라고 많이 사용하라고 권장하는 시대에 살고 있고 잘 쓰다가 버려도 별로 아깝다는 생각을 하지 않는다.

우리 세대는 지금도 누가 적당히 쓰다 버린 필기구 같은 걸 주워다 집에서 사용한다. 거의 새거나 다름없는 필기구는 사무실, 집 할 것 없이 먼지가 쌓여 차고 넘친다. 그러다 보니 방마다 여기저기 필기구가 굴러다니긴 하지만 버릴 생각은 추호도 없다.

누가 그러는데 궁상맞게 이게 뭐냐고 하지만 어릴 적부터 절약이 몸에 밴 나는 누가 뭐래도 몽당연필을 사용한다. 나이를 먹어서 그런가?

라디오와 신문에 나오다

 3학년인지 4학년인지 기억이 가물거리긴 하지만 나는 라디오에 출연한 소중한 경험이 있다. 당시는 중앙방송국이라고 했는데 요즈음 한국방송공사, 즉 오늘날의 KBS다.

 여러 학교를 돌아다니며 하는 공개 녹음방송인데 우리 학교 차례가 왔다. 학교에서는 미리 출연자를 선정하여 훈련을 시켰다. 학교의 명예가 걸린 일이기에 출연 학생이나 선생님들은 며칠 동안 연습을 했다. 프로그램 내용은 단막극 형태도 있고 장기자랑, 노래자랑, 학교소개도 있는 일종의 버라이어티 〈우리 학교 최고〉다.

 녹음 장소는 예전 미군 공병대가 지어 준 판자 교실이었다. 낡을 대로 낡은 교사이지만 우리는 아침저녁으로 쓸고 닦고 양초칠을 해 겉보기와는 달리 윤기가 반지르르했다. 아마 텔레비전 방송이었으면 절대로 이 장소에서는 하지 않았으리라.

 드디어 녹음날. 방송사에서 차량이 오고 스텝들이 분주하게 움직였다. 라디오 방송이니까 거창하지는 않지만 그래도 우리들 눈에는 신기하기만 했다.

 나는 본래 학교 대표로 선발되지는 않았는데 출연하기로 한 학생이 갑자기 나오지 않아 내가 대타로 나오게 됐다. 내용은 교사와 학생이 2인 1

조가 돼 주어진 어린이 드라마 원고를 읽는 것이다. 즉 성우처럼 목소리 연기를 해야 하는 역할을 맡은 것이다. 연습도 한 번 안 해 본 나는 즉석에서 원고를 받아 들고 내심 많이 불안했다. 하지만 상대역(?)인 여선생님은 평소 내가 좋아하던 예쁘장한 선생님이셨는데 1, 2학년을 제외하고 남선생님만 담임이었던 나는 여선생님만 봐도 가슴이 벌렁거렸다. '에라 모르겠다. 틀리면 그만이지.'라는 뚱배짱으로 마이크 앞에 섰다. 출연의 의지는 순전히 상대역의 여선생님 때문이다. 2장 분량의 원고였는데 간첩이 나타나면 신고하라는 내용이었던 것 같다.

당시에는 '반공방첩'이 모든 것에 우선하고 있기에 새삼스러울 것도 없었다. 단 한 번의 연습도 못하고 현장에서 받아 든 원고를 가지고 보기만 하면 가슴이 벌렁거리는 예쁜 여선생님과 함께 원고를 읽으려니 한마디로 미치고 환장할 노릇이다.

큐 사인이 떨어졌다. 드디어 시작이다. 나는 천연덕스럽게 원고를 읽어 내려갔다. 그것도 그럴듯한 '연기'와 함께.

피디가 만족하다는 듯 고개를 끄덕거리고 선생님이 나를 잘했다고 꼭 안아 주신다. 나는 잘했는지 못했는지는 생각도 못하고 그저 예쁜 여선생님이 안아 주는 거에만 정신이 혼미했다.

이렇게 나의 방송 데뷔는 무난히 끝이 났는데 이후 내가 방송으로 밥을 먹고살 줄이야 누가 알았겠는가. 지금 생각하면 후회가 좀 되는 점은 그냥 목소리 좋고 연기 좋으니 성우로 활동할 걸 괜히 폼 잡는다고 피디인지 잡부인지 모를 연출한다고 이렇게 생고생을 하고 있으니 그저 성우가 부러울 따름이다.

겨울방학이 얼마 남지 않은 4학년 말이었다. 갑자기 복도가 시끌벅적

하더니 교감선생님이 카메라를 어깨에 멘 사람과 함께 교실로 들어섰다. 우리는 영문을 몰라 어리둥절하고 있는데 담임선생님이 소개를 한다. 모 모소년신문사 사진기자인데 우리의 수업 모습을 촬영하고 싶다고 우리 학교를 방문했다고 한다. 담임선생님은 우리보고 최대한 빨리 서예 준비를 하라고 하신다. 우리는 신이 나서 '번갯불에 콩 구워 먹듯' 연출(?)된 서예 학습 장면을 만들어 냈다. 당시 담임선생님은 평교사였는데 학교 서열로는 교장, 교감선생님 다음이었다. 그래서 그런지 학교 내에 무슨 행사가 있으면 우리 반이 늘 시범학급이었다.

사진기자는 교실의 이곳저곳을 돌며 사진을 찍어 댔다. 아이들은 카메라가 있는 쪽을 의식하며 나름대로 폼을 잡으며 연기를 했다. 서예 제목은 늘 그렇듯이 '반공방첩'이었다. 기자는 휴대용 사다리를 타고 올라가서 찍기도 하며 나름 열심히 취재(?)를 한다. 순간 내 눈에 카메라의 렌즈가 들어왔다. 나는 나름 진지하게 연기를 하며 마지막 한 획을 힘 있게 그었다. 순간 카메라의 플래시가 번쩍 터지며 내가 찍힌 듯한 느낌이 왔다.

다음 날 집에서 신문을 받아 본 나는 깜짝 놀랐다. 1면 중앙에 내가 주인공처럼 잡힌 사진이 떡하니 실린 것이다. 제목은 '반공방첩' 학습인지, 학생들의 서예 학습인지는 기억이 없다.

나는 내 사진이 실린 그 날짜 신문을 소중하게 보관하기 시작했다. 내가 나중에 어른이 되고 아이를 낳게 되면 집안의 '가보'로 보관하리라. 그러나 몇 년 후 이사를 가고 집안 정리를 하다 보니 어디로 갔는지 행방이 묘연하다.

요즘 아이들이야 워낙 매체도 많고 해서 혹시라도 텔레비전이나 신문, 잡지에 소개가 될 경우가 많겠지만 그 시절에 라디오와 신문, 잡지에 소개된 경우는 매우 드물었다.
 그러나 아무리 매체에 나오고 그러면 뭐 하나? 현재가 좋아야지. 그냥 예전 추억만 먹고 사는 어느덧 '꼰대'가 된 내가 서글프다.

도시락

68년 초등학교 4학년이 되었다. 드디어 '벤또(도시락을 당시에는 그렇게 불렀다)'를 싸서 다닐 때가 된 것이다. 당시 중학교 1학년이던 누나가 도시락을 가지고 학교에 가는 게 많이 부러웠다. 4학년부터 오후수업이 있기에 교과서는 잊고 가도 도시락은 필수였다. 예나 지금이나 먹는 게 참 중요하다.

어머니는 시장에 가서 우리 집 장남인 내 도시락을 사 오셨다. 생애 처음으로 나만 쓸 수 있는 도시락을 갖게 된 것이다. 당시의 도시락은 거의가 비슷했다. 남학생은 양은으로 만든 노란색 사각형을 주로 사용하고 여학생은 보다 작지만 예쁜 꽃무늬가 있거나 색깔이 있는 도시락을 사용했다.

도시락 안에는 조그만 반찬통이 있는데 고급 제품은 반찬통 안에 칸막이가 돼 있어 두서너 가지의 반찬을 담을 수 있었다.

얼마 후에 나온 제품은 도시락 뚜껑을 가로질러 젓가락을 끼울 수 있는 '신제품'도 나와 아이들에게 인기를 끌었다.

시간이 더 지난 후에는 '마호병' 도시락이라고 해서 보온 도시락이 나왔는데 상당한 상류층 아이가 아니면 구경도 못했다.

지금도 만나는 동창은 집이 꽤 잘살았다. 점심시간이 되면 그 친구 집

식모 누나가 보자기에 싼 찬합을 직접 교실까지 갖다 주기도 했다. 물론 밥과 반찬은 최고급이었다. 그 친구가 그때부터 잘 먹어서인지 지금도 얼굴에 기름이 흐르고 비만이기는 하지만 풍채는 좋다.

반찬이라고 해 봐야 별거 없었다. 당시에는 너나 할 것 없이 어렵고 힘든 시절이라 아이들의 반찬 수준은 거기서 거기였다. 주로 싸 오는 건 일단 국물이 없는 마른반찬 위주였다. 오뎅이라고 불렸던 어묵, 콩자반, 멸치 볶음, 감자 조림, 오징어채 무침, 두부 조림, 무나물 등이 기억난다. 생선은 비린내 때문에, 고기는 비싸서 싸 오고 싶어도 못 싸 오는 금지 반찬이었다. 김치는 가급적 국물을 짜서 김치 국물이 흘러내리지 않게 했다. 아주 있는 집 아이들이 계란부침을 밥에 올리거나 계란 조림을 가져오는 경우도 있고 소시지는 거의 보지 못 했다. 간혹 집에서 전날 제사가 있는 집 아이들은 제사 음식을 싸 가지고 오는데 그날은 친한 친구들이 잘 먹는 날이다.

밥은 거의가 혼식이었다. 보리밥이 제일 많았고 콩, 조, 수수, 팥 등을 섞기도 했는데 보리를 제외한 다른 잡곡은 드물었다. 지금 생각하면 건강 식단이다.

그나마 이 정도로 싸 오는 아이들은 살림 형편이 제법 괜찮은 아이들이다. 상당수의 아이는 하나같이 보리가 더 많은 밥에 시어빠진 김치 조각이나 소금에 절인 염장 무가 고작이다. 감자나 고구마 몇 알을 가지고 오는 아이도 있었다. 찐 옥수수를 가져오는 아이도 있는데 이런 경우에는 입이 짧은 아이들의 도시락과 바꿔 먹기도 했다.

드디어 점심시간이다. 주번은 이미 큰 주전자에다 식수를 떠다 놓고 밥을 먹을 준비를 한다. 식수는 겨울에는 따끈한 보리차를 학교에서 제공했다. 반장의 구령에 맞춰 일제히 도시락 뚜껑을 열며 밥을 먹는데 교탁 위에서 내려다보면 무슨 병아리나 강아지들이 먹는 모습과 흡사하다. 70여 명의 학생들이 일제히 '후루룩 짭짭' 하면서 먹는 광경이 장관이다. 이쪽저쪽 반찬 내용이 비슷하니까 뺏어 먹을 일도 없고 그 맛이 그 맛이니 친구들 간에 다툼도 없이 의외로 조용하고 차분하게 밥을 먹는다.

지금이야 학교에서 급식을 제공하고 어느 학교의 급식이 좋으네 나쁘네 하는 시대가 됐지만 당시에는 먹는 게 빈부의 확연한 차이를 보여주고 아이들의 자존심을 건드리는 수단이었다.

아주 형편이 어려운 몇몇 아이들도 있었다. 서울 종로6가에 자리 잡은 역사가 오래된 서울 5대 명문 공립학교 중 하나인 학교에 결식아동이 있는 것이다. 그 아이들은 일주일에 한두 번 도시락을 싸 오거나 아예 없는 경우도 있었다. 우리 반에도 2~3명으로 기억나는데 담임선생님은 몇몇 잘사는 집 아이의 어머니에게 부탁하여 도시락을 더 싸 오게 했다. 선생님은 아이들의 자존심이 상하지 않게끔 같은 반 아이들이 모르게 전달해 주곤 했다.

그중에 기억나는 친구가 있다. 이름도 얼굴도 제대로 기억은 나지 않지만 눈빛만은 기억한다. 그 친구는 단 한 번도 도시락을 싸 온 적이 없다. 남의 도시락을 얻어먹은 적도 없다. 점심시간이 되면 슬그머니 나가서 끝날 무렵 어느 틈에 들어와 교과서를 펴 놓고 공부를 했다.

평소 말수도 없고 누구하고 잘 어울리지도 않았다. 그러다 보니 반 친구들이 그 친구의 존재를 모르고 있었지만 나는 완장(?)을 찬 책임감으로 그 친구를 유심히 관찰했다. 공부는 반에서 상위권에 있었지만 늘 있는 듯 없는 듯했다. 이글거리는 눈빛과 앙다문 어금니는 순진한 아이의 모습이 아니었다. 항상 무언가를 골똘히 생각하기도 하고 창밖을 하염없이 바라보는, 옆에서 말을 걸기가 어려운 조숙한 '애늙은이'였다. 그러다 보니 더욱 반 친구들과 어울리지 못하고 외톨이가 된 것이다.

나는 70여 명 반 친구들과 거의 잘 알고 지냈지만 유일하게 이 친구와는 사귀지를 못했다. 다만 이글거리는 눈빛과 앙다문 어금니만 생각날 뿐이다. 이 친구의 근황이 많이 궁금하다. 동창들도 전혀 기억을 못할 정도이니 지금 뭐하고 살고 있는지 한번 보고 싶다. 잘 풀렸으면 큰일을 할 수 있을 친구인데….

효제와 육사

60년대 중반 효제초등학교에 다닐 때였다. 학교 운동장에는 아침마다 군용 대형 버스가 들어왔다. 당시 태릉에 있는 육군사관학교에 근무하는 직업군인들의 자녀가 효제초등학교로 통학한 것이다. 요즘 말로 '학군' 협력이다. 1학년부터 6학년까지 학생이 골고루 있었는데 대략 3, 40여 명쯤 된 걸로 기억한다. 내가 다닌 학년과 학급에도 그런 친구가 더러 있었다. 나중에 알고 보니 주로 육사에 근무하며 전출을 거의 가지 않는 교수 요원이나 선임 부사관의 자녀였다.

육사에서는 집과 가까운 동대문구에 있는 아무 학교와 협력을 해도 될 일인데 효제라는 명문학교에 보내고 싶었을 것이다.

2부제, 3부제 수업을 하던 시절이라 일찍 끝난 저학년 학생이나 부제가 맞지 않는 아이들은 운동장에서 하루 종일 뛰어놀았다. 작대기 2~3개쯤 되는 운전병 아저씨가 아이들의 보모 역할을 하며 같이 놀아 주었다.

우리는 이런 아이들을 육사 통학생이라고 불렀는데 방과 후에는 무조건 군용 버스를 타고 집을 가야 했기에 방과 후 '재미'를 같이 누리지 못하여 친하게 지내지를 못했다.

68년이 됐다. 신학년이 시작됐는데 늘 보던 육사 버스가 학교에 오지 않아 이상하게 생각했다. 알고 보니 68년 3월에 육사 인근에 있던 서울여대에서 화랑초등학교라는 사립 초등학교가 개교되어 다들 전학을 간 것이다.

화랑이라는 말이 서울여대하고 어울리지도 않았는데 아마 인근에 화랑대역과 육사의 별칭인 '화랑대'를 의식하고 학교명을 만든 것 같다. 그러다 보니 육사 통학생들이 대거 전학을 가 더 이상 시내에 있는 효제초등학교에 다닐 일이 없어진 것이다. 반 친구들이 몇 명 전학을 가니 자리가 허전했다.

당시에는 일부 공립 명문학교를 제외하면 비싼 수업료를 내는 만큼 사립학교의 교육 환경이나 시설, 교사가 월등히 우월했다. 화랑초등학교라는 신설 사립 초등학교가 개교했으니 당연히 그쪽으로 전학 가는 게 맞기는 하겠지만 왠지 서운했다.

육사 통학생 중에는 지금도 만나는 친구가 있다. 한 친구는 사실 초등학교 1년 선배인데 화랑초등학교로 전학을 가며 1년 아래 아이들과 다녀 졸업은 같이 했다. 이 친구를 중학교 때 동기로 다시 만나 3년을 참 친하게 지냈다. 고교 졸업 후 1977년 육사 OO기를 수석으로 입학하여 육사 교수 요원으로 있다가 중령으로 예편하였다. 미국에서 석박사 학위를 받고 장래가 촉망되던 친구인데 음악을 좋아하던 군인 같지 않은 군인이었다.

또 다른 친구는 오랜 시간이 흐른 후 동창회에서 만났다. 재수하여 육사 OO기로 입교했는데 대령으로 전역 하였다. 두 친구의 아버님은 육사 교수로 근무하여 집안끼리도 잘 알고 지내는 사이다. 능력 있고 훌륭한 대령이 장성 진급을 못하고 전역하는 게 못내 아쉽기만 하다. 별을 딴다는 게 꼭 개인의 능력만은 아닌 듯싶다.

지금도 가끔 운동장 안쪽에 차를 세워 놓고 마냥 졸고 있던 운전병 아저씨가 생각나고 형, 누나를 기다리며 자기들끼리 놀이터에서 놀던 저학년 아이들도 생각이 난다. 군인 자녀라 그런지 여느 아이들과 다르게 비교적 깔끔하게 입고 다니며 새침을 떼며 재잘거리던 아이도 생각이 난다.

어른이 되어 만난 동창생들에게 이런 이야기를 해 주면 나의 기억력에 감탄하기도 하지만 나는 이상하리만치 이런 '쓸데없는' 걸 기억해 내 친구들에게 한소리를 듣기도 하지만 나는 영원히 잊지 않고 싶다.

혹시 그때 육사를 진학했었다면 소위 말하는 별을 달았을까? 나 자신이 궁금하다. 군이 내 체질에 맞긴 맞았는데….

공민학교

내가 다닌 종로 5가에 있는 효제초등학교에는 '공민학교'가 같이 있다. 학령기를 놓친 나이 많은 형이나 누나들이 다니던 학교였는데 본관 건물 뒤편 후미진 곳에 1채의 목조 건물이었다.

건물은 교실 한 칸보다 조금 작은 크기였고 칠판과 책걸상이 있어 그런대로 공부하기에는 큰 어려움이 없어 보였다. 교단 정 중앙에는 태극기가 액자에 걸려 있고 어두운 알전구 하나가 길게 줄을 드리우고 있다.

입구에는 널빤지에다가 검정 붓글씨로 ○○공민학교라고 씌어 있다.

모든 것이 어설프고 빈약해 보였다. 흔히 어느 학급에나 붙어 있는 솜씨자랑이나 알림판 같은 게시물은 보이지 않았다.

학생들이 모두 하교하고 난 후에 목조건물에서 수업이 이루어지는데 2~30여 명 정도가 수업을 한다. 형들은 턱 밑에 수염이 거뭇거뭇 보이고 누나들은 가슴이 봉긋 올라 처녀티가 완연하다. 그중에는 건물 뒤에서 담배를 피우기도 했다.

교실 입구에는 가지고 온 구두닦이 통들이 가지런히 놓여 있고 낡은 가방 속에는 뭐가 들었는지 모르지만 불룩했다.

선생님의 말씀을 들어 보면 주로 구두닦이나 신문팔이 혹은 공장에서 '시다'를 한다고 했다. 무서운 형들이니 조심해야 한다는데 나는 그 형들이나 누나들이 별로 무섭지 않았다. 사람에 대한 호기심이 많아서일까? 수업이 끝난 후 집에 갈 생각은 안 하고 괜히 공민학교 근처를 배회하고는 했다.

　수업하는 모습도 숨어서 들여다봤는데 그냥 우리가 배우는 초등학교 과정이었다. 학생들은 졸지 않고 열심히 수업을 들었다. 배움에 대한 열기만큼은 정규학교 못지않았다. 집에 가서 어머니에게 공민학교 이야기를 하면 어머니께서는 '너는 행복한 줄 알아라.' 하시며 눈을 흘기셨다. 곰곰이 생각하면 어머니 말씀이 맞다. 그 형들과 누나들은 형편이 어려워 공부를 제때 못해 뒤늦게라도 공부를 열심히 하는데 나는 부모님 잘 만나 정규교육을 받고 있음에도 공부를 게을리하는 것 같아 속으로 많이 찔렸다. 어머님의 말씀을 듣고 난 후 한동안 책을 잡고 공부를 열심히 했으나 오래가지 않았다. 결국 나는 공부와는 친하지 않은 것 같다.

　공민학교 학생들은 나 같은 정규학교 학생들을 만나도 전혀 꿀리거나 위축되지 않고 당당했다. 나이에 비해 세상을 일찍 깨쳤는지 뭔가 어른스럽다. 하긴 나이로 봐도 큰형뻘인데 어린 아이들에게 뭘 기대하겠는가.

　한번은 공민학교 형 중에 이상한 형을 봤다. 중고생 형들이 입는 교복을 입고 다니는데 썩 잘 어울렸다. 더 이상한 것은 다른 학생들이 아무도 시비를 걸지 않는 것이다. 호기심이 왕성한 나는 며칠을 눈여겨보다 결국 궁금증을 참지 못하고 형에게 물었다. 형은 처음에는 내 질문이 마땅치 않은 듯 대꾸조차 않다가 몇 번을 물어 보니 마지못해 대답을 해 줬다.

　그 형의 직업은 '고학생'이었다. 낮에 전차나 버스에서 승객들을 상대로 볼펜이나 연필 등을 파는 교복 입은 '가짜 고학생'이었다. 교복에는 명찰도 교표도 학년 표시도 아무것도 없는 그냥 교복이지만 사람들은 알면서 혹은 모르는 척하며 물건을 사 주었다. 내가 학교도 다니지 않으면서 교복을 입으면 안 되는 거 아니냐 하고 따지듯이 한마디 물으니 '가짜 고학생' 형은 씩 웃으며 이렇게 행세를 해야 물건이 팔린다고 한다. 이어서 하는 말이 자기는 누구한테 해를 끼치거나 나쁜 짓은 안 한다고 한다. 그렇지만 내가 생각할 때는 명백한 '사기'였다. 그래도 그 형은 착해 보이고 인상이 좋았다. 비록 가짜지만 교복 입은 모습도 좋아 보였다. 그런 생각 없이 보면 명문학교에 다닌다고 해도 누구나 믿을 정도였다. 거기다 언변도 좋아 내가 생각할 때는 많은 연필과 볼펜을 팔았을 것 같다.

한번은 공민학교 쪽이 시끄러웠다. 뭔가 하고 가 보니 학생끼리 싸움이 났다. 다른 학생들은 쭉 둘러서서 구경만 하고 둘은 마구 치고받고 하며 코피가 터지도록 싸우는데 잠시 후 선생님이 오셔 뜯어말리고 난 후 싸움이 끝났다. 내가 생각할 때는 어린 나이에 거친 사회에서 험하게 살다 보니 인성이나 감성이 메말라서 그랬던 것 같다. 그렇지만 배움에 대한 열정만큼은 대단하여 침침한 알전구 하나를 등불 삼아 피곤한 몸을 추스르며 공부에 열중하던 형, 누나들은 지금은 뭐 하고 있을까?

나하고 이런저런 이야기를 나누었던 '가짜 고학생' 형은 언변이 좋아 아마 최고의 판매사원이 되었을 성싶고, 눈이 동그랗고 귀엽게 생긴 동대문 제품시장 "시다" 누나는 좋은 곳으로 시집가서 잘살고 있을 거란 생각이 든다. 지금은 전부 할머니, 할아버지가 되어 있겠지만, 옛날 공민학교 다니던 시절의 각오를 생각하면 전부 다 잘되었을 거라 믿어 의심치 않는다.

 소풍

　매년 봄가을이면 소풍을 간다. 학년별로 가기도 하고 전 학년이 다 가기도 하는데 당시 우리 학교는 워낙 학생 수가 많아서 전 학년이 다 간 기억은 없다. 학교가 종로5가에 위치하다 보니 주로 소풍을 가는 곳이 정해져 있다시피 했다.
　우선 고궁은 빠짐없이 다 갔다. 당시 창경원(일제가 궁에서 원으로 격하하였다), 덕수궁, 경복궁, 비원(창덕궁을 일제가 비원으로 격하하였다) 등으로 소풍을 다니는데 당시 경희궁은 서울중고등학교가 학교 교사로 쓰고 있어 복원 전이었다. 종묘도 가고 삼청공원도 갔다.
　저학년 시절에는 주로 엄마나 이모 고모 혹은 할머니가 따라갔다. '있는 집' 아이들은 집에서 수발드는 '식모'가 음식을 잔뜩 해서 같이 가기도 했다. 고학년생들은 관광버스를 전세해 멀리(실제로는 그리 멀지도 않지만) 동구릉 등 주로 서울 교외에 위치한 왕릉으로 갔다. 저학년 시절에는 그게 참 부러웠다.
　소풍 가기 전날 종례시간이면 담임선생님은 이것저것 지시사항이 많았다. 돈을 많이 가져오지 마라, 음식을 적당히 해 와라, 시간을 잘 지켜라, 내일 비 안 오게 몸가짐 잘하고 자라 등등 평소보다 종례가 길어진다. 담임선생님도 은근히 좋아하시는 눈치다.

어느 학교나 소풍 괴담이 전해진다. '변소에 이무기가 어쩌고', '소사 아저씨가 뱀을 어쩌고' 하는데 이는 비가 오지 않기를 기원하는 것이다. 당시 아이들은 비교적 순진해서 그런 말도 믿는 듯했다.

드디어 소풍 가는 날. 이날은 전 학년이 소풍 가는 날이다. 당시 5형제 중 누이와 나, 그리고 동생 하나가 같은 학교에 다니고 있어 어머니는 꼭 두새벽부터 김밥 싸기에 여념이 없으셨다. 전날 준비한 나무로 만든 1회용 도시락과 서울사이다, 빨간 사과, '미루꾸'(캐러멜), '요깡(연 양갱)', 껌, 수통, 찐 달걀, 소금, 사탕, 과자를 골고루 '리꾸세꾸(陸色)'에 담아 준비해 놓으셨다. 김밥 속 고명은 소고기 볶음, 달걀지단, 시금치, 홍당무, 단무지 등이었다. 어머님의 음식 솜씨가 좋으셔서 내가 싸 간 김밥이 단연 최고 인기였다.

제일 좋은 옷을 골라 입고 약간의 용돈과 함께 날듯이 학교에 가면 평소에 늘 지각하는 친구는 벌써 와 있고, 매일 누런 코를 흘리고 다니는 녀석도 오늘은 말끔해져서 와 있고 여기저기 들뜬 분위기다. 이날만큼은 담임선생님도 하얀색 운동복에 모자까지 멋들어지게 쓰고는 호루라기를 힘차게 불어 젖히신다.

전교생이 온갖 총천연색 옷차림을 하고 운동장에서 교장선생님의 지루한 훈화를 듣는 둥 마는 둥 하고 드디어 학년별로 출발하는데 5천여 명의 학생들이 줄을 지어 학교 밖으로 나가는 장면이 굉장하다.

우리 학년은 이미 가 본 적이 있는 창경원으로 향했다. 몇 번 가 보았지만 그래도 창경원이 제일 재미있는 게 동물원, 식물원 등과 놀이기구가 많아서였다. 일제강점하에 궁을 훼손하고 원으로 격하시킨 일본의 뜻을 당시 알 수 없었던 우리는 그냥 재미있기만 했다.

소풍의 프로그램은 별거 아니었다. 종로5가에서 동북쪽으로 조금만 걸으면 원남동이다. 대략 아침 9시쯤 천천히 걷고 여유 있게 출발해도 10시면 창경원에 입장했다. 그러면 담임선생님의 안내대로 창경원에 그나마 남아 있던 전이나 각 등에 대한 설명을 들으면 어느덧 점심시간이다. 소풍을 주중에 가다 보니 관람객은 한산하다. 가끔 외출 나온 미군들이 삼삼오오 다니며 사진을 찍거나 구경을 하기도 한다.

드디어 점심시간이다. 담임선생님이 '지금부터 점심을 먹자!'라고 하면 일제히 각자 준비해 온 도시락을 꺼내기 시작한다. 같이 따라온 가족끼리 둘러앉기도 하고 친한 아이들끼리는 가족들도 같이 어울린다. 선생님의 도시락은 '있는 집' 아이인 반장이나 학급회의 회장이 준비해 온다. 도시락을 준비 못하는 아이들을 위해 담임선생님은 소풍 전날 특별히 '있는 집' 아이 몇 명을 불러 여분의 도시락을 준비시킨다. 학교생활 중 즐겁고 유쾌한 행사가 소풍인데 형편이 어려워 도시락을 못 싸 오는 아이들을 위한 나름 배려였다. 나도 가끔은 '있는 집' 아이 취급을 받아 여분의 도시락을 준비해 간 적이 있다. 이럴 때는 어머니가 더욱 신경을 써서 도시락을 만들었다.

지금도 기억나는 친구가 있다. 집안 형편이 매우 어려워 늘 기성회비도 못 내고 하던 아이였다. 그래서 그런지 얼굴에는 뭔가 생각이 많고 앙다문 입은 좀처럼 벌어지지 않았다. 얼굴에는 버짐이 하나 가득이지만 눈빛만은 초롱초롱했다.

담임선생님이 도시락을 준비 못한 몇 명의 아이들을 따로 불러 하나씩 나누어 주는데 이 친구는 한사코 거부한다. 몇 번의 실랑이 끝에 결국 담임선생님도 포기하고 돌아서는데 이 자존심 센 친구는 결국 돌부처처럼 앉아 입을 앙다물고 점심시간이 끝날 때까지 오기로 가득 찬 눈으로 한 곳만 응시하고 있었다. 대단한 자존심이었다. 초등학교 3학년 어린 나이에 얼마나 김밥이 먹고 싶었겠는가. 끝까지 자리하며 입을 앙다문 표정을 나는 지금도 잊지 못한다. 눈빛이 살아 있었기에 지금은 아마 잘되어 있지 않을까 하는 생각이 든다.

점심 도시락은 김밥만 있는 게 아니었다. 주로 김밥을 싸 오긴 했지만, 김밥도 김밥 나름이었다. 잡곡이 섞인 밥에다가 단무지와 시금치, 홍당무로 속을 한 김밥도 있었다. 김이 좋지 않아 그야말로 김밥 옆구리 터진 게 다수다.

그냥 흰 쌀밥에 달걀 완숙 하나 얹어 놓기도 하고 어묵이나 멸치 볶음을 밥 옆에 두고 단무지 몇 조각으로 소풍 도시락을 싸 온 아이도 제법 됐다. 이 정도만 돼도 보리밥에 김치를 싸서 온 아이에 비하면 고급이다. 음료수나 과자 등은 서로 나누어 먹기도 하다 보면 어느덧 점심시간이 끝나간다.

옹기종기 모여 앉은 사이사이에 '아이스케키' 장수가 지나가기도 하지만 아이들은 이날만큼은 별 관심이 없다. 각 반 담임선생님들은 '있는 집' 아이들의 학부형들과 점심을 같이하는데 술잔이 오가며 얼굴들이 불콰해져 간다.

오늘 소풍은 '보물찾기'를 생략하였다. 창경원이다 보니 보물을 숨기기도 마땅치 않고 무엇보다 놀이기구와 동물원이 있으니 볼거리가 넘쳐나는데 보물찾기가 뭐 재미있다고. 하긴 동물원이라고 해 봐야 코끼리, 사자, 호랑이, 독수리 등을 보면 끝이고 놀이기구도 몇 가지 타면 그만이지만 그래도 보물찾기보다는 재미있었다.

각자 자유시간만큼 실컷 놀다가 정해진 시간에 다시 모인 후 학급별로 기념 촬영을 한다. 지금도 간직하고 있는 사진이지만 창경원 식물원 앞을 배경으로 학생, 교사, 학부모 모두가 앉고 서고 하며 찍은 사진이 있다. 소풍이 끝나 갈 무렵 약주를 좋아하시는 담임선생님이 드디어 만취상태가 되었다. 몸을 못 가눌 정도로 취하신 선생님을 반에서 덩치 크고 힘이 좋은 몇 명의 아이들이 부축하여 택시를 태워 드렸다. 다른 반 아이들은 아직도 담임선생님의 통제에 있는데 우리 반은 해방이다. 창경원을 나서자마자 우리를 기다리고 있는 온갖 잡상인들, 그중에는 소풍날 용돈을 갈취하려고 하는 다양한 사기꾼(?)들이 진을 치고 있다. '뽑기'부터 시작해서 주사위 굴리기, 조그만 종지 속에 주사위 놓고 돌리기, 카드 뒤집어 맞추기, 물방개, 위아래 바늘 맞추기, 긴 실 뽑기 등 아이들을 상대로 한 사기도 다양했다. 그 사기꾼들은 아마도 평생 사기질을 하다가 생을 마감했을 것이다.

　결국, 그날 어머니가 손에 꼭 쥐여 주신 거금(?)을 다 털리고 나서야 힘없이 집에 가면 쓰라고 준 용돈이지만 용처를 묻고는 대답이 시원치 않으면 며칠 동안은 어머니에게 욕깨나 들었다.

　지금도 창경궁 앞을 지나갈 경우 만취한 담임선생님을 택시에 모신 생각이 나 혼자 웃음이 나곤 한다. 진작 돌아가셨겠지만, 만약 살아 계신다면 지금도 약주를 즐겨 하실까? 머리 벗겨진 대머리 선생님.

수수빵

지금도 판매되는 옥수수빵이 있다. 겉은 노릇하게 잘 구워 갈색이고 속은 노란데 군데군데 하얀 웃가루가 섞여 있는 맛있는 빵이다. 크기는 지금 시중에서 파는 조그만 카스텔라 빵만 하다.

학교 본관 뒤에는 공민학교와 함께 조그만 독립 건물이 있다. 이곳이 옥수수빵을 굽는 일종의 빵공장인데, 평소에는 학생들이 근처에 얼씬거리지도 못하게 통제를 했다. 빵을 타러 그곳에 가서 보면 커다란 무쇠솥이 있고 그 안에는 미국 정부에서 무상 원조받은 옥수수가루가 반죽이 되어 가마솥에서 끓고 있다. 고소한 옥수수 냄새와 달콤함이 단것에 늘 굶주려 있던 아이들에게는 최고의 별식이었다.

종례시간이 가까워지면 담임선생님이 반장이나 부반장에게 빵을 타 오라고 한다. 양철로 만든 조그만 통을 가지고 가면 대략 10여 개씩 받아 온 걸로 기억하는데 처음에는 주로 형편이 어려운 학생에게 나누어 주었다. 나중에는 청소 당번들에게 나누어 줬다. 청소는 분단별로 돌아가며 하는데 분단 하나의 규모는 10명이었다. 보통 6~7분단까지 있으니 일주일에 한 번씩은 옥수수빵을 먹을 수 있는 혜택이 돌아온다. 분단은 군대의 분대와 같았다. 청소 분단은 분단장의 지시 아래 청소를 끝내고 1개씩 받아 가는데 집에까지 가져가는 경우는 드물고 대충 집에 가는 길에 뜯어 먹고 간다.

옥수수빵은 냄새는 고소하나 가루를 제대로 빻지 않아 속은 거칠었다. 처음 먹을 때는 그런대로 고소하고 맛이 있는데 씹을수록 거칠고 맛이 덜했다. 이러다 보니 잘 먹고사는 있는 집 아이는 청소를 하지 않는 대신 자기 빵을 내놓는다. 누군가 자기의 노역을 대신하는 조건으로 빵을 더 가져가는 것이다. 이미 노동의 대가를 깨우친 것이다. 없는 집 아이는 청소를 대신하며 빵을 더 가져가는데 그 친구는 중간에 먹지 않고 꼭 집에 가져갔다. 나중에 알고 보니 집안 형편이 매우 어려웠다. 같은 분단 아이들이 그 사실을 알고는 자기 빵을 양보하고 형편이 어려운 친구에게 '몰아주기'를 했다. 나는 집에 같은 학교에 다니는 형제가 있어 내가 챙겨 오지 않아도 동생들이 챙겨 왔다. 지금 생각해도 어린 학생들이 속이 깊고 의젓했다.

아이들은 옥수수빵을 가지고 장난도 친다. '묵찌빠' 해서 몰아주기도 하고 물에 불려 죽처럼 먹기도 했다. 정 맛이 없으면 우유에다 적셔 먹기도 하지만 이거는 집에서 우유를 먹을 수 있는 전체 학교에서 몇 안 되는 최상류 가정집 아이 이야기다.

그러던 옥수수빵도 어느 해부터 제공이 안 됐다. 한국이 살기가 좋아졌는지, 미국이 더 이상 도와주지를 않아서인지, 그것도 아니면 높은 사람들이 다 먹었는지는 모를 일이다. 당시 부정부패가 만연하던 시절인지라 아마도 중간에 누군가 "삥"을 했을 것이다.

한창 빵이 지급될 때는 먹자니 별로 맛이 없고 버리자니 아깝고 하던 옥수수빵이었는데 슬슬 그리워지기 시작했다. 혹시나 하고 본관 뒤편의 빵공장을 가 보면 자물쇠로 걸려 있고 안은 텅 비어 있다.

방과 후 청소를 끝내고 반 친구들과 옹기종기 둘러앉아 뜯어 먹던 옥수수빵을 더는 먹을 수 없게 된 우리는 갑자기 배가 고픈 듯하고 허기가 졌다.

지금 이 글을 쓰는 동안에 입 안에 침이 고인다.

어른이 되어 친구들과 예전 이야기를 나누다 보면 옥수수빵 이야기가 나온다. 두메산골 분교 출신 친구의 이야기로는 자기는 옥수수가루를 가지고 학교에서 죽을 끓여 먹었다고 한다. 또 다른 아이는 우윳가루를 가지고 우유죽을 끓여 먹었다고도 했다. 서울 출신 친구들은 그래도 우리는 빵을 만들어 먹었는데 하며 그 친구를 놀렸다.

빵을 만들어 먹든 죽을 끓여 먹든 미국의 원조물자인 옥수수를 가지고 한 것은 매한가지다. 비록 속은 거칠고 맛은 덜해도 한동안 우리들의 배고픔을 덜어 준 별식이었는데 이제는 누가 줘도 사양할 지경이니 배가 많이 부르긴 부른 모양이다.

요즈음은 무상급식이다 뭐다 해서 국가가 책임지고 아이들의 급식을 지원한다. 격세지감이다. 점심시간에 눈치를 보며 남몰래 나가 수돗가에서 찬 냉수로 고픈 배를 달래던 시절이 엊그제 같은데 이제는 음식물 쓰레기가 한 해 몇 조라고 하니 변해도 너무 변했다.

배불리 먹고도 남아도는 음식을 조금만 줄여도 굶주리는 북한 아이들을 다 먹여 살릴 수 있을 지경이다. 이제 도로변에서는 추억의 옥수수빵이다 해서 별미로 팔지만 사실 솔직하게 말하면 맛은 별로다. 다만 없이 살던 그 시절이 생각나서 먹어 보지만 이제는 배가 불렀는지 별다른 맛을 느끼지 못한다. 다만 추억의 빵으로서 거칠고 투박한 빵을 먹으며 어려운 시절을 회상하기에는 딱 좋다.

오늘은 모처럼 그 시절 그때를 회상하며 옥수수빵이나 사 먹어 봐야겠다. 과연 맛이 있으려나?

존슨 대통령과 악수하다

60년대 박정희 대통령 시대에는 시민, 학생 동원이 참 많았다. 하루가 멀다고 무슨 궐기대회니 촉진대회니 결의대회니 하며 국민들을 '달달' 볶았다. 학생들도 예외는 아니어서 걸핏하면 동원되었다. 수업시간을 빼먹어 좋긴 했지만 다소 피곤한 일이었다.

1966년 10월에 미국의 존슨 대통령이 방한하였다. 당시 초등학교 2학년이었던 나는 서울 시민 총동원령에 따라 제일 좋은 옷을 입고 용모를 단정히 한 다음 지정된 장소인 광화문 로터리에서 담임선생님의 인솔하에 대기하고 있었다. 손과 손에 태극기와 성조기를 들고 반장의 구령에 맞추어 팔이 아프도록 흔들어야 했다. 우리 같은 학생만 동원된 게 아니었다. 지역별, 직장별로 서울 시민이 전부 동원된 것 같다. 고등학교 밴드부도 동원되어 연신 미국의 행진곡을 신나게 연주하고 있다.

전봇대는 온통 태극기와 성조기가 걸려 있고 전차와 버스도 꽃으로 장식되어 경적을 울리며 다니고 있었다. 전 서울 시내가 태극기와 성조기로 장식되어 있고 모든 사람의 손에는 양국 기가 들려져 있다. 모든 사람이 오직 미국의 존슨 대통령을 위한 것 같다.

지금은 철거됐지만 세종로 사거리에는 큰 아치가 당시 중앙청에서 서울역 방향으로 나 있었다. 철로 만든 반원형 아치에는 온통 박정희 대통령과 존슨의 초상화로 포장돼 있고 아치 아래에는 많은 기자들이 대기하고 있다. 연도에는 동원되어 나온 학생과 시민으로 이미 인산인해를 이루고 있는데 벌써 팔이 아프도록 양국 기를 흔들어 대고 소리를 질러 댔다. 기억은 정확히 나지 않지만 '존슨 대통령 만세', '박정희 대통령 만세', '미합중국 만세' 등을 목이 터져라 외친 것 같다.

시민 중에는 반장인지 통장으로 보이는 사람들이 구호를 선창하고 나머지 사람들은 따라 하는 식이었는데 열기가 보통이 아니었다. 마치 서로 경쟁이라도 하듯 목에 핏대를 세워 가며 구호를 외치는데 얼마나 소리가 큰지 옆에 사람과 대화를 못할 정도였다.

10월 하순의 쌀쌀함은 다 어디로 가고 열기만 남아 있다. 경찰과 헌병들은 연신 호루라기를 불고 있는데 아직 대통령은 올 기미도 보이지 않는다.

드디어 '존슨'이 오고 있다. 멀리서 경찰 선도차의 사이렌 소리가 요란하더니 갑자기 연도 앞쪽에서 천둥 같은 소리가 울린다. 하늘에서는 종이로 만든 꽃가루가 함박눈처럼 내리고 사람들은 손에 든 양국 기를 미친 듯이 흔들어 댄다. 거기다 온통 만세 소리가 천지를 진동하는데 정신을 못 차릴 정도다. 거기다 브라스 밴드의 연주까지 사방은 온통 환영 열기로 뜨겁다.

그러다 갑자기 사람들이 경호 통제선 앞으로 확 떠밀려 간다. 그 바람에 통제선이 무너지고 순식간에 아수라장이 되었다. 순간 눈앞에 믿지 못할 광경이 펼쳐졌다. 존슨이 차에서 내려 성큼성큼 시민들 앞으로 오는 게 아닌가. 사람들은 자기가 동원됐다는 사실을 잊은 채 발을 구르며 존슨과 더 가까워지려고 난리가 났다. 경호원들도 어쩔 줄 몰라 하는데 순간 누군가 내 뒤에서 나를 번쩍 들어 올렸다. 마침 존슨은 환영 인파와 악수를 하려고 손을 길게 내밀고 있었다. 나는 얼떨결에 존슨과 손을 마주 잡았다. 엄청나게 큰 손이 조막만 한 내 손을 잡는데 '찰나'의 순간이었다. 이때 사진기자들의 셔터 소리가 요란하게 터져 나왔다. 순간 나도 모르게 내 입에서는 '존슨 대통령 만세' 소리가 터져 나오고 존슨은 연신 입가에 미소를 지으며 사람들과 악수를 해 댔다. 아마 존슨도 일생일대의 이런 환영은 처음이었을 것이다. 그러고는 경호원의 손에 이끌려 다시 차 안으로 사라지더니 다시 나와 시민들과 악수를 하고 시야에서 사라졌다.

후일 성인이 되어 당시의 영상이나 사진을 아무리 살펴봐도 나와 악수한 것은 편집됐는지 보이질 않았다.

대통령 일행이 완전히 사라진 후 시민들과 학생들은 우르르 차도로 나와 언제 그랬냐는 듯 제 갈 길을 가고 있다. 우리 같은 학생들도 아무 일 없었다는 듯 집으로 가고 있는데 정작 나는 쉽게 흥분이 가라앉지 않았다. 존슨과 악수한 이야기는 지금도 나에게는 과거를 이야기할 때 빼먹지 않는 단골 레퍼토리다. 집에 가서 부모님께 자랑스럽게 이야기를 하니 부모님도 흐뭇한 미소를 지으셨다. 아마 며칠은 손도 씻지 않은 기억이 난다.

다음 해인 1967년에는 서독의 뤼브케 대통령이 방한하였다. 늘 그랬듯이 학생들이 동원되어 지정된 장소에서 열심히 태극기와 서독기를 흔들어 댔다.

아마 학교가 종로5가에 있다 보니 동원하기가 좋아서 그랬는지는 몰라도 수시로 동원되어 박수와 구호를 외쳤다. 이런 동원 문화는 5공까지 계속되어 중·고교를 다닐 때도 일상적으로 하던 주요 행사였다. 만약 지금도 이런 식으로 시민들과 학생들을 동원한다면 아마 난리가 날 것이다.

  이제 사람들은 외국의 주요 정상이 와도 언제 왔다 갔는지도 잘 모르는 시대에 살고 있으니 어느 정도 민주화(?)가 이루어진 것일까? 아니면 국력이 강해진 탓일까? 그것도 아니면 다들 먹고살기에 바빠서 관심이 없어진 것일까?

혼자 이를 빼다

어릴 적 자란 젖니가 빠질 때였다. 어느 날 이빨이 앞뒤로 흔들거리기 시작한다. 처음에는 조금 흔들리는가 싶더니 어느덧 많이 흔들거린다. 아프기는 했지만 참을 만했다. 그러면 어머니는 이불 바느질할 때 쓰는 튼튼한 실을 실패에서 한 발쯤 꺼내면 이빨 빼기는 준비 끝이다.

지금도 치과를 가기가 무섭고 두려운데다 좀 아픈가. 그러나 그 시절에는 유치를 뽑기 위해 치과를 간다는 것은 상상도 못했다. 그냥 성장하기 위한 한 과정이고 통과의례였다.

튼튼한 실의 중간쯤을 흔들리는 이에 잡아맨다. 그러고는 눈을 질끈 감고 다음 차례를 기다리는데 이때의 긴장도는 최고조에 달한다. 한 번에 안 빠지면 어떡하지, 얼마나 아플까라는 생각에 손에 땀이 나기 시작한다. 그러나 그 생각도 잠시다. 어머니가 뭐라고 몇 마디 하시더니 내 이마를 '탁' 하고 친다. 그러면 반동으로 머리가 뒤로 젖혀지고 어머니가 손에 들고 계신 실 가운데 까맣고 누런 이빨이 달려 나온다. 아픈 줄도 모르고 순식간에 벌어진 일이다. 그러면 입 안에 침과 피가 함께 고인다.

나는 이를 손에 무슨 보물인 양 들고 수돗가로 가서 입을 헹군다. 몇 번 헹구면 이가 빠진 잇몸이 허전하게 느껴지지만, 며칠 동안 흔들리며 신경 쓰이게 했던 이가 빠져 시원했다.

이로써 어머니와의 합동작전으로 발치가 끝났다. 아무 부작용 없이 말이다.

진짜 재미있는 건 뽑은 이의 처리 과정이다. 어른들이 이걸 잘하지 않으면 새 이가 나지 않는다고 하여 아이들은 정성을 다해 이 '의식'을 한다. 뽑은 이를 지붕 위에다 힘껏 던지면서 까치를 부른다. 까치가 와서 이를 물고 가면 새 이가 난다고 해서 나는 열심히 까치를 찾는데 이게 쉬운 일인가. 나는 눈이 빠지게 까치를 찾지만, 까치는 지붕 위만 빙빙 돌 뿐 좀처럼 내려오지를 않는다. 그날 밤 조바심으로 날을 샜지만 그 다음은 포기한다. 어른들은 이미 까치가 와서 이를 물고 갔다고 했지만 내 눈으로 보지 못했기에 내심 새 이가 나지 않을까 봐 불안하기만 했다.

주변에 이가 빠진 아이들이 있으면 놀려 대는 노래가 하나 있다.

'앞니 빠진 갈강쇠야 우물가에 가지 마라~'라고 놀리는데 사실 자기 이도 빠진 상태로 서로 놀려 대며 이 노래를 불렀다.

나는 이번에는 혼자서 이빨 뽑기를 도전해 봤다. 굵은 실은 사용하는 건 마찬가지지만 방법을 조금 달리했다. 내가 스스로 이에다 실을 감고 한쪽 끝을 문고리에 걸었다. 그리고 어머니를 크게 부르면 어머니가 방문을 여는 순간 그 힘으로 이빨이 빠지게 한 것이다. 참 별별 방법을 다 사용했다.

아이들은 엿을 먹다가 빠지기도 하고 사탕을 깨물어 먹다가 빠지기도 했다. 그래도 무탈하게 이런저런 부작용 없이 젖니를 잘 빼니 참 신기하다.

위생상태가 불량해서인지 당시에는 눈에 '다래끼'도 많이 났다. 눈가에 염증 같은 게 생겨 발갛게 부풀어 오르고 많이 아팠다. 조금만 만져도 욱신거리고 무엇보다 사물을 제대로 보기가 어려운데다 남한테도 많이 창피하다. 이때 하는 '비법'이 있다. 다래끼가 난 눈의 눈썹을 하나 뽑는다. 그리고 이 눈썹을 사람들이 많이 다니는 길에다 올려놓고 작은 돌멩이를 포개 놓는다. 이 돌을 누군가 발로 차고 지나가면 그 사람에게 옮겨 가고 내 눈은 낫는 것이다. 참 나쁜 의식이다. 자기 병이 남에게 옮겨 가라고 주문을 외우니. 내가 그 벌로 그랬는지 아이일 때는 유난히 '다래끼'로 고생을 많이 했다.

종기나 부스럼도 많이 나는 시절이었다. 전반적으로 위생 환경이 안 좋아 감염성 질환이 만연했지만, 종기가 나면 '이명래고약' 한 장으로 끝이다. 그러다 보니 어느 집이나 '이명래고약'은 상비약이었다. 상처는 "아까징끼"라고 불리는 빨간약으로 끝냈다.

어머님 말씀에 의하면 내가 아주 어렸을 적에 '태열'이라는 병을 앓아 온몸에 종기가 났다고 했다. 그때 누군가가 '다이아찡'을 바르면 낫는다고 하여 거금을 들여 미제 '다이아찡'을 사서 발랐더니 감쪽같이 나았다고 하신다.

외할머니는 머리가 아프시면 늘 찾는 약이 하나 있다. '명랑'이라는 약인데 담뱃갑만 한 크기의 포장에 하얀 가루가 흰 종이에 싸여 있는 두통약이다.

외할아버님은 평생을 위궤양으로 고생하셨는데 그때마다 '소다'를 찻숟가락으로 드셨다. 어머니는 친정 나들이를 할 때마다 약국에서 '명랑'과 '소다'를 큰 상자째로 사서 가셨다.

어려운 시절이다 보니 몸이 어지간하게 아프지 않으면 민간요법을 쓰거나 자가 치료를 했다. 그러다 보니 가짜약도 많고 '돌팔이' 의사도 많았다. 병을 키워 어쩔 도리가 없을 때가 되서야 병원을 갔다.

병원이나 의원은 돈이 많은 부자만 가는 줄 알고 있었다. 그래도 같은 환경에서 자란 친구들은 지금 만나도 다들 멀쩡하다.

　　종로 거리를 걷다 보면 지금도 그렇긴 하지만 전보산대(당시에는 전봇대를 그렇게 불렀다) 여기저기에 전단을 붙여 놨다. 그런데 내용이 좀 민망했다. 임질, 곤지름, 매독 등 어린 내가 봐도 무슨 병인지 아는데 그런 걸 버젓이 붙여 놓고 환자를 유치했다. 아마 성병이 만연하지 않았나 싶었다.

　　예전을 생각하면 지금의 의료 기술이나 위생 관념은 격세지감이다. 조금만 아파도 병원과 약국을 순례한다. 인터넷상의 온갖 의학 정보가 난무하는 시대이다. 그런데 왜 사람들은 더 많이 아프고 없던 병도 생기고 골골댈까? 아무래도 건강염려증인 듯하다.

전학

1970년 늦은 봄. 내가 태어나고 자란 정든 종로6가에서 성 밖 동대문구 휘경동으로 이사를 했다. 이대부속병원 한옥 사택에서 벗어나 조그만 양옥집을 새로 짓고 '우리 집'을 갖게 됐다. 아버지는 맨손으로 월남한 실향민이 20여 년 만에 당신 이름의 주택을 소유하게 됐다.

문제는 나를 포함한 형제들의 통학이다. 누나는 이미 중학교 3학년 학생이어서 전학은 생각도 못하지만 나는 6학년이고 동생들은 4, 2, 1학년 등 4명의 전학 문제였다. 전부 종로5가에 있는 효제초등학교에 다니고 있는데 당시에는 자가용은 상상도 못하고 전철도 없고 오직 버스만이 유일한 통학수단이다.

49번 안성여객이라고 기억난다. 이 버스는 중랑교에서 출발하여 문화촌을 왕복하는 버스다. 종점부터 만원 버스로 출발했다. 어린 아이 4명이 버스에 올라타는 게 보통 고역이 아니었다. 나는 그나마 6학년이어서 고생을 참을 만했지만 1학년 막내부터 동생들을 건사하는 통학은 지옥 그 자체였다. 차를 놓치기 일쑤이고 만원 버스에서 어른들 틈에 끼인 동생들은 아침마다 울음바다였다. 책가방, 신주머니 등은 제각각이고 심지어 옷도 찢어진다. 나는 동생들을 건사하느라 제정신이 아니었다. 아마 6·25 때 부모 잃은 고아 형제들의 피난이 이랬을 거다. 그러다 보니 지각은 다

반사고 학교에 가도 만원 버스에 시달린 우리는 이미 파김치가 되어 공부가 제대로 될 리 없다.

하굣길도 문제였다. 수업시간이 제각각 달라 어린 동생들은 나를 기다리느라 하릴없이 운동장에서 놀고 있고 막내 남동생은 내가 공부하고 있는 교실 복도에서 기다리는데 애처롭기 그지없었다. 눈물 없이는 못 보는 광경이다. 아버지께서는 이렇게 해서는 아이들을 잡겠다 싶었는지 결단을 내리셨다. 전학을 가기로 한 것이다.

나는 반대했다. 65년에 입학해서 이제 조금만 더 다니면 명문 효제초등학교 62회 졸업생이 되는데 전학을 가야 한다니 기가 막혔다. 정이 들 대로 든 많은 친구도 있고 나를 예뻐해 주시는 선생님도 계시는데 전학이라니 그것도 멀리, 이름도 못 들어 본 '촌학교'로 가야 한다는 게 싫었다.

그렇지만 어쩔 수 없었다. 담임선생님에게 미리 말씀을 드리니 선생님이 놀라셨다. 나는 자랑 같지만, 꽤 촉망(?)받던 학생이었기에 선생님의 실망이 크셨다. 또한, 전교 어린이회 시사부장으로 있었기에 담당 선생님에게도 말씀을 드렸다. 교대를 갓 졸업한 의욕 넘치는 처녀 선생님이셨는데 나를 유달리 예뻐해 주었다. 많이 섭섭했다.

나는 새로운 학교로 전학 가던 날을 지금도 잊지 못한다. 어머니와 함께 학교로 들어가는데 교문에서부터 건물까지 오른쪽에는 넓은 깻잎 밭이 있어 농사를 짓고 있다. 나에게는 충격이었다. 서울에 있는 초등학교에서 농사라니…. 순간 시골 학교에 온 것 같은 착각에 빠졌다. 이러다가 소여물을 주어야 하는 건 아닌지 쓸데없는 걱정까지 하게 됐다. 개구리 우는 소리가 시끄러울 정도였고 두엄 냄새도 간간이 바람에 실려 왔다.

어머니와 교무실에 가서 절차를 밟고 학급을 배정받았다. 6학년 4반으로 결정됐다. 담임선생님은 풍채 좋고 인상 좋은 중년의 남자 선생님이셨는데 종로의 명문학교에서 온 나를 각별하게 여기셨다. 어머니는 가시고 나는 담임선생님을 따라 교실로 들어갔다. 선생님은 나를 교단에 세운 후 학생들과 인사를 시킨다. 나는 교실에 들어가자마자 한눈에 학급의 분위기를 파악했다. 옷차림이며 행동이며 문방구 등이 어딘지 모르게 촌스러웠다. 순간 나도 모르게 어깨에 힘이 들어가며 자신감 있는 목소리로 주눅이 들지 않고 내 소개를 했다. 상투적인 인사였겠지만 인상적이었는지 큰 박수가 터져 나왔다.

선생님도 만족하신 듯 자리를 배정해 주셨다. 주변에 있는 아이들과 눈인사를 하고 수업을 하는데 진도가 좀 늦은 듯했다. 효제서는 공부와는 담을 쌓았지만 그래도 중상의 성적은 유지했는데 이곳에서 처음 본 시험에서는 70여 명 중 10등 안에 드는 경험을 했다. 그 정도로 성안의 학교와 성 밖의 학습 수준이 차이가 난 것이다.

쉬는 시간에는 나의 무대였다. 같은 서울이라도 두엄 냄새와 개구리 우는 소리를 듣고 자란 아이들과 종로 아이는 현격하게 문화적 차이가 있었다. 나는 '뻥'을 적당히 섞어 가며 '썰'을 푸는데 아이들은 깜빡 넘어간다. 당시 나는 시내 학교에서 전학 왔다는 이유 하나로 은근한 우월감을 만끽하고 있었다.

담임선생님은 학적부를 보시더니 나보고 축구부에 들기를 권했다. 마침 담임선생님이 축구부 감독을 하고 계시어 어차피 공부는 하기 싫고 '뽈'이나 차자고 덜컥 가입했다. 그러다 보니 학교에서는 전학 온 지도 얼마 안 되는 녀석이 벌써 학교를 주름잡고 있었다. 효제초등학교에서도 공부는 뒷전이지만 전학 간 학교에서도 공부와는 담을 쌓았다. 사실 축구부에 가입한 것도 공부를 하지 않을 요령으로 한 행동이었다. 그렇다고 운동을 잘한 것도 아니다. 그냥 적당히 후보만 안 될 정도로 했다. 초등학교 축구 실력이 얼마나 변별력이 있겠는가. 그러나 당시 서울에서 축구를 잘하는 몇몇 초등학교와 연습경기를 했는데 번번이 참패했다. 특히 인근에 있는 경희초등학교와의 경기는 한 번도 이겨 보지 못했다. 그럼에도 불구하고 선생님은 내가 재주가 있다고 생각하셨는지 최초로 만들어진 체육중학교에 학교 대표로 추천원서를 써 주셨는데 학과는 잘 봤지만 내 축구 실력으로는 어림도 없었다.

    같은 반 아이들은 나에게 잘해 줬다. 지금처럼 따돌림 같은 것 상상도 못했다. 촌스럽기는 해도 순진했고 착했다. 더욱이 내가 살던 동네는 거의 다 같은 학교이다 보니 친하게 지낼 수밖에 없었다. 이웃 간에 정도 많아 꼭 자기 자식이 아니라도 잘못하면 야단도 치고 별식이라도 하면 이웃한테 돌리기도 하는 정감 있는 동네였다. 종로6가에 살던 때와는 사뭇 다른 정서였다. 그러다 보니 아이들도 이웃 어른에게 인사도 잘하며 어려워했다.

    초등학교를 졸업한 지 어느덧 53년이 흘렀다. 까까머리 남자아이, 단발머리 여자아이들과 수십 년 만에 동창회에서 만났다. 이제는 거의가 은퇴를 했지만 어엿한 노년 사회인으로 인생 2막을 즐기며 열심히 살고 있다. 개중에는 먼저 세상을 등진 안타까운 친구도 있고 대부분이 할아버지, 할머니가 됐다. 머리에는 하얗게 서리가 내려 백발이 된 친구도 많고 주름진 얼굴들이지만 미소만큼은 수십 년 전의 모습을 간직하고 있다. 가끔 만나서 예전 코흘리개 시절을 떠올리며 추억을 반추한다. 돈이 있거나 사회적 지위가 높거나 명예 따위는 이곳에서는 안 통한다. 그냥 개똥이, 까

불이, 울보 등으로 호칭하며 술잔을 기울인다.

    나는 입학한 효제초등학교와 졸업한 휘경초등학교 동창회를 다 나간다. 두 동창회에서는 나를 환영하는데 모이면 재밌다. 나름 명문이라고 자부하고 다녔던 효제초등학교는 나름대로 재미가 있고 처음에는 '촌학교'라고 생각했던 휘경초등학교는 또 다른 낭만과 재미가 있다. 나는 복 받은 놈이다. 좋은 초등학교 동기동창을 양쪽 학교 동창회에서 만나는 재미가 쏠쏠하다.

    생각난 김에 나를 중심으로 두 학교 연합동창회나 하나 만들어 볼까?

솜사탕과 도넛

종로 거리에는 남북으로 길고 가느다란 좁은 골목길이 참 많았다. 어른 하나가 겨우 지나갈 아주 좁은 골목길이 있고 어른 서너 명이 지나갈 조금 큰 골목길, 손수레와 자전거가 지나다니는 보다 더 큰 골목길 등이 있는데 손수레와 자전거가 다니는 골목길에 하루도 빼 놓지 않고 장사를 하는 아저씨가 있었다.

아저씨는 자전거에다 솜사탕 기계를 올려놓고 지나가는 학생들을 상대로 솜사탕을 팔고 있는데 나이는 얼추 당시 40대 초반으로 보였다. 봄부터 가을까지는 한결같이 하늘색 점퍼를 입고 겨울에는 유엔 점퍼와 털모자를 쓰고 있는데 어딘지 모르게 생각이 많은 아저씨였다.

솜사탕 기계는 지금하고 별반 차이가 없다. 다만 군용 휘발유버너로 열을 내어 설탕을 녹이고 재봉틀 페달을 밟아 원통을 돌린다. 돌아가는 원통 안에서 솜사탕이 뭉게구름처럼 송골송골 피어오르면 젓가락보다 조금 긴 대나무 막대기로 휘휘 감아서 주는데 그야말로 '꿀맛'이다. 문제는 '꿀맛'의 솜사탕을 사 먹을 돈이 없다는 것이다. 대략 3원 정도 했던 것 같은데 당시 전차표가 학생이 3원 정도 했을 것이다.

남들이 사서 조금씩 뜯어 먹는 모습을 바라보면 입속의 모든 침이 순식간에 고여 그냥 물처럼 넘어간다. 그러면 솜사탕 아저씨는 얼마 후 원통 안에 조금씩 묻어 있는 찌꺼기를 손으로 몇 번 훑어서 준다. 내 손으로 건너온 찌꺼기는 이미 어느 정도 녹아 있어 솜 같은 부드러운 맛은 사라지고 끈적거리는데도 아랑곳하지 않고 손가락까지 쪽쪽 빨아먹는다. 덩치가 제법 큰 녀석들은 더욱 어린 꼬마가 사서 먹을라치면 잽싸게 한 움큼 뜯어 먹기도 한다.

그러나 가끔 공짜로 솜사탕을 얻어먹는 기회가 있다. 그 시절에는 오늘날 아이돌 스타 못지않게 국악인도 인기가 많았다. 특히 이은관 선생의 〈배뱅이굿〉이 인기가 많았는데 손님도 별로 없고 조금 한가하면 솜사탕 아저씨가 자기의 배뱅이굿 소리를 들어주면 공짜로 준다고 해서 꼬마 몇 명이 쭈그리고 앉아 있으면 '즉석 무대'가 펼쳐진다. 이윽고 주인아저씨는 자전거 페달을 손으로 돌리면서 배뱅이굿 한 대목을 목청껏 울리면 우리는 눈을 지그시 감고 주인아저씨의 소리를 감상한다.

'이 소리만 끝나면 솜사탕을 공짜로 먹는다는 설렘 속에' 알지도 못하면서 추임새를 넣어 가며 감상을 하는데 아저씨가 어찌나 구성지게 소리를 하는지 꼬마 관객들은 어느덧 소리에 빠져 눈시울이 붉어지며 감상을 한다.

소리에 빠져 한참 듣다 보면 뒤에서 훌쩍거리는 소리가 나는데 뒤돌아보면 지나가던 아주머니들이 손수건을 꺼내 눈물을 닦는 게 아닌가. 즉석 공연은 대성공이다. 어느덧 공연(?)이 끝나면 어느 틈에 뒤에 서 있던 어른들이 너도나도 솜사탕을 달라고 한다. 아마 공연 값이었으리라. 어른 손님들에게 하나씩 팔고 나면 아저씨는 우리에게도 약속한 대로 조금 작게 만들어서 하나씩 손에 쥐여 준다.

내가 어른이 된 후 방송 다큐멘터리 연출자로 한참 일하고 있을 때 이은관 선생님을 모시고 프로그램을 제작했다. 수십 년 전 일화를 말씀드렸더니 당시 75세의 명인이 얼마나 좋아하시던지 내가 다 즐거웠다. 나는 지금도 배뱅이굿을 들으면 그 시절이 떠올라 주인아저씨가 궁금해진다. 요즘처럼 오디션 프로그램이 당시에 있었으면 분명 스타가 될 아저씨였는데.

솜사탕 자전거에서 북쪽으로 조금 더 올라가면 즉석에서 만들어 주는 찹쌀 도너츠 손수레가 있다.

도너츠의 공식 외래어 표기는 '도넛'인데 예전 어른들은 일본식 발음으로 '도나스'라고도 했다. 나는 그냥 예전 표현대로 '도너츠'라고 하겠다.

어머니 친구 분 남편이 하는 도너츠 손수레인데 가끔 그 앞으로 지나가면 나를 꼭 불러서 몇 개씩 종이봉투에 넣어 집에 가서 먹으라고 손에 쥐여 준다. 단것이 부족했던 시절이라 설탕이 잔뜩 묻어 있는 도너츠는 큰 호사였다. 나는 봉지를 들고 집에 가서 어머니에게 자랑하는데 어머니는 막 화를 내시며 다시는 그러지 말라고 하신다. 나는 영문도 모르고 속으로 어머니만 원망하는데 나중에 알고 봤더니 어머니 친구 분인 아주머니와 아저씨는 웬 영문인지 별거 중이라고 한다. 그 다음에는 아저씨가 도너츠를 주시면 집에 가져가지 않고 혼자서 다 먹고 들어가거나 친구들에게 선심을 쓰곤 했다. 몇 번 그러다가 어느 날 괜스레 아저씨에게 미안함 마음이 들어 일부로 골목길을 돌아가곤 했다.

한번은 아버님이 종로2가 쪽에 있는 유명 과자점에서 도너츠를 사 오신 적이 있다. 자다 말고 깨어나 나를 포함 2남3녀가 모여 앉아 도너츠를 먹고 있는데 나는 고급 과자점에서 사 온 것보다 손수레 도너츠가 더 맛있다는 생각이 든다. 처음 먹어 본 음식의 강렬함이랄까. 지금도 어지간한 유명 도너츠보다 아저씨가 만들어 준 게 훨씬 맛있었다고 생각한다.

'고로케'라고 하는 음식이 있다. 우리는 그냥 빵 속에 소를 넣은 음식이라고 생각하고 있는데 원래는 서양 튀김요리의 하나로 푹 삶아서 으깬 감자에 잘게 다져서 볶은 고기와 채소를 넣고 소금과 후춧가루 따위로 양념하여 둥글게 빚은 다음 밀가루와 달걀, 빵가루를 입혀 기름에 노릇하게 튀겨 내어 만든다. 원 명칭은 프랑스어로 '크로켓(Croquette)'이라 하는데 우리는 그냥 어른들이 부르듯 고로케라고 했다.

태어나 처음으로 고로케를 먹어 본 날을 지금도 잊지 못한다. 당시 나는 종로5가에 있는 효제초등학교에 다니고 있었는데 지금은 이름이 기억나지 않지만 모습은 또렷한 친구가 있다. 이 친구의 어머님이 학교 앞 건너편에 별천지 같은 선교사 집에서 파출부로 일하고 계셨다. 마당 수준이 아닌 아주 넓은 잔디밭에 서양식 집과 창고, 차고 등 당시로서는 전혀 다른 세계였다. 지금 종로5가 연지동에 있는 한국기독교 연합회관이라 생각된다. 친구와 나는 학교가 파하면 거기 '미국'으로 입국한다. 어린 내가 봐도 전혀 다른 나라에 왔다고 생각했으니까 입국이라는 말이 맞을 것이다. 요즘도 미군 부대에 들어가면 그런 느낌이 드는데 하물며 당시에는 오죽했으랴.

그날도 친구와 나는 밀가루, 쌀, 목재, 건초, 기름 등을 보관하던 큰 창고에서 놀다가 친구 어머니가 부르셨다. "얘들아~고로케 먹자" "고로케가 뭐니?" "응. 그런 게 있어. 아주 맛있어."

친구 집 주방으로 갔더니 친구 어머님이 하얀 접시에 타원형처럼 생긴 것을 올려놓으셨다. 친구 어머니는 우리더러 천천히 먹으라 하시고는 빨래를 개고 계셨다. 지금 생각하면 미국 영화에 늘 나오는 가정부의 모습이었다.

　나는 문제의 고로케라는 생전 처음 먹어 보는 음식 앞에 주눅이 들었는데 친구는 익숙한 듯 먹기 시작한다. 나도 용기를 내어 아직 김이 모락모락 나는 고로케를 한 입 벤 순간 '아~ 세상에 이런 음식이 있구나!'라는 생각에 친구 어머니가 세상에서 제일 예뻐 보이고 친구 녀석이 부럽기 한이 없었다.

　공부도 잘 못하고 매일 콧물을 달고 사는 멍청이 녀석이 그렇게 위대해 보일 수가 없었다. 나는 속으로 '아마 이 녀석이 매일 나한테 당하니까 자기 엄마를 이용해 내 코를 납작하게 하려고 하는구나.'라는 생각이 들었다. 그러나 지금 순간은 그게 문제가 아니다. 고로케인지 뭔지 모르지만 당장 이걸 먹는 게 우선이었다. 정신없이 먹고 난 후 친구 어머니에게 인사를 하는데 지금 또 만들고 있으니 집에 가져가 어른들하고 먹으란다. 거기다 선교사 집 아이들이 놀다 버린 '미제 장난감'을 한 주먹 담아 주니 그야말로 입이 귀에 걸려 한걸음에 집에 와 '전리품'을 쏟아내니 동생들이 환호성을 지르며 좋아한다. 그 찌질한 친구의 작전이 유효했는지 나는 그 후에 멍청이를 보호하는 수호천사가 되고 이후 수시로 '미국'에 놀러 가는 특혜를 누렸다.

　대가도 혹독하게 치뤘다. 평소 기름진 음식을 먹을 일이 거의 없던 시절이라 갑자기 기름에 튀긴 음식을 먹다 보니 설사를 해 대는 바람에 애꿎은 똥구멍만 헐어 버린 것이다.

　지금도 고로케는 웬만한 동네 빵집에서는 판매한다. 더 커 보이고 먹음직스럽고 속도 많겠지만 별로 구미가 가지를 않으니 입맛이 변했다는 생각이 든다.

지금도 어쩌다 그쪽을 지나가다 보면 변해도 너무 변해 어디가 어딘지 종잡을 수 없지만, 솜사탕과 도너츠 그리고 고로케는 잊지 않고 생각이 난다.

성인이 되어 뭐든지 사 먹고 해 먹을 수 있는 시대에 살고 있고 외국 상표의 도넛이 많이 들어와 있지만, 미국 구호물자인 밀가루와 싸구려 '쇼팅'으로 튀겨 낸 '도나스'가 더 그리워지는 건 나만 그럴까?

오늘은 모처럼 이은관 선생님의 "배뱅이굿"이나 한 대목 들어야겠다.

맛있는(?) 불량식품

사람 심리는 참 묘하다. 하지 말라면 더 하고 싶어 한다. 아니 기필코 한다. 술, 담배, 마약 같은 것들이다.

어른들이 불량식품을 사 먹지 말라고 하면 더 사 먹고 싶은 게 아이들의 심리다. 요즘처럼 먹고 마시는 게 차고 넘치는 시대가 아니기에 아이들은 늘 입이 궁금하여 '뭐 좀 먹을 게 없나?' 하고 마치 걸신들린 사람처럼 눈알을 굴리며 주전부리를 찾는다.

이럴 때 초등학교 교문 앞에 주로 있는 문방구는 불량식품의 본산지다. 지금도 간혹 초등학교를 지나칠 일이 있으면 눈여겨보는데 본질은 크게 변하지 않은 듯하다.

60년대 중반에는 모든 게 어려웠다. 그전에는 더 어려웠겠지만 적어도 60년대 중반 어린 초등학생의 눈에는 모든 게 부족하고 귀하던 시절이었다.

제대로 된 제과회사라고는 'OO제과' 정도였다. 그러나 어린 학생들이 무슨 용돈이 많아 고급 제과회사의 과자를 사 먹을 형편이 되겠는가? 1~2원짜리 군것질도 감지덕지해야 할 판에.

학교 앞 문구점에서 파는 소위 불량식품은 생산, 유통, 소비까지 전혀 법의 통제를 받지 않으니 얼마나 비위생적이고 불결하고 엉망이겠는가?

그러나 어린 학생들은 그런 거에 개의치 않는다. '없어서 못 먹지'라는 생각뿐이기에 전혀 신경을 안 쓴다. 가끔 있는 집 부모가 자기 자식들은 그런 불량식품을 사 먹지 못하게 단속을 하지만 대다수의 학생은 그야말로 '없어서 못 먹었다.'

나도 없어서 못 먹는 축에 끼었다. 문방구 또는 구멍가게라 불리는 잡화상에는 없는 게 없는 '아이들의 백화점'이다. 장난감을 비롯한 많은 불량식품이 쌓여 있는데 50년 후반에 태어난 나와 60년대 초반에 태어난 사람들 간에는 주전부리의 질과 종류에서 약간의 차이가 있다. 몇 년 사이에 더 살기 좋아진 걸까? 내가 기억하는 주전부리는 다음과 같다.

아무리 빨아도 줄지 않는 눈깔사탕! 이 사탕은 형형색색으로 만들어져 있는데 주로 과일 향이 나는 첨가제를 섞어 만들었고 단단하기가 돌 같았다. 어린 학생들은 눈깔사탕을 입에 물면 볼때기가 부풀어 올라 말도 제대로 못하곤 한다. 아침나절에 하나 물고 빨면 과장해서 점심때나 녹을 정도로 단단했는데 간혹 성질 급한 아이들이 깨물어 먹다가 이빨이 빠지거나 깨지기도 했다.

이보다 작은 알사탕도 있었는데 눈깔사탕에 비해 크기가 작아 빨아 먹기에 편했다. 모양도 다양해서 별처럼 만들었다고 해서 별사탕이라 이름 붙여진 것도 있고 무허가 공장에서 제조하다 보니 특별한 상표도 없고 점방에서는 그냥 큰 병 혹은 포댓자루 같은 곳에 넣고 낱개로 팔았다.

밀가루 과자(비스킷) 등도 있다. 먹으면 재료의 조합이 잘못됐는지 밀가루 냄새가 많이 나기도 하고 푸석거리고 단맛이 덜해 아이들한테도 싸구려로 취급받곤 했다. 날씨가 조금만 습하면 눅눅해지곤 하는데 그럴 때는 차라리 물에 진하게 개서 먹기도 했다.

한여름에는 음료수를 사 먹기도 하는데 ○○사이다 같은 고급(?) 청량음료는 소풍 때나 먹는 별식이거니와 비싸서 아이들의 용돈 가지고는 어림도 없다. 얇은 삼각형 투명비닐 포장으로 1원짜리 음료가 있는데 지금 생각하면 어이가 없을 정도다. 설탕은 워낙 비싼 재료이기에 절대 쓰지 않았다고 생각되는, 출처를 알 수 없는 단물에 빨갛고 노랗고 파랗게 착색을 하여 파는데 아마 공업용 염료를 쓰지 않았나 싶다. 그러면 바늘 끝으로 비닐 한쪽을 뚫어 '쪽쪽' 빨아 먹는데 더운 여름에 마시면 그런대로 갈증이 해소됐다.

　길거리에서는 냉차 장수가 수십여 미터 간격으로 줄을 지어 낡은 파라솔과 유모차보다 조금 더 큰 수레에 큰 투명 플라스틱 통에 얼음을 넣고 '보리차'를 판다. 통 바깥쪽에는 빨간 페인트로 냉차 혹은 냉보리차라고 적고 플라스틱 컵이나 미군 부대에서 흘러나온 알루미늄 컵으로 한 잔씩 판다. 통 밑으로는 고무호스가 연결돼 있고 끝을 구부려 고무줄로 묶어 놓고 한 손은 호스 끝에 또 다른 손은 컵을 대고 따르는데 때로는 손님이 더 따르라고 역정을 내도 주인은 들은 척도 안 하고 따른다. 간혹 거리를 지나다 너무 목이 마르면 반 컵만 팔라고 하면 마음씨 좋은 주인은 컵에 가득 차게 따라 주고 반값만 받는 경우도 있다.

　맥주 등을 담는 참나무통처럼 생긴 것을 옆으로 세운 통이 있다. 거기다 소금과 얼음을 채워서 돌리면 아이스크림 비슷하게 생긴 소위 '짝퉁 아이스크림'이 나오는데 이걸 먹으면 단맛보다는 짠맛이 더 나 물을 한 바가지나 먹는다. 또 팥을 약간 섞은 석빙고 '아이스케키(아이스 케이크)'는 다 먹고 난 후 대나무 막대기는 훌륭한 장난감 재료로 쓰인다. 간혹 가정형편이 어려운 친구는 여름방학을 이용해 나무상자에 얼음을 채운 후 아이스케키 장사를 하곤 했다.

  학교 담장 옆에는 큰 낡은 우산을 펴 놓고 연탄불에다가 '뽑기'나 '달고나' 등을 파는 좌판이 있다. 대개 주인은 늙수그레한 아저씨가 장사하는데 뽑기는 크기에 따라 돈을 달리 받는다. 쉬운 뽑기는 좀 더 싸고 어려운 뽑기는 더욱 비쌌다. 하지만 어려운 뽑기일수록 경품이 좋아 손재주가 좋은 아이들은 더욱 크고 어려운 걸 선택한 후 갖은 정성을 다해 완성하기도 한다. 하트, 별, 동물 등 본인이 선택하는데 주인은 아이들이 선택해 준 모양을 철로 만든 틀을 가지고 흑설탕을 녹인 진득한 설탕물에다가 약간의 소다를 섞고 재빨리 돌린 다음 바닥 틀에다 쫙 펼친 후 틀을 올려놓고 찍는다. 이때 주인은 이 꼬마 손님이 잘 뽑을 녀석인가 아닌가를 판단한 후 평소 잘 뽑는 녀석 같으면 일부러 살살 찍어 뽑기를 어렵게 한다. 프로 손님(?)은 척하니 자리를 잡고 앉아 미간을 찌푸리며 온 신경을 집중해서 뽑기에 열중한다. 그걸 지켜보는 친구들은 마른침을 꼴딱거리며 지켜보는데 만약 성공하면 자기가 성공한 것처럼 일제히 손뼉을 치며 환호하다가 실수로 깨지면 모두 탄식을 내뱉는다. 주인의 표정은 아이들과 정반대로 희비가 엇갈린다.

  좀 더 적극적인 아이들은 어머니가 쓰는 국자를 가지고 집에서 연습하는데 생각만큼 잘 안 될뿐더러 멀쩡한 주걱을 새까맣게 태워 어머니에게 야단을 맞고 알밤을 맞기도 한다.

  '달고나'는 컵처럼 생긴 국자 같은 것에다 흰색 포도당 덩어리를 넣고 녹인 후 소다를 넣고 잘 휘저은 다음 식혀 먹는데 성질 급한 녀석들은 먹기에 바빠 간혹 입천장을 데기도 한다. 백색 포도당 덩어리는 시멘트 포장지 같은 누런 종이에 담겨 있는데 공업용인지 식품용인지는 지금도 나는 모른다. 가격에 따라 덩어리의 크기는 다르다.

그 시절 단것을 먹기가 귀해서인지 나도 많이 먹었지만, 아이들에게 인기가 좋았다.

하굣길에 뽑기 장수 주변에는 늘 친구들이 있기 마련이고 꼭 내가 하지 않아도 다른 친구가 하는 뽑기를 보는 것도 큰 즐거움이었다. 유달리 뽑기를 잘하는 친구가 성공하면 구경꾼인 친구들에게도 관전과 응원의 떡고물이 아닌 '뽑기 부스러기'라도 얻어먹을 수 있으니까.

그 시절 못 먹고 어려웠던 시절이 그리워서일까. 지금은 인터넷 쇼핑몰에서까지 '추억의 불량식품' 혹은 '추억의 간식거리'란 이름으로 판매가 되고 있으니 역시 '추억'이 좋긴 좋은 모양이다.

엿장수

"에이 엿이나 먹어라!"

하면 일반적인 사람들은 욕이라 생각한다. 그러나 이런 '정겨운 욕'이 또 어디 있겠나?

지금은 먹을거리가 지천으로 있지만, 그 시절에는 주전부리가 흔치 않던 시절이고 도대체 뭘 먹어야 할지 종류나 양이 많질 않았다. 그래서,

"에이 이놈아, 엿이나 먹어라."

하면 '엿' 먹을 생각에 입에 침이 고이기 시작한다.

지금 엿장수는 전통시장에서 한 점포를 차지하고 어엿한 가게 형태지만 예전의 엿장수는 사람이 조금 모이는 곳에는 어김없이 자리를 차지하고 있는 길거리 장사였다. 예전 형태의 엿장수는 지역 축제나 시골 오일장에서나 볼 수 있는 '귀한' 볼거리가 되었다.

예전 엿장수는 두 가지 형태로 기억하는데 하나는 남루한 옷차림의 엿장수가 나무로 짠 엿 목판을 흰색 광목으로 X자로 두른 다음 양손에는 커다란 가위를 들고 쩔렁거리며 호객을 한다. 엿 목판에는 흰색의 큰 엿 뭉치가 있다. 손님이 오면 양손의 엿가위를 가지고 한쪽 가위는 엿 위에 놓고 다른 쪽 가위로 톡톡 치면 적당한 크기로 잘린다. 그러고 나선 엿 목판 한쪽에 뿌려져 있는 밀가루를 묻혀 신문지로 만든 봉지에 넣어 준다. 양

이 적으면 그냥 손에 쥐여 주는데 이때 밀가루를 묻히는 이유는 엿끼리 서로 달라붙지 않게 함이다. 엿장수는 손님이 있건 없건 늘 엿가위를 장단 삼아 유행가나 민요 가락을 한바탕씩 하는데 어른들은 엿을 살 생각보다는 엿장수의 노랫가락에 더 흥미를 보인다. 엿장수들은 한결같이 구성지게 노래를 잘도 불렀다. 지금 식으로 본다면 훌륭한 '예능인'들인 셈이다.

아이들이 좋아하는 엿장수는 따로 있다.

낡을 대로 낡은 손수레에 커다란 엿 목판을 들고 크기도 큰 엿가위를 철렁거리며 나타난다. 쩔렁거리는 소리를 신호로 여러 사람이 모여드는데 이미 아이들은 입에 군침이 돈다.

나는 지금도 '생강엿'의 맛을 잊지 못한다. 엿 목판에 떡하니 자리 잡은 갈색의 큰 엿덩어리가 있다. 엿 사이사이에는 생강 덩어리와 땅콩이 박혀 있다. 엿장수는 대패를 가지고 대여섯 번 슬슬 대패질하면 대패 날 사이로 엿이 말려 나오는데 눈깔사탕만 한 크기가 되면 이쑤시개로 콕 집어 준다. 생강의 매콤한 맛과 엿의 달콤함이 어우러져 나만의 생각일지 모르지만, 기가 막힌 맛이 나온다. 대패질하다가 엿 속에 있는 생강 뭉치가 썰리면 아이들에게는 매워 연방 입을 호호 불며 먹기도 한다. 생각보다 양이 적어 아이들은 늘 엿장수에게 대패질을 한 번만 더 해 달라고 하는데 마음씨 좋은 엿장수를 만나면 두 번쯤 더 밀어 주기도 한다.

엿장수의 낡은 손수레 밑에는 온갖 잡동사니로 가득하다. 구멍 난 고무신, 쓰다 버린 양은그릇, 신문지, 잡지 등 폐지, 고장 난 라디오, 녹슨 철사, 찌그러진 수저나 그릇, 소주, 맥주, 사이다병 등 온갖 고물이 즐비하다.

'엿장수 마음대로'란 말이 있다. 사람들이 가지고 온 온갖 '고물'들의 값어치는 그야말로 엿장수가 마음대로 가격을 매긴다. 고물의 상태나 종류, 양 등을 평가하여 거기에 상응하는 엿을 주는데 늘 실랑이가 벌어진다.

아이들은 엿장수가 나타나면 집 안 구석구석을 뒤져 버릴 물건을 찾아와 엿을 바꾸는데 단맛의 유혹에 넘어간 아이들이 간혹 멀쩡한 물건을 가지고 나와 엿과 바꾸려다 엄마에게 걸려 귀싸대기를 얻어맞고 질질 끌려가기도 한다.

내 생각에는 오래된 집의 고서나 골동품 등이 이 당시 많이 엿장수에게 넘어가지 않았나 싶다. 어쩐지 어떤 엿장수는 갑자기 눈이 반짝이며 엿을 후하게 쳐 준 후 급히 자리를 떠나기도 했다.

더 희한했던 건 강아지와 닭을 가져오기도 하고 고추씨를 가져오기도 했다. 엿장수는 고추씨를 후하게 쳐서 제법 많은 엿을 주기도 하고 심지어는 머리카락을 받기도 했다. 물자가 귀하고 어려웠던 시절인지라 뭐든지 가치가 있었다.

하릴없는 어른들은 엿장수가 오면 몇몇이서 '엿치기'를 했다. 엄지손가락 굵기에 연필 길이만 한 엿가락을 하나 골라서 뭐라고 주문을 중얼거리다 '탁' 하고 꺾는다. 엿가락 속의 공기구멍이 상대방보다 크면 이기고 엿값은 내기에 진 사람이 낸다. 재주와 요령이 필요 없는 게임인데 어른들은 진지한 모습으로 엿가락을 신중하게 고른다. 엿가락이 길거나 짧거나 굵기가 크거나 작거나 무게가 나가나 안 나가나 하는 걸 놓고 자기들끼리 격론을 펼치다 게임을 하는데 주문 같은 걸 외우면서 긴장도를 유지하다 '탁' 하고 꺾는 순간 엿가락 구멍에다가 있는 힘껏 입바람을 불어넣는다. 엿 구멍을 어떡하든지 더 넓게 보이려고 별짓을 다한다. 엿 구멍이 엿

비슷하면 싸움이 벌어지는데 이때 엿장수가 점잖게 나서서 판정을 해 준다. 아주 단순한 게임인데 그걸 보겠다고 아이들은 엿장수 주변을 빙 둘러싸고 까치발을 하며 보려고 애를 쓰고 어른들도 순식간에 머리를 모은다. 좀 유별난 사람은 엿 구멍을 누가 보면 부정 탄다고 얼른 뒤돌아서서 혼자 보다가 타박을 받기도 한다. 승부욕이 강한 사람은 몇 번을 도전한다. 그러다 보니 엿 목판에 꺾어진 엿이 즐비하다. 결국, 꺾어진 엿은 관람객인 우리 아이들의 몫이 된다. 그래서 그렇게도 열심히 관전하고 응원을 했던 모양이다.

　엿장수는 한참 먹고 싶은 아이들에게는 유일한 당분 공급자이고 엿가위로 사람들을 흥겹게 해 주고 집에서 버린 고물을 거두는 '좋은 아저씨'였고 '반가운 할아버지'였다.

　단것을 많이 먹어 이가 썩는 것도 아랑곳하지 않고 때가 줄줄 흐르는 새까만 손가락에 침을 묻혀 엿 목판에 남아 있는 엿 부스러기를 슬쩍 찍어 먹어도 좋았다. 엿치기의 왁자함과 엿장수의 구성진 노랫소리를 이제는 들을 수 없고 볼 수도 없다. 기껏해야 지역 축제 때나 추억의 볼거리로 볼 수 있을까?

　길거리의 엿장수는 더는 보기 힘들지만, 엿은 지금도 끈질긴 생명력을 지니고 이어져 온다.

　"에이~엿이나 먹어라."

　"엿장수 마음대로다."

　그나저나 요즘 아이들이 '엿' 맛을 알까?

유년의 추억 3

뻥튀기

볼거리, 먹을거리, 즐길거리가 별로 없던 시절에 우리를 흥분시키는 일이 있다. 효제초등학교 후문에서 이화동 넘어가는 비교적 큰길가에 어쩌다 한 번씩 '뻥튀기' 장수가 나타난다.

시커먼 무쇠 덩어리 원통 안에 이것저것 곡물을 집어넣고 원통 밑에는 석유 버너로 무쇠를 달군다. 주인이 한참 돌리다가 시계처럼 생긴 무슨 계기판을 보고 다 됐다고 생각되면 원통 입구를 철사망으로 만든 그물주머니와 연결한다. 이때쯤 아이들은 벌써 슬금슬금 뒷걸음을 치며 손가락으로 귀를 막고 잔뜩 겁먹고 긴장된 표정으로 뻥튀기 장수를 쳐다보는데 이때 아저씨는 쇠막대기를 의기양양하게 들고 큰소리로 외친다.

"뻥이여~ 뻥!"

주인이 쇠막대기로 기계의 뚜껑을 열어젖히는 순간 아이들은 눈을 감으며 귀를 막은 손에 더욱 힘을 준다. 드디어 '펑' 소리와 함께 뚜껑이 열림과 동시에 튀겨진 밥풀이 철사망 주머니 속으로 쏟아져 나오며 흰 연기가 눈앞을 가린다. 그러면 쌀을 갖다 맡긴 사람은 자루를 내밀고 몇 배로 커진 하얀 밥풀을 담는다. 주변에서 구경하던 아이들은 이제야 정신을 차리고 흩어진 밥풀을 주워 먹기도 하고 담이 큰 아이들은 아예 철망 안쪽으로 손을 넣어 한 움큼씩 집어 먹기도 한다. 그러다 뻥튀기 장수에게 호되게 야단을 맞기도 하지만 간혹 마음 착한 손님을 만나면 한 움큼씩 나누어 주기도 한다.

금방 튀겨진 것이라 따끈하며 달콤한 맛이 배어 있는 밥풀은 맛이 그만이다. 달콤한 맛이 나는 이유는 무쇠통 안에 쌀과 사카린 같은 감미료를 섞었기 때문이다.

쌀이 귀하던 시절이기에 보리쌀, 강냉이 등을 튀기기도 하는데 우리 같은 아이들은 재료가 뭐가 됐든지 개의치 않고 조금씩 얻어먹는 재미로 뻥튀기 장수를 기다린다.

어떤 집 아이는 집에서 신다 버린 고무신이나 빈 병, 고철 나부랭이를 가져와 한 바가지씩 바꿔 가는데 이때 뻥튀기 장수는 이미 만들어진 밥풀이나 강냉이 등을 준다. 아마 약간의 고물수집상도 겸했던 것 같다. 요즘 말로 '투잡'을 한 셈이다.

이러다 보니 동네에 뻥튀기 장수가 나타나면 집 안에 허접스러운 것들이 남아나질 않는다. 심지어 어떤 친구는 집에서 키우는 강아지를 가져와 바꿔 달라고 했다가 주인한테 볼때기를 쥐어 박히고 울고 간 적도 있다.

잘사는 친구네는 쌀을 몇 됫박씩 가져와 큰 포댓자루로 튀겨 가는데 그게 그렇게 부러울 수 없었다. 그 아이는 다음 날 학교에 어김없이 밥풀을 온 주머니에 잔뜩 넣고 돌아다니며 순식간에 친구들을 '꼬붕'으로 만들어 버린다. 주전부리의 위대함이다. 원래 조막만 한 손으로 한 줌씩 주는데 비위 좋은 친구는 '대빵'이 하사하는 한 줌의 밥풀에 만족하지 않고 두 손을 최대한 크게 벌려 바가지처럼 만든 후 머리를 조아리며 읍소하면 선심 쓰듯 두 줌을 준다.

뻥튀기 장수는 지금도 어지간하면 볼 수 있다. 어쩌다 길거리나 공터,

시골 오일장 같은 곳에 가면 볼 수 있는데 나는 아무리 바빠도 '펑' 소리가 날 때까지 지켜보고 온다. 그러고는 2천 원어치 정도 사서 갓 튀겨진 따뜻한 온기를 느끼며 먹다 보면 왠지 마음이 포근해짐을 느낀다. 그런데 지금은 뭘 먹어도 예전 그 맛이 안 나니 입맛이 변했나? 아니면 감성이 변했나?

만화방

지금의 만화방은 아이들보다는 오히려 성인들의 휴게실처럼 바뀐 것 같다. 예전 만화방 혹은 만화가게는 온통 아이들과 학생들의 차지였다.

어느 동네마다 적어도 한 곳씩은 있게 마련인데 지금처럼 다양한 오락거리가 있는 것도 아니고 골목길에서 놀다 지치면 아이들은 으레 만화방에서 하루를 마감하곤 했다.

대개의 만화방은 아주 허름한 목조 건물에 자리 잡고 있는데 시설은 아주 불량했다. 희미한 알전구 밑에서 삐걱거리는 나무 의자에 촘촘히 둘러앉은 아이들은 제대로 씻지 못해 야릇한 냄새가 나기 마련이고 오래된 책에서 나는 종이 냄새와 섞여 만화방 특유의 냄새가 난다.

만화의 종류는 오래된 옛날 작품과 신작, 무협지나 공상소설, 청춘소설 등의 소설도 함께 비치하는데 만화는 주로 아이들이, 소설류는 주로 중학생 이상의 학생들이 즐겨 읽는다. 주인 쪽에서는 '오뎅'이나 소위 '불량식품' 등을 함께 파는데 이 정도가 되면 비교적 큰 규모이고 대개는 오직 만화만 읽는 공간이다.

나는 만화 자체를 별로 좋아하지 않아 자주 들락거리지는 않았는데 그래도 가끔 친구 따라가는 재미가 있었다. 친구는 옛날 작품 시리즈 만화를 잔뜩 빌려 가지고 구석에 처박혀 '만화 삼매경'에 빠진다. 나는 그 친구의 옆에서 흘깃거리며 같이 보는데 얼마나 보는 속도가 빠른지 책장 넘기는 속도가 눈에 안 보일 정도였다. 아마 그림만 보고 넘기는 것 같았다.

신작 만화는 옛날 작품에 비해 비싼 값으로 빌려 주는데 종이도 깨끗하고 책을 보는 재미가 좋았다. 반면에 옛날 작품 만화는 이런저런 아이들이 워낙 많이 읽어서 표지부터 너덜너덜했다. 주인은 늘 그런 파손된 만화책을 보수하는 게 일이었다.

종이 질이나 인쇄 상태, 디자인도 조악하고 불량했지만 뭔가 읽을 수 있다는 게 큰 재미였던 거 같다. 가끔 동네 여자아이들이 어린 동생을 업고 나와 '순정만화'를 정신없이 읽다가 애가 배고프다고 칭얼대기 시작하면 주변 아이들에게 지청구를 듣는다. 결국, 주인에게 한 소리를 듣지만 아랑곳하지 않고 계속 읽다가 기어코 아이를 찾으러 온 엄마에게 들켜 이끌려 나간다.

내가 만화를 별로 좋아하지 않다 보니 작가가 누구인지 내용이 무엇인지는 지금도 별로 기억에 남는 게 없다. 대신 집에서 아버님이 사다 주신 일본에서 제작하고 우리글로 번역한 교육용 만화는 많이 읽었다. 주로 과학 관련 만화였는데 인체의 신비나 동물의 세계 등 지금도 기억나는 내용이 많다.

만화방에서는 일정한 양의 만화를 보면 주인이 일종의 '쿠폰'을 주는데 이 쿠폰은 바로 텔레비전을 시청할 수 있는 권리였다. 텔레비전이 워낙 귀하던 시절이라 시청할 수 있는 권리는 큰 특혜였다. 아이들이 그렇게 열심히 만화방을 들락거린 게 아마도 텔레비전을 보려고 했던 것 아닐까 싶다.

일정한 양의 쿠폰을 모으면 칸막이가 쳐진 옆방으로 간다. 그 방도 역시 허름한 나무의자에 조그만 소형 흑백텔레비전만 덩그러니 놓여 있는데 마치 극장처럼 앞에서부터 앉아 주인이 텔레비전을 켜기만 기다리고 있다. 이윽고 화면이 나오면 프로레슬링이나 권투 중계 등 스포츠 중계와 서부영화 등이 나온다. 아이들은 화면 내용에 따라 웃기도 하고 울기도 하며 뜨거운 반응을 보인다. 그러다 일정 시간이 지나면 야속한 주인은 아이들을 쫓아낸다. 대단한 권력이었다. 당시 아이 중에는 순전히 텔레비전을 마음껏 볼 수 있다는 이유 하나로 장래의 희망이 만화방 주인이 되고자 하는 친구도 있었다.

가끔 학교에서 단속이 나오기도 한다. 아마 학교에서는 학생들에게 '위해요소'가 있다고 생각해서인지 단속을 나오긴 하지만 크게 뭐라 하지는 않고 일찍 집에 들어가라고만 한다.

만화방 한쪽 음침한 곳에서는 불량기 있어 보이는 '형'들이 몰래 숨어 담배를 피우기도 하고 '이상한 책'을 돌려보며 낄낄거리기도 한다. 신문 등에서 가끔 '불량만화 척결' 등의 어려운 제목으로 사진과 함께 기사가 나오는데 어른들이 어깨에 띠를 두르고 만화를 쌓아 놓은 후 불을 지르는 사진이 나오는데 아마 그런 이유가 아니었을까?

지금은 만화산업 육성이다 뭐다 해서 정책적으로 지원을 해 주고 만화가들을 대우하며 관련 산업을 키우려고 하는데 세월의 변화를 새삼 느낀다.

그 시절 음침하며 뭔가 불량스러운 이미지의 만화방이 양지로 나와 산업으로 육성한다니 대단한 역사의 발전이다.

하긴 나도 서울역에서 열차를 타고 지방으로 가려고 하다 시간이 어정쩡하여 근처 만화방을 가 봤더니 '상전벽해'가 따로 없었다. 마치 고급 휴게실처럼 꾸며 놓고 다양한 손님들이 편하게 앉아 만화를 읽는 모습은 내게 충격으로 다가왔다. 그뿐만 아니라 인터넷이다 모바일이다 뭐다 해서 늘 가까이 만화를 접할 수 있는 시대가 왔으니 옛날 만화를 좋아하던 친구는 지금도 만화방을 다니고 있을까?

# 말뚝박기

그 시절 아이들은 학교가 끝나 집에 오기 무섭게 가방은 냅다 팽개치고 동네 골목길로 뛰쳐나간다. 어머니나 누나, 형들이 뭐라 하지도 않는다. 오히려 집에 있으면 나가 놀라고 어른들이 성화다. 하긴 학원이 있나, 컴퓨터가 있나 좁은 집구석에 있어 봐야 공부 말고는 별로 할 것도 없으니 나갈 수밖에 없다. 집 밖만 나가면 아이들 천지다. 집집이 또래 아이들이 대여섯 명씩은 있게 마련이니까 놀거리는 천지다.

서로가 알아서 나이별로, 남녀별로 짝을 이뤄 놀기 마련인데 계절과 장소 그리고 놀이기구가 있냐 없냐에 따라 다르다.

남자아이들이 별다른 기구 없이 놀기 좋은 것은 '말뚝박기'라는 놀이인데 점잖게는 '목마 타기'라고 하기도 하지만 우리는 상스러운 표현이지만 '좆 박기'라고 불렀다.

우선 '뎬찌'라고 하여 10여 명 정도가 구령에 맞춰 손을 앞으로 낸다. 이때 손바닥과 손등을 낸 아이들끼리 편을 이룬다. 그러고는 양편의 대표가 나와 '짱깨뽀(가위바위보)'를 한다. 이때 진 편이 술래가 되는데 주로 '짱깨뽀'를 잘하든가 또는 힘이 센 대장이 담벼락이나 나무에 등을 기댄다. 그러면 나머지 아이들이 차례대로(대체로 나이 먹은 아이들) 대장의 두 다리 사이에 얼굴을 집어넣고 허리를 수그린다. 계속해서 남은 아이들이 이런 자세로 앞사람의 엉덩이에 얼굴을 파묻는다. 보기가 민망한 자세다.

　이런 모습이 갖춰지면 이긴 편 아이들이 한참 뒤에서 뛰어나와 올라탄다.

　맨 먼저 올라탄 아이와 술래 아이는 '짱깨뽀'를 해서 이기는 팀이 계속 올라탄다. 짓궂은 아이들은 올라타면서 온몸을 다해 '꽝' 하며 올라타는데 아이의 무게에 못 이겨 쓰러지면 '짜부'라 해서 다시 탄다. '짜부' 난 아이는 같은 편 아이들에게 온갖 지청구를 들어야 했다. 물론 짱깨뽀를 해서 진 아이도 같은 편 아이들에게 온갖 욕을 들어야 했기에 짱깨뽀를 할 때는 엄청난 긴장을 한다. 그러다 보니 처음 올라탄 아이는 어떡하든지 시간을 끌어 '짜부'가 나도록 유도한다. 만약 올라탄 아이 중에 누구 하나라도 발끝이 땅에 닿으면 순서가 바뀐다. 올라탄 아이들은 마치 고목에 매미 달라붙듯 등을 꼭 부여잡고 버틴다. 이 놀이를 하려면 인원도 제법 있어야 하고 맨땅에 비교적 넓은 마당이 있어야 하는데 지금은 그런 곳도 없으려니와 우선 아이들도 없다.

　'다마치기(구슬치기)'는 두 명 이상의 아이와 웬만한 공간만 있어도 바로 놀 수 있는 흔한 놀이였다. 땅에 삼각형을 그려 그 안에 구슬을 모아 놓고 구슬을 던져 맞혀서 빼 먹는 놀이는 '알빼기' 또는 '깔빼기'라고 불렀다.

　놀이 방법은 두세 명이 '가위바위보'를 하여 진 사람이 구슬을 던져 놓고, 이긴 사람은 가운뎃손가락 손톱과 엄지손가락 바닥으로 자기 구슬을 퉁겨서 상대 구슬을 삼각형 밖으로 밀쳐 내면 상대 아이의 구슬은 자기 것이 되고 계속할 수 있으나, 실패하면 차례가 바뀌어 상대 아이의 공격을 받는다.

　또 다른 놀이는 땅바닥에 몇 개의 구멍을 파 놓고, 구슬을 퉁겨 차례로

넣는 방법으로, 한 지점에서 구슬을 퉁겨 단번에 넣지 못하면 다음 사람의 차례로 바뀐다. 이렇게 하여 몇 개의 구멍에 구슬을 먼저 넣고 원래 자리에 돌아오는 사람이 이긴다.

우리는 이런 놀이를 '알령구리'라고 부르기도 했는데 구슬치기를 별로 좋아하지 않던 나는 놀이 이름이 가물거린다.

구슬의 종류와 크기도 다양하다. 투명한 유리알, 색이 들어간 색 구슬, 비싸게 쳐 주는 '아이노꼬'라는 색이 다양한 구슬, 쇠 구슬(베어링) 등이 있다. 아이들끼리 등급을 매겨 비싸고 귀한 것과 아닌 것의 가치가 달랐다. 구슬을 많이 가진 아이는 자연스레 친구도 많았다.

구슬치기도 지금 도시에서는 맨땅이 없어 하기 힘들다. 같이 놀아 줄 아이들도 없지만 노는 방법도 잘 모를 것이다.

'딱지치기'는 아이들이 각자 집에서 달력이나 잡지 표지 같은 비교적 두툼한 종이를 접어서 만든다. 이걸로 땅바닥에 놓은 후 상대방 딱지를 세게 내리쳐서 뒤집어지면 따 먹는 놀이다. 이 놀이도 종류와 크기에 따라 등급이 매겨지는데 서로 적당하다고 생각되면 바꾸거나 따 먹을 때 수량이 달라진다. 얼마 후에는 인쇄된 딱지가 나왔는데 인쇄된 별의 숫자나 군대 계급이 있어 서로 동시에 뒤집어 계급이 높거나 숫자가 많으면 따 먹는 놀이다.

이제는 추억의 놀이가 돼 버리고 지금 아이들은 딱지를 접을 수나 있는지 모르겠다.

여자아이들은 주로 고무줄놀이를 한다. 검정 고무줄의 양쪽을 술래가 된 아이가 잡고 그 높이대로 순서별로 노래를 부르며 일정한 동작으로 발목부터 머리끝까지 올라가며 노는 놀이다. 이때 동작이 틀리거나 줄을 잘

못 밟으면 탈락이 되고 나중에 술래가 된다.

　짓궂은 남자아이들이 몰래 여자아이들의 뒤에 가서 고무줄을 끊어 버리면 여자아이들이 마구 소리를 지르며 대든다. 좀 왈왈대는 여자아이는 고무줄을 끊은 남자아이를 쫓아가 싸움이 나기도 한다. 그러다 보니 고무줄을 몇 번씩 이은 흔적이 다반사다.

　조금 머리 굵은 남자아이는 여자아이들이 폴짝폴짝 뛸 때마다 치마가 올라가 속옷이 보이면 뭐라고 놀리기도 한다. 그래서인지 얌전한 여자아이는 폴짝거리며 뛸 때는 손으로 치마를 잡고 뛰기도 한다.

　'공기놀이'도 주로 여자아이들이 모여 논다. 깍두기보다 조금 작은 크기의 다섯 개의 돌을 가지고 일 년부터 꺾기까지 전 과정을 실수 없이 하면 꺾는 공깃돌 숫자만큼 점수가 올라간다. 공깃돌도 종류가 여럿 있는데 아이들이 좋아하는 건 빨간 벽돌을 잘 갈아서 만든 공깃돌이다. 한참 후에 제품으로 나온 공깃돌이 있지만, 예전보다 못하다는 생각이 든다.

　아마 우리나라 여성들이 손재주가 좋은 건 어릴 적부터 공기놀이를 통해 손의 감각을 익혀서라고 나는 지금도 확신한다.

　남자, 여자아이들이 같이 놀 수 있는 놀이도 여럿 있다. 술래잡기, 다방구, 무궁화 꽃이 피었습니다, 사방치기 등이 있다.

　조금 어린 아이들은 술래잡기를 주로 하고 조금 더 큰 아이들은 다방구를 많이 한다.

　다방구는 나무 등에 진을 정한 후 '가위바위보'로 술래를 정하고, 나머지는 모두 달아나서 숨는다. 술래가 숫자를 세어 일정 시간이 지나면 아이들을 찾아내서 붙잡는데, 이때 술래에게 조금이라도 몸이 닿으면 정해진 나무에 줄을 서야 한다. 여러 아이가 잡히면 먼저 잡힌 사람의 손이나 어깨를 잡고 있다. 이때 술래에게 잡히지 않은 아이가 술래 몰래 손을 갖다 대 주면 모두 풀려난다. 이때 뭐라고 하는데 아마 '야도(우리 집이라는 뜻의 일본어)'라고 외쳤던 기억이 난다.

다방구의 어원은 그때는 몰랐으나 성인이 되어 뜻을 찾아보니 '다방구(모두 다 열렸다)라는 일본말로 굳어져 근래까지 이어진 것이라 한다.

'사방치기'는 남녀 아이들이 같이 놀던 놀이인데 평평한 마당에 네모꼴의 금을 긋고 호떡 크기만 한 납작한 돌을 던진 후 이 돌을 한 발로 쳐 다음 선으로 이동해 나가는 놀이이다.

그러나 요사이 어디를 가도 통 이런 놀이를 보기 어렵다. 아이들이 노는 방법을 잊어버렸는지 아니면 같이 놀 친구들이 없는지.

아무래도 내 생각에는 학원을 뺑뺑이 돌고, 컴퓨터 게임에 빠져서 골목이나 마당에서 노는 방법을 잊어버린 것 같다. 그래서 그런지 지금의 아이들이 측은하기만 하다.

자치기

조금 넓은 공터에 아이들의 함성이 왁자하다. '자치기'를 하는 것이다. 긴 막대기와 짧은 막대기 두 개를 이용해서 노는 놀이인데 주로 남자아이들이 한다. 긴 막대기는 대략 30㎝쯤 하고 짧은 막대기는 10㎝쯤 한다. 긴 막대기로 짧은 막대기를 들어 올려 멀리 치는데 미리 몇 자라고 부른다. 대충 어림짐작으로 맞을 것 같으면 인정해 주고 아니면 긴 막대기로 한 자 한 자 잰다. 먼저 치는 아이의 작은 막대기를 상대편 아이가 받으면 공수가 바뀐다.

주로 겨울에 많이 하는데 연신 언 손을 비비며 놀다 보면 머리에서 김이 모락모락 나며 추운 줄도 모르고 논다.

나는 지금도 우리나라 사람들이 골프나 배드민턴 같은 경기에서 세계적 기량을 가진 게 조금도 이상하지 않다. 분명 어릴 적 자치기의 유전인자라고 생각하기 때문이다.

'팽이치기'도 한겨울에 추위를 잊는 놀이다. 추운 겨울에 주로 하는 이유는 팽이를 돌릴 바닥이 매끄러워야 하기 때문이다. 장판 깐 집 안에서 하다가는 뭐가 부서져도 부서지니까 철저한 실외 놀이다. 지금이야 다양한 팽이 제품이 나오지만, 그 당시는 거의 자급자족이다. 드물게 제품으로 나온 것도 있지만, 아이들 용돈으로 사기에는 턱없이 부족하여 어른들이 사 주지 않으면 그림의 떡이다.

  나는 시골 외가에 삼촌들이 여럿 있는데 방학 때가 되면 몇 개씩 만들어서 보내 준다. 호기심 많은 내가 자세히 살펴보면 아주 단단한 나무를 팽이 모양으로 깎아 낸 후 가운데에다 탄두를 박아 넣었다. 나중에 생각해 보니 아마도 카빈총이나 엠원(M1) 소총의 탄두였다는 생각이 든다.

  동네 형들은 큰 팽이를 가지고 자기네끼리 팽이치기를 하며 서로의 팽이를 쪼개기도 한다. 우리 같은 아이들은 그게 재밌기도 하지만 팽이가 아깝다는 생각도 한다.

  '쥐불놀이'는 추석 명절이나 정월 대보름에 주로 하는데 나는 종로6가에 살다 보니 직접 하지는 못하고 구경만 하고 다녔다. 낙산 쪽에 사는 친구들은 명절이면 으레 산 위에서 깡통을 돌린다.

  쥐불놀이하기 위해서는 깡통·철사·잣나무 가지 등 태울 것을 준비해야 한다. 당시에는 깡통과 철사가 모두 귀했기 때문에 재료를 구하기도 쉽지 않았다. 많이 쓰던 깡통으로는 '미제깡통'이 있었다. 철사는 군용 통신선인 '삐삐선'이라는 것을 사용했다. 겉 비닐 껍질을 벗겨 내면 내부의 철사가 대여섯 가닥 정도 꼬여 있는 강선의 형태로 굵기가 볼펜심 정도였다. '삐삐선'은 굵고 튼튼했기 때문에 오랫동안 깡통을 돌려도 불에 타거나 쉬 떨어지지 않았다.

  재료가 준비되면 깡통에 구멍을 낸다. 먼저 깡통의 밑면과 옆면을 못질해 구멍을 냈으며 불이 잘 일어나게 하려고 많은 수의 구멍을 냈다. 다음에는 깡통 위쪽에 철사를 연결하기 위해 깡통 위쪽에 2개의 구멍을 더 뚫어 줬다. 이 구멍에 길이 약 2m 정도의 철사를 반으로 접어 양 끝을 깡통에 연결하였다. 이걸 아이들이 만들기는 어려워 동네 큰 형들이 만드는데 나도 빨리 커서 저걸 만들어야지 하는 생각을 하고는 했다. 그러나 서울 한복판에서 불붙은 깡통을 돌리기가 영 마땅치 않다. 그럼에도 어른들의 눈을 피해 낙산 정상에서 깡통을 돌리거나 보는 재미가 좋았다.

내가 성인이 되어 소위 '영화판'에서 연출부로 일할 때이다. 숲 속 장면인데 갑자기 감독이 '쪼다통'을 가지고 오란다. 나는 '쪼다통'이 뭔지 모르고 소품 담당에게 물어 보니 바로 예전 쥐불놀이를 하던 깡통과 똑같지 않은가. 왜 '쪼다통'이냐고 물어 보니 환상적 분위기를 내기 위한 '스모그 효과(연막 효과)'를 내야 하는데 세상 천하에 누가 흔들고 돌려도 원하는 분위기가 나지 않는다 해서 '쪼다통'이라고 불렸단다.

이제는 소위 '쪼다통'도 컴퓨터 그래픽으로 처리하거나 장비를 가지고 연출하는데 어찌 예전의 어설픈 분위기만도 못한 듯하다.

자치기, 팽이치기, 쥐불놀이 등도 친구들이 있어야 하고 일정 공간이 있어야 하는데 요즘 아이들을 낳기를 하나, 공터라면 아파트 짓기에 골몰한 돈에 눈이 뒤집힌 어른들이 있기에 머지않아 없어질 놀이가 되기 십상이다.

제기차기와 새총

겨울에 주로 하는 사내아이들의 놀이 중 '제기차기'가 있다. 제기는 엽전 모양의 구멍 뚫린 쇠붙이를 이용하여 종이 혹은 비닐로 만든다. 문방구에서 제품으로 팔기도 했다. 노는 방법은 '땅강아지'라고 해서 한 발은 땅을 딛고 다른 발은 땅에 댔다 뗐다 하면서 발 안쪽 모서리로 차는데 제기차기의 기본이다. '헐렁이'는 차는 발이 땅에 닿지 않고 계속 차는데 조금 난도가 있어 아무나 못 찬다. '양발 차기'가 있는데 우리는 상스럽게도 '의지 자지'라 불렀다. 양발을 번갈아 가며 차는데 놀이 시작할 때 처음부터 횟수를 순서대로 정하고 했다. 나는 이상하게 제기를 잘 못해 늘 '쫑'을 당했다. '쫑'은 일종의 술래다.

동네 여자아이 중에 제기를 참 잘 차는 아이가 있었다. 나하고 편을 이루면 인상부터 쓰며 싫은 기색이 역력하였다. 지금은 할머니가 돼 있겠지만 아직도 제기를 잘 차는지 궁금하다.

그래도 다행스러운 건 요즘 아이들도 제기를 찰 줄 알고 놀 줄 안다는 게 그나마 다행이다.

대나무로 '활'을 만들어 놀기도 했다. 누군가 쓰다 버린 대나무 우산대를 가지고 4분의 1로 자른 후 튼튼한 실로 양쪽 끝을 묶은 후 잡아당기면 대나무의 탄성을 이용한 훌륭한 놀이기구가 된다. 주로 골목길에서 '전쟁

놀이'를 할 때의 '주 무기'였다.

여기에 빠질 수 없는 무기가 또 있으니 '새총'이었다. Y자 형태의 나무를 찾아 잘 다듬은 후 튼튼한 노란 고무줄로 벌어진 나무 양쪽을 묶고 어머니가 쓰다 버리신 '가죽 골무'를 잘라 구멍을 낸 후 고무줄에 묶으면 역시 훌륭한 '무기'가 된다. 새총에 사용되는 '실탄'은 작은 돌멩이를 쓰거나 공기놀이하는 여동생의 공깃돌을 훔쳐 놀다가 동생이 떼를 쓰며 울면 어머니에게 야단을 맞기도 했다. 동네 골목길에서 잘못해서 유리창을 깨기도 하여 어른들에게 혼이 나기도 했다.

여름에는 '물총'을 갖고 놀기도 하는데 대나무 마디와 마디 사이를 자른 후 한쪽 마디는 작은 구멍을 뚫어 물이 배출되도록 하고 뚫린 마디 쪽에 가늘고 긴 대나무 끝을 헝겊 등으로 감은 후 이를 피스톤 삼아 상대방에게 물을 쏜다. 여유가 있는 집 아이들은 문방구나 장난감 가게에서 고무로 만든 권총처럼 생긴 물총을 사서 자랑을 한다.

요즘 아이들이 아는지 모르지만 '탱크'라는 장난감이 있다. 주로 초등학교 고학년이나 중학생 형이 있는 집에서 만들어 주는데 집에서 쓰던 나무 '실패' 가운데다 양초를 꽉 낀 후 양초 구멍 사이에 노란 고무줄을 집어넣고 그 끝에 나무젓가락을 감아 한참 돌린 후 바닥에 내려놓으면 고무줄이 풀리며 실패를 앞으로 나가게 한다. 서로 누가 멀리 가나 경쟁도 하는데 실이 잔뜩 감겨 있는 멀쩡한 실패의 실을 다 풀고 만들다 어머니에게 혼이 나기도 한다.

그 시절에는 적응력이 참 뛰어났던 것 같다. 추우면 추운 대로 더우면 더운 대로 집 안이나 바깥이나 가리지 않고 동네 아이들과 함께 열심히 뛰어놀아도 감기 한 번 안 걸리고 씩씩하게 자랐는데 지금 아이들은 그렇지 못하니 내 생각에는 아무래도 부모의 문제가 더 크다고 생각된다.

요지경

'요지경'을 아시는가? 아마 요즘 사람들은 뭔가 알쏭달쏭하고 이해하기 어려울 때 요지경이라는 말을 많이 쓴다. 오죽하면 〈세상은 요지경〉이라는 대중가요까지 나왔을까 싶다. 그러나 내가 아는 요지경은 유년의 추억에 머물러 있다. 소풍을 가거나 드물게 부모님을 따라 유원지에 놀러 가면 어김없이 나무 그늘에는 요지경장수가 자리 잡고 있다.

요지경 혹은 만화경은 아이 얼굴 크기만 한 원형 혹은 사각의 플라스틱 장치인데 그 안에 컬러 슬라이드 필름을 넣고 기계 옆에 달린 손잡이를 올리거나 내리면 안에서 호떡 크기만 한 원형 슬라이드 필름이 돌아간다. 이를 마치 망원경 보듯이 두 눈을 통해 보면 그야말로 '요지경'의 세상이 눈앞에 펼쳐진다.

필름은 보통 열다섯 커트 정도로 구성돼 있고 엄지손톱보다 조금 작은 사각 필름을 두툼한 원형 종이에 끼워 놓은 형태다.

내용은 주로 세계의 풍경과 도시 등인데 말로만 들은 외국의 풍경이 총천연색으로 펼쳐지면 입이 다물어지지 않는다. 간혹 외국 해변에서 비키니를 입은 성숙한 여인이 보일라치면 입속에 침이 꼴깍 넘어간다.

정신없이 보다가 시간이 되면 주인은 야속하게 요지경을 뺏어 간다.

가끔 요지경장수 주위를 어슬렁거리는 '더벅머리'가 있는데 주인이 슬쩍 눈길을 주며 가방 속 깊숙한 곳에서 겉표지가 없는 필름을 전해 준다. 그러면 더벅머리는 얼른 받아 요지경 기계와 함께 다소 떨어진 곳에서 주위를 두리번거리며 요지경을 본다. 당시의 내 생각은 아이들이 봐서는 안 되는 '뭔가 중요한' 내용이라 짐작되지만 아마도 '도색필름'이 아니었나 싶다. 그야말로 '요지경'이다.

한여름. 사람이 많이 모이는 넓은 장소나 유원지 등에서는 '물방개' 놀이를 많이 한다. 자전거 짐칸에다가 지름 약 60㎝, 높이 약 20㎝의 함석으로 만든 원형 물통을 싣고 다닌다. 이 물통 위에는 약 5㎝ 정도를 밖으로 펴낸 후 그 위에는 여러 지명이나 동물 이름 등을 적은 판이 있고 원통 밑에는 약 5㎝ 간격으로 함석을 빗살처럼 이어 붙였다. 원통 바닥 중심에는 조그만 원통이 또 있는데 그 안에는 '물방개'를 넣어 둔다.

아이들은 돈을 내고 자기가 걸고자 하는 방향에 따라 함석 위 판을 지목한다. 가령 부산을 지목하면 물방개장수는 원형 물통 가운데 있는 물방개를 주걱 같은 걸로 꺼내어 물통 가운데에 놔 둔다. 그러면 물방개는 이리저리 방향을 잡다 아무 곳이나 간다. 만약 이때 자기가 지목한 쪽으로 오면 다양한 상품을 가져간다. 그러나 어디 물방개가 말을 듣나? 올 듯 올 듯하다가 결국 엉뚱한 방향으로 가고 만다. 그때의 낭패감이란….

몇 번 하다가 돈을 다 잃고 나서 오기가 생겨 집에도 안 가고 남이 하는 걸 유심히 관찰하는데 남들은 잘만 따 간다. 결국, 어둑해질 때까지 안 가고 버티면 물방개장수가 '미루꾸'(캐러멜)라도 한 갑 손에 쥐여 준다.

새점과 뽑기

　동대문 기동차 종점 앞에 매일 나와 앉아 있는 '새점 할머니'가 계시다. 머리에는 하얀 광목으로 만든 머릿수건을 쓰고 조그만 새장을 앞에 두고는 늘 졸고 있는데 가끔 지나가는 손님이 앞에 앉아 흥정하면 화들짝 놀라 잠이 깬다. 그러고는 새장 문을 살짝 열면 안에 있는 이름 모를 새가 총총거리고 뛰어나와서는 문 입구에 있는 종이 하나를 부리로 콕 쪼아 낸다. 건네받은 손님이 껌 종이처럼 만든 갱지를 펴서 읽다 보면 안색이 좋아지기도 하고 안 좋아지기도 한다.

　주로 어른들이 많이 하는데 미래에 대한 궁금증에 나도 어리지만 두어 번 해 봤다. 조심스레 펴서 보면 사실 내용은 별거 아니었다. 나는 그것보다는 새가 도망가지 않고 '콕' 하고 종이를 찍어 내는 게 정작 신기했다. 나는 새가 이리저리 다니면서 '간'을 보면 혹시 날아가지 않을까 하는 조바심에 괜히 입술이 바짝 마르기도 했다.

　성인이 되어 곰곰이 생각해 보면 모이와 물로 훈련하고, 아니면 새의 날갯죽지를 일부러 부러뜨렸다는 의심을 지울 수 없다.

　시대가 시대이니만큼 많은 사람이 미래에 대한 불안과 당시의 상황이 좋지 않다 보니 한갓 '새'한테 운명을 점쳐 보지 않았나 하는 생각이다.

　'뽑기'가 있다. 학교 주변에 조그만 손수레를 개조하여 번데기나 조잡

한 물건을 진열해 놓고 뽑기를 한다. 번데기의 구수한 냄새와 몇 가지 물건에 현혹되어 돈을 내고 뽑기를 하는데 뽑기 판은 큰 쟁반처럼 생긴 두툼한 종이에다가 이리저리 선을 긋고 원 끝에는 서울, 부산, 대구 등 지명이 적혀 있거나 1원, 2원, 5원 등 금액이 적혀 있기도 하고 번데기 두 봉 등 부피가 적혀 있기도 하다.

 뽑기를 하는 아이는 일정한 돈을 내고 화살을 받는데 볼펜 크기만 하고 끝에는 쇠침이 박혀 있다. 다른 끝에는 새의 깃털로 장식되어 있다. 주인이 원판을 세게 돌리면 아이는 요리조리 가늠한 후에 원판을 향해 화살을 힘껏 내리꽂는다. 이때 자기가 원하는 것이 나오면 환호를 하지만 그렇지 못하면 실망감이 역력하다. 그러나 손님에게 유리한 것은 간격이 아주 좁고 주인에게 유리한 것은 간격이 크다. 그러니 확률적으로도 늘 주인이 이기게 돼 있다. 그래도 혹시나 하는 마음에 호기롭게 도전하지만 아이는 늘 절대적으로 불리하다. 드물게 큰 게 터져 주면(?) 구경하던 주변 사람 모두가 마치 자기 일인 양 기뻐한다. 아마 늘 주인에게 진 사람들의 보상심리일 것이다. 그러나 그런 일은 여간해선 나오지 않기에 거의 볼일이 없다.

 나는 지금 생각해도 주인이 원판 밑 확률이 적은 곳에는 화살이 박히지 않도록 철판 같은 걸 대 놓지 않았나 하는 생각이 든다. 왜냐하면, 가끔은 화살이 한 번에 안 박히고 튕겨 나오기 때문이다.

 지금 이런 풍경은 지역 축제에서나 어른들을 상대로 한다. 술이 한잔 얼큰하게 오른 어른들은 아마 예전의 추억을 생각하며 열심히 화살을 날리지만 역시 주인이 이긴다. 그러나 뽑기에 져도 그 시절로 다시 갈 수만 있으면 몇 푼 잃는 게 그리 대수겠는가? 이참에 다트 게임기 하나 장만하여 열심히 연습하면 "뽑기"에 성공할까?

목마와 관람차

돈이 조금 들어가는 놀이가 있다. 아이들에게 '용돈'이라는 개념이 거의 없던 시절이지만 그래도 주머니 속에는 동전 몇 푼이라도 있게 마련이다.

제법 넓은 공터에 늘 오는 '목마 할아버지'가 있다. 진한 평안도 사투리를 쓰던 할아버지인데 낡은 손수레를 개조하여 7~8개의 나무로 만든 목마를 설치하였다. 손수레 위에는 햇볕을 막기 위한 비닐을 지붕처럼 만들고 여기저기 칠이 벗겨진 낡은 목마 다리 밑 네 곳을 스프링으로 연결해 아이가 앉아 스스로 뛰면 위아래로 목마가 흔들거린다. 녹이 슬어 여기저기서 삐걱거리는 소음이 난다. 할아버지는 아이가 한 번 타고 내리면 재봉틀 기름 같은 걸로 스프링을 적시며 '보수'를 한다.

아직 초등학교에 입학하지 못했거나 갓 입학한 1, 2학년 정도의 아이들이 타고 노는데 어린아이들은 부모가 나와 돈을 치르고 자기 아이가 타는 모습을 지켜본다. 일정한 시간 동안 타고 놀았다 생각되면 할아버지가 내려 주기도 하고 내려오라고도 한다. 아이들이 타기 전에 할아버지가 꼭 학년을 물어 보는데 조금 큰 아이는 학년을 속이고 타기도 한다. 이때 좀 몸집이 큰 아이가 타면 유달리 목마가 푹 꺼지며 스프링이 거친 쇳소리를 내기도 한다. 할아버지는 그 아이에게 다가가 역정을 내며 빨리 내려오라고 한다.

아이들 손님이 없으면 평안도 할아버지는 밀짚모자를 푹 눌러쓰고 낮잠을 자기도 하는데 한참 자다가 깨어나 주위를 두리번거리다 아이들이 없음을 알고 다시 잠이 든다. 손님이 없어 정 안 되겠다 싶으면 멀찍이서 구경하던 아이에게 그냥 태워 줄 테니 오라고 한다. 아마 일종의 '마케팅'이었던 모양이다.

내가 동생들을 데리고 놀면서 목마 주위를 어슬렁거리면 나를 슬쩍 불러 강한 평안도 악센트로 너의 아버지와 나는 한 고향 사람이니 언제든지 이야기하면 공짜로 태워 준다고 했다. 가끔 '고향 할아버지' 덕을 보긴 했다.

집에서 목마 할아버지 이야기를 했더니 아버님이 한번 나오시어 두 분이 인사를 반갑게 나눈 적이 있다. '38 따라지'의 설움을 두 분이 공유하신 거다. 덕분에 내 동생들은 목마를 원 없이 타고 '고향 할아버지'는 가끔 우리 집에 오시어 식사하시곤 했다.

세월이 조금 더 흘러서는 목마가 세련돼졌다. 평안도 할아버지는 어느 날부터 안 보이고 조금 젊은 아저씨가 '신형 목마'를 가지고 나타났다. 손수레도 새것인 데다 무엇보다 나무로 만든 목마가 아닌 예쁜 색깔의 플라스틱 목마였다. 스프링도 튼튼해졌는지 몸집이 좀 나간다 싶은 아이도 태워 주는데 위아래로 잘도 출렁거렸다.

'관람차'도 있다. 손수레에다 원형 관람석을 만들어 빙글빙글 돌리면 위로 천천히 올라갔다가 다시 아래로 천천히 내려오는데 크기는 4세에서 7세 정도의 미취학 아이들이 탔다. 나는 이미 학교에 다니고 있어 탈 자격이 안 되고 동생들을 데리고 다니며 태우곤 했다.

관람차 문 옆에는 미국, 일본, 영국 등 여러 나라의 국명이 적혀 있는데 아이들이 타면서 세계여행을 흠뻑 하는 것이다. 관람차 손수레 옆으로는 길게 만국기를 걸어 놓기도 했다. 주인은 손수레 손잡이 쪽에 앉을 곳을 만들어 양발을 이용해 페달을 열심히 밟는다. 아무리 어린아이들이지만 놀이기구 자체의 무게도 있으려니와 관람차가 만석이 되면 땀을 비지같이 흘리며 목에 건 수건으로 연신 땀을 닦아 낸다. 보통 10여 회 정도 돌리는데, 너무 힘이 들어 두어 바퀴를 생략하려면 같이 온 부모가 옆에서 숫자를 세고 있다가 아직 덜 했다고 뭐라 한다. 주인은 연신 입을 씰룩거리며 양발에 힘을 주어 횟수를 채운다. 돈 벌기 쉽지 않다.

지금은 이런 목마나 관람차를 보기가 너무 어렵다. 아주 드물게 보는데 어찌나 반가운지 주인 아저씨에게 고마움을 느낄 정도다. 하기야 공터가 있나 아이들이 있나 눈뜨면 어린이집으로 유치원으로 학교로 학원으로 아이들이 뺑뺑이를 도니 도대체 건물 바깥에서 놀 일이 없어졌다. 이제는 학교 운동장에서조차 흙을 밟을 일이 거의 없으니 요즘 아이들을 보면 안 됐다는 생각이 먼저 든다.

관람차를 타며 세계 각국을 보던 꿈을 인터넷으로 대치하는 세상에 자꾸 아날로그적 시절이 그리워지는 건 뭘까?

영화를 보다(1)

　내가 최초로 영화를 본 것은 언제인지 무슨 영화를 봤는지는 지금 기억이 가물가물하다. 하지만 분명 기억에 남는 영화는 있다. 바로 '서부영화'다.
　동네에 친하게 지내는 '김창완'이라는 형이 하나 있었다. 창완인지 창환인지는 기억이 가물거린다. 나보다 다섯 살 위인 동네 형은 이상하게 또래의 친구들하고 지내지 않고 꼭 나를 데리고 잘 놀았다. 내가 초등학교 2학년 때인 1966년에 이미 형은 미아리에 있는 고명중학교 1학년이었다.
　어느 날 형이 집에 오더니 영화를 보러 가자고 한다. 형을 따라간 곳은 동대문운동장을 지나 을지로 입구에 있던 '계림극장'이었다. 당시 계림극장은 이류극장이었다. 우리는 처음 개봉을 하면 일류극장, 재개봉관은 이류극장, 동시 상영하는 곳은 삼류극장이라고 나름대로 분류를 하고 있었다. 신작이 아니고 옛날 작품을 상영하다 보니 푯값도 싸고 시설도 그리 나쁘지는 않았다.
　문제는 입장료였는데 창완 형은 학생 표로 할인받고 나는 연소자로 무료입장을 하려다 극장 '기도(문지기)'에게 걸려 쫓겨났다. 고민에 빠진 형은 잠시 후 나를 둘러업었다. 그러고는 나보고 최대한 어린이처럼 굴어야 한다고 하고 다시 입장을 시도했다. 그러나 중학교 1학년 까까머리 학생이 초등학교 2학년 아이를 업고 미취학 아이인 것처럼 해서 극장에 들어가는 모습이 얼마나 어색했겠는가. 조금 전에 본 극장 기도가 떡하니 버티고 서 있는데 거길 통과하기가 여간 조마조마한 게 아니었다. 나는 형의 등에 한 마리 매미처럼 착 달라붙어 고개를 숙였다. 극장 기도는 고개를 갸우뚱하더니 통과시켜 주었다. 입장에 성공한 것이다.

그렇게 군사 작전하듯이 들어가 본 영화는 '서부영화'였는데 제목은 〈황야의 무법자〉로 기억이 나지만 정확하지는 않다.

이윽고 들어간 극장 안은 처음 보는 대형 스크린에 총천연색 화면으로 그 자체가 감동이었다. 서부영화의 이야기는 뻔한 법. 그럼에도 화면에서 눈을 못 떼고 정신없이 영화를 보았다.

다음 날 학교에 가서 온종일 아이들을 붙잡고 어제 본 영화에 대한 '변사' 역할을 영화보다 더 실감 나게 하여 친구들을 감동케 했다.

두 번째 본 영화는 지금은 없어졌지만, 광화문에 있었던 국제극장이었다.

이윤복이라는 학생이 쓴 수기를 영화로 만든 〈저 하늘에도 슬픔이〉라는 멜로 영화였다. 지금 식으로 영화를 분류하면 '리얼 다큐드라마'라고 할까? 흥행도 됐고 많은 사람의 눈물을 자아낸 '최루탄 영화'였다. 나는 이 영화를 어머니와 함께 '일류극장'인 국제극장에서 관람하였다. 사람들이 많아 한참 줄을 서야 했고 여자 어른들은 입장도 하기 전에 이야기하며 손수건으로 눈가를 훔쳤다. 이미 울 준비를 단단히 하고 들어가는 것이다.

영화가 시작되자마자 바로 객석 여기저기서 훌쩍거리는 소리가 들린다. 훌쩍거리는 소리는 영화가 중반으로 넘어가면서 거의 울음 수준이었다. 나중에는 관객들이 울러 왔는지 영화를 보러 왔는지조차 모를 정도로 모든 객석이 눈물바다였다. 관람에 방해될 정도였다. 어느 아주머니는 아예 앞 의자에 얼굴을 묻고 통곡수준의 울음을 터트리는데 눈물이 전염성이 있어서인지 앞뒤 할 것 없이 극장 안이 온통 울음바다다.

이상한 건 나는 울지 않았다는 것이다. 어린 녀석이 울지도 않고 영화를 보니까 나중에 어머니가 '너는 눈물도 없느냐'라고 하실 정도였다. 영화가 끝난 후 나오는 관객들의 눈두덩은 한결같이 퉁퉁 부어 있었다. 나는 이 영화를 보고 언젠가는 나도 저런 영화를 만들어야지 했던 게 결국 다큐멘터리 감독으로 밥을 먹고살 줄이야 누가 알았겠는가.

어릴 적의 충격과 기억이 대단하긴 하다.

그런데 문제는 최루탄 영화를 보면서도 울지 않았던 내가 이제는 텔레비전을 보면서 훌쩍거리는 일이 잦아진 것이다. 아이러니다. 나이를 먹어서 눈물이 많아졌나?

영화를 보다(2)

이후에는 종로6가에서 5가 쪽 시장 뒤 동대문극장, 종로5가와 4가 사이에 있던 한일극장 등이 나의 단골 극장이었다. 소위 '일류극장'인 대한, 명보, 국제, 국도, 스카라, 단성사, 피카디리 등은 시설도 좋고 영화도 좋았지만 나에게는 비싼 극장이고 재개봉을 하는 '이류극장'도 그런대로 볼 만했다. 문제는 '삼류극장'이었다. 입장료가 싸고 두 편을 볼 수 있기에 돈 없는 서민들이나 학생들이 주로 다녔고 실업자들이 온종일 시간을 보내려고 많이들 왔다. 그러나 갈 곳은 못 됐다.

우선 너무 지저분해서 곳곳에 오줌 지린내가 진동하고 담배 연기가 스크린을 덮을 정도였다. 화면은 얼마나 영사기에 돌렸는지 비가 줄줄 오고 음향도 뭔 소리인지 잘 모를 정도다. 수시로 필름이 끊어지는데 이때면 관객들의 휘파람 소리가 요란했다.

통로 사이에서는 매점에서 일하는 학생이나 아가씨들이 물건을 강매하기도 하고 특히 가난했기에 삼류극장에서라도 연애(?)하려고 오는 데이트족에게는 끈질기게 오징어 등을 팔았다.

당시에는 영화관에 출입하는 학생을 적발하기 위해 극장마다 생활지도교사가 단속했고, 극장관람석을 한눈에 살필 수 있는 뒤쪽 높은 곳에는 경찰관용 임검석이 따로 설치돼 있었다. 학생들은 공식적으로 학교의 허락을 받지 않고는 영화관에 출입하는 건 엄두도 못 내던 시절이었다. 나도 가끔 중학교나 고등학교 다니는 형들이 단체로 관람하는 건 몇 번 봤다.

'임검석'은 말 자체가 아주 위압적이다. 일제강점하부터 있던 악습으로 영화나 공연에 대한 검열과 감시를 하기 위한 공간이 오랫동안 자리 잡고 있었다. 가끔 정복 경찰이나 사복 경찰이 와서 쉬었다(?) 가는 모습은 몇 번 보기는 했다. 독재 국가에서 흔히 보는 문화 검열이다.

지금은 없어졌지만, 당시에는 본영화가 상영되기 전 반드시 봐야 하는 영화가 두 편이 있었다. 바로 '대한뉴스'와 '문화영화'였다. 두 편은 강제 사항이기에 대한민국 어느 극장에서도 반드시 봐야 하는 영화였다. 한 주간의 정부 시책을 홍보하는 '대한뉴스'와 국민 계몽을 목적으로 하는 '문화영화'는 당시 '국립영화제작소'의 '작품'이었다. 60년대에는 아직 〈애국가〉는 상영하지 않을 때였다. 극장주 처지에서는 아까운 상영 시간에 '이상한' 영화를 트는 게 속이 상하지만 어쩔 수 없었다.

파월장병들의 소식을 전하는 〈월남전선〉이라는 영화도 있었다. 베트남에 파병된 주월한국군 장병들의 활약상을 선전하는데 만들어 찍은 냄새가 어린 내가 봐도 티가 났다. 연출력의 부재인가? 정부의 간섭인가? 이런 영화들이 보기 싫은 사람들은 본영화 상영을 알리는 종소리나 벨 소리를 듣고 입장하기도 했다.

당시 정부는 영화라는 매체를 가장 적절하게 활용하여 정권을 홍보하고 국민들을 통제하며 일깨우고자 했다.

문화영화의 주요 소재로는 국민들의 의식을 바꾸고자 하는 교육적 내용으로 만든 다큐멘터리나 단막극 형태였으며 반공방첩을 주제로 하여 대국민 반공의식을 고취하기도 했으며 간혹 미담이나 성공사례 등을 소개하기도 했다.

　지금 시대야 이런 유의 영화를 만들지도 않겠지만, 만약 영화를 만들어 영화관에서 강제로 상영하게 한다면 엄청난 저항에 부딪칠 것이다. 아마 전 세계의 조롱거리가 되지 않을까?

　그런데 왜 그 시절에는 저항하지 못했을까? 군사독재정권의 무서움이다. 말 한마디 잘못 했다간 쥐도 새도 모르게 잡혀가 고문을 당하며 없는 죄도 만들어지는 암흑의 시대였기에 꼼짝없이 숨도 제대로 못 쉬고 살았던 시대의 비극이었다.

　나한테 미취학 아동임을 연기시키며 처음 영화를 보여 준 창완 형은 뭐 하고 살고 있나 갑자기 궁금해진다. '계림극장'은 이미 헐리고 없는데….

서커스

'기동차' 종점이 동대문에 있었다. 오래전에 없어져 지금은 동대문호텔이 들어섰는데 기동차가 없어지고 한동안 종점은 공터로 남아 있었다. 어느 날 그 공터에 '서커스단'이 들어와 공연했다. 볼거리가 거의 없던 시절에 '서커스'라는 볼거리는 남녀노소 모두에게 재미있는 볼거리를 제공했다.

하루는 어머니를 따라 공연을 보러 갔다. 커다란 총천연색 비닐 천막을 사방으로 두르고 하늘 높이 장대를 세워 가설무대를 높이 세웠다. 마치 몽골의 전통가옥인 '게르'를 수십 배 크기로 만들어 놓은 것 같았다. 하늘에는 만국기가 휘날리고 천막 바깥쪽에는 호랑이, 코끼리, 원숭이 등 동물들이 우리에 갇혀 있다. 판자로 얼기설기 엮은 집에는 서커스 단원들이 사는지 여러 살림살이가 빨랫줄 사이로 보였다.

입장료를 내고 들어간 천막 안은 전면에 무대가 있고 무대 위에는 공중그네를 비롯해 다양한 서커스 도구와 소품들이 있고 무대 바로 앞에는 가마니를 깔아 자리를 만들었다. 가마니 자리 뒤에는 나무 의자와 접이식 철제 의자가 이리저리 흩어져 있었다.

잠시 후 악단원이 먼저 들어와 자리를 잡고 앉자마자 곡을 연주하기 시작했다. 단원이 몇 명 되지도 않는데 소리는 요란하다. 뭔지 모르는 연주곡이 끝나자마자 멋지게 차려입은 남자 사회자가 등장하는데 관객들은 누군지도 모르며 열렬하게 손뼉을 쳐 댄다. 나도 주변 사람들처럼 손이 아프도록 손뼉을 치는데 아마 관객들은 입장료가 아깝지 않게끔 멋진 공연을 보여 달라는 부탁의 박수였을 것이다.

사회자는 상투적인 몇 마디 우스갯소리를 하더니,

"방금 동남아 순회공연을 마치고 이제 막 돌아온 인기가수 아무개~~~를 소개합니다."

라는 멘트를 날린다.

당시에는 월남전이 한창인지라 많은 연예인이 월남을 비롯하여 동남아 공연을 다닌 건 사실인데 '서커스' 공연까지 동남아 순회공연 운운한 것은 많은 과장이었다. 그래도 관객들은 아랑곳하지 않고 동남아든 아프리카든 개의치 않았다.

이윽고 등장한 여자가수는 짙은 화장을 하고 팬티가 보일 듯 말 듯한 짧은 미니스커트를 입고 등장했다. 젊은 총각들은 휘파람을 부르며 발을 구른다. 순간 비닐 천막 안이 후끈 달아오르는데 악단의 반주에 맞춰 노래를 시작한다. 노래 솜씨는 어린 내가 봐도 그다지 실력이 있어 보이지는 않는데 요즘 유행하는 댄스 가스처럼 관능적인 춤으로 관객들을 녹이고 있다. 동네 젊은 남자들은 거의 쓰러질 지경이다. 여가수는 한바탕 천막 안을 휘저어 놓은 후 퇴장하고 이어 등장한 남자 가수는 반대로 젊은 처녀들을 기절시켰다. 일단 노래로 관객들의 넋을 빼놓은 후 본격적으로 '서커스'가 시작되는데 '공중그네', '줄타기', '통 굴리기', '불 쇼', '칼 던지기' '마술' 등등으로 관객들의 손바닥을 땀으로 젖게 만들었다.

다음으로는 온갖 동물 쇼가 진행되는데 제일 재미있는 건 원숭이가 조련사나 관객을 놀려먹는 거였다. 관객들은 박장대소를 하며 즐거워하는데 원숭이가 관객 중 모자를 쓴 사람이 있으면 모자를 빼앗고 모자를 뺏긴 관객은 돈을 원숭이에게 주면 모자를 찾을 수 있었다. 사람들은 깔깔거리며 웃고 돈을 준 관객도 같이 웃으며 즐거워한다.

공연 사이 막간을 이용해 서커스 공연에 출연했던 단원들이 관객 사이를 다니며 출연자가 나온 사진이나 주전부리를 팔기도 했다. 성인 여자 단원들은 몸이 다 비치는 야한 옷을 입고 주로 젊은 남자들을 상대로 물건을 팔고 어린아이들은 나이 먹은 사람들에게 가 물건을 팔았다. 나이가 든 관객들은 공연을 볼 때는 몰랐는데 막상 어린 단원을 가까이서 보면 혀를 끌끌 차고 안됐는지 쌈짓돈을 꺼내 물건을 사 준다.

정확히 언제인지는 기억이 가물거리지만 60년대 중반 '서독서커스단'이 장충체육관에서 내한공연을 했다. 이날은 아버지를 비롯해 우리 집 식구가 전부 관람을 했다. 한국의 '서커스'와는 차원이 달랐다. 공중에서 외줄로 오토바이를 타며 관객들의 애간장을 태우지 않나 묘기, 동물, 마술 등 모든 게 새롭고 신기했다. 공연 내내 관객들의 탄성과 감탄을 자아냈던 '서독서커스단'은 한국 사람들에게 깊은 인상을 심어 주었다.

동네 '서커스'부터 외국의 고급 '서커스'까지 두루 본 나는 서울 종로에서 태어나고 산 덕을 톡톡히 본 셈이다. 지방 출신 또래를 만나 이야기를 나누다 보면 평생 '서커스'를 한 번도 못 본 사람도 수두룩이었다. 어쩌다 면사무소 앞마당에서 밤에 '활동사진'을 본 게 전부라고 했으니 서울내기의 문화적 우월함이 내심 내 마음속에 자리 잡고 있었다.

지금은 반대이지만 말이다.

영화 촬영 현장

당시에는 볼거리가 많지 않다 보니 조금만 신기하거나 재미가 있으면 수많은 사람이 구경을 했다.

내가 살던 종로6가 이대부속병원에 어느 날 영화 촬영팀이 들이닥쳤다. 그런데 생각보단 단출했다. 남자 배우 두 명과 감독, 촬영기사, 조명, 제작부장만 보인다. 아마 '보충촬영'인지 모르겠지만 뜻밖에 스텝들이 적었다. 영국제 '오스틴' 트럭에(나중에 내가 영화를 하며 선배들에게 들은 이야기) 카메라나 조명 장비를 싣고 왔는데 사람들은 어떻게 왔는지 모르겠다.

영화 제목은 〈수탉 같은 사나이〉였다. 이렇게 영화 제목이 지금도 기억나는 이유는 트럭 적재함 천막에 흰 페인트로 〈수탉 같은 사나이〉라고 적혀 있고 조명부원의 '리플렉터(흔히 레프라고 한다)' 뒷면에 역시 흰색 페인트로 〈수탉 같은 사나이〉라고 적혀 있어 지금도 기억하고 있다. 반사판은 크기가 전지만 하며 두툼한 캔버스 천을 각목으로 두른 후 전면에는 은박지로 발라 빛을 반사하게끔 만든 장치이다. 그 뒷면에 영화 제목을 적은 것이다. 지금 말하면 영화 제목을 널리 알리려고 하는 일종의 '마케팅'인 셈이다. 지금은 고인이 된 최남현 씨와 누군지는 모르지만, 또 한 명의 남자 배우가 병원을 배경으로 서서 대화를 나누는 짧은 장면이었다. 병원 입구에서는 벌써 사람들이 모여들기 시작하며 구경을 하기 시작했다. 나는 병원에 사는 특혜로 가장 가까운 곳에서 촬영 현장을 감상했는데 참 시시했다. 조감독이 카메라 옆에 바짝 붙어 서서 대본을 읽어 주는데 배우는 불러 주는 대사를 그냥 입으로만 달싹거리며 따라 한다. 감독은 심각한 표정으로 배우를 보다가 '엔지(NG)' 하더니 다시 시작한다. 두 번째 촬영은 무난히 끝났다. 감독이 만족한 표정으로 '오케이(OK)' 하더니 순식간에 철수해 버린다. 어린 내가 봐도 손들이 엄청나게 빠르다. 병원 입구에서 사람들이 구경을 하려고 마음의 준비를 하다가 순식간에 가 버리는 스텝들을 보며,

"에이 시시하구먼."

하며 뭔가 신나는 구경거리를 놓친 아쉬움의 발길을 돌린다. 제작부장은 병원 경비아저씨를 불러 점퍼 주머니에서 흰 봉투를 하나 꺼내더니 눈을 깜박이고는 잽싸게 바지 뒷주머니에 찔러 준다. 경비 아저씨는 당연하다는 듯 흰 봉투를 받아 챙기고는 영화 잘되라고 덕담까지 한다. 지금 말하면 장소 사용료인 셈이다.

또 한 번의 영화 촬영 현장을 볼 기회가 있었다. 학교에서 소풍을 창경원(당시에는 그렇게 불렀다)으로 갔는데 점심을 먹은 후 약 두어 시간의 자유 시간이 있었다.

당시 창경원은 놀이시설이 있어서 아이들은 놀이기구를 타느라 정신들이 없었다. 나도 놀이기구를 타려고 가는데 사람들이 많이 몰려 있는 곳을 지나게 됐다. 그때는 무조건 사람이 많은 곳에 가야 재미있는 볼거리가 있는 법이다.

사람들을 헤집고 들어가 보니 유명 영화배우인 박노식 씨가 의자에 앉아 있는 것이다. 그런데 한쪽 다리에 깁스붕대(석고붕대)를 하였다. 아마

촬영 중에 다친 모양이다. 사극을 찍는지 장수 복장을 하고 분장도 했다. 턱에는 수염을 멋지게 붙이고 의자에 길게 눕다시피 있는데 주변에는 온갖 구경꾼들이 박노식 씨의 일거수일투족을 보고 있다. 마치 '동물원의 원숭이 보듯' 보는데 보는 내가 다 민망할 정도였다. 간혹 용기를 낸 사람이 '사인'을 부탁하기도 하는데 그나마 드물었고 카메라가 흔치 않던 시절이라 사진 촬영도 없었다. 그저 '외계인' 보듯 바라만 보고 있다. 그래도 박노식 씨는 개의치 않고 여유롭게 망중한을 즐기고 있었다.

잠시 후 조감독인지 누구인지는 모르겠지만, 박노식 씨를 휠체어에 태워 간다. 사람들은 졸졸거리며 따라가는데 어느 큰 나무 아래까지 갔다. 거기서 본격적인 촬영을 하는데 박노식 씨의 얼굴만 마냥 찍어 대고 있다. 소위 '클로즈업'만 찍는 것이다. 내가 듣기에는 대사가 뒤죽박죽인데 나중에 편집해서 이어 붙일 모양이다. 내가 나중에 '영화판'에서 일할 때 알게 된 거지만 '몰아 찍기'를 한 거다. 다리를 다쳐 제대로 찍을 수가 없으니 그렇게 해서라도 유명 배우의 일정을 맞춘 모양이다.

지금 같으면 사극을 고궁에서 촬영한다는 것은 상상도 못할 일이고 배우를 본다고 '동물원 원숭이 보듯' 사람들이 모여 있지도 않겠지만, 그때는 왜 그렇게 '볼거리'에 목이 말랐는지 별거 아닌 것도 구름같이 사람들이 모여들었다.

오늘날의 한국 영화는 상상을 초월할 정도로 엄청나게 발전했다. 필자가 소위 '영화판'이라는 곳을 처음 나온 게 군에서 제대하고 복학할 때까지였는데 1980년 겨울이었다. 청소년 영화로 이름을 날리고 있던 털보 김응천 감독의 연출부로 들어갔는데 평균 제작비 8천만 원, 촬영일수는 10회를 넘지 않았다. 관객이 4만 명 정도 들면 '본전'이라고 했으며 동시

녹음은 꿈도 못 꾸었다. 지금 영화계하고 비교한다는 자체가 난센스이지만 당시에는 영화인들이 가족 같은 분위기에서 열심히 했다.

    지금은 영화가 너무 발전해서인가 삭막하기만 하다. 하긴 적당한 예술을 섞고 흥행사업을 거쳐 영화산업으로 진보(?)해서인가? 옛날 영화판이 그리워진다.

지게꾼

내가 살던 종로6가 쪽에는 '동대문종합시장'을 중심으로 청계천 남쪽 끝에 위치한 '평화시장' 그리고 종로5가와 4가 사이에 자리 잡은 '광장시장' 등이 있다. 지금도 이곳 3개 시장은 큰 상권을 유지하며 전국적으로 도매시장의 명성을 얻고 있다.

초등학교에 같이 다니던 친구들 부모님 중에는 이곳 시장에서 장사하시는 분들이 많았다. 대개는 나의 아버지처럼 북한에서 전쟁 통에 월남한 분들이 많았다. 특히 평안도 출신들이 많았는데 원단 포목시장의 대부분을 그들이 차지했다. 시장에 놀러 가면 억센 평안도 사투리가 여기저기서 많이 들렸다.

창신동에 살던 구 모라는 친구 아버지도 이북 출신인데 동대문시장에서 오토바이 앞에 다는 방풍유리점을 하시어 가게에 놀러 가면 경찰 오토바이도 많이 와 있고는 했다. 친구 아버지는 퇴근길에 친구와 나를 오토바이에 태워 집까지 바래다 주시곤 했다.

아깝게 일찍 세상을 등진 성OO라는 친구의 어머니는 동대문시장에서 김 도매상을 하셨는데 전국의 김 값을 좌지우지하셨다고 했다. 친구 어머님 역시 이북 분이셨다.

서 모라는 친구 아버지는 포목상을 하시고 해서 주변 친구 중에는 시장에서 장사하시는 부모님이 많이 있었다.

  이런저런 이유로 친구 따라 시장을 많이 놀러 다녔는데 갈 때마다 느끼는 점이 '지게꾼'이 참 많이 있었다. 시장 어디라 할 곳 없이 곳곳에 지게에 물건을 잔뜩 싣고 위태위태하게 걸어가는 사람과 지게에 걸터앉아 졸거나 애꿎은 담배만 피워 대는 사람까지 한결같이 남루한 옷차림에 깡마른 남자들이 젊은 사람, 늙은 사람 할 것 없이 넘쳐났다.

  지게의 형태를 보면 기본적인 지게 형태는 같으나 원목(?)의 형태로 만들어진 것과 각목으로 짜 맞춘 지게, 사이에 쇠붙이가 들어간 것까지 다양한 지게가 있었다. 어깨끈도 새끼를 굵게 꼬아 만든 새끼줄부터 광목을 단단하게 만 것과 군용 탄띠를 이어 붙인 것, 심지어 군복 바지 혁대까지 튼튼하다고 느껴지는 모든 것은 어깨끈이 될 수가 있다.

  '지게꾼'의 복장은 대부분이 질긴 군복을 염색한 작업복을 입었고 나이든 사람은 간혹 한복을 입기도 했다. 한여름에는 다 낡은 러닝셔츠 한 장과 누가 입다 버린 파자마를 바지 삼아 입어 한눈에 봐도 거지꼴이다.

  지게로 못 지는 물건은 이 세상에 없는 듯했다. 무게와 부피만 맞으면 어떤 물건도 지게로 져 나르는데 머리가 깨져서 피를 줄줄 흘리는 나이 든 아저씨를 낙산에서부터 지게에 태워 온 경우도 봤다. 집이 병원 사택이다 보니 별걸 다 봤다.

  시장의 '지게꾼'들을 유심히 살펴보면 조금씩 차이가 있다. 동대문 시장에서는 주로 원단을 져 나르고 평화시장 쪽 '지게꾼'들은 완성된 제품을 주로 나르는데 광장시장은 물건을 가리지 않는 것 같다.

  그들은 한결같이 삶의 고단함이 온몸에 배어 있었다. 어린 내가 봐도 언제 씻었는지 모르게 땟국물이 줄줄 흐르고 무거운 원단을 가득 싣고 다닐 때는 목에 걸친 시커먼 수건으로 연신 땀을 닦아 낸다. 시커먼 수건은 분명 처음에는 하얀 수건이었을 것이다. '지게꾼'들이 모여 있는 곳을 지나치려면 '쉰내'가 풀풀 풍겨 오기도 했다.

점심은 대개 거르는 것 같았고 어쩌다 보면 수제비 냄비나 순두부 냄비 하나에 여럿이 둘러앉아 허기를 때우기도 했다.

당시 부모님은 내가 공부를 게을리할 기미가 보이면 늘 하시는 말씀이 그래서는 동대문시장에서 지게밖에 못 진다고 하셨다. 교육적이진 않지만 그나마 공부를 했던 이유가 당시 봤던 '지게꾼'의 충격적(?)인 모습이 떠올라서였을까?

'지게꾼'들은 시장에만 있는 게 아니었다. 역 주변이나 시외버스 종점 같은 곳에도 진을 치고 있다가 시골에서 잔뜩 짐을 이고지고 오는 승객이 있으면 잽싸게 가서 짐을 지게에 싣는다. 당시에는 어지간하면 걸어 다니는 경우가 많아 웬만한 거리는 '지게꾼'에게 짐을 맡기고 걸어갔다. 가을걷이가 끝나고 포천에 사시는 외할아버지도 서울 우리 집에 쌀을 가지고 오실 때 종로5가 시외버스 종점에서 '지게꾼'을 사서 종로6가 우리 집까지 오신 적도 있다.

지금 가보면 수많던 지게꾼 대신 오토바이가 진을 치고 있어 세월의 변화를 느낀다. 이제 지게는 민속박물관에 가면 볼 수 있으려나?

우마차

　당시에는 차도로 한가롭게 다니는 마차도 많았다. 마차에는 연탄, 장작 등이 잔뜩 실려 있는데 '마부'는 짐이 많으면 말 옆에서 채찍을 휘두르며 말을 몰고 짐을 실어 날랐다. 짐이 적으면 '마부'는 마차에 올라앉아 있기도 했다. 말은 대체로 당시 뚝섬경마장에서 경주마로 뛰다가 은퇴한 말들이라고 누군가가 이야기해 줬다. 그래서 그런지 말들은 늙어 보였고 별로 힘을 쓸 것 같지도 않아 보이는데 산 같은 짐을 싣고 마차를 끄는 걸 보면 대단하다는 생각이 들기도 했다.

　순하게 생긴 말은 어린 내가 가까이 가도 큰 눈망울을 굴리며 목을 좌우로 흔들며 '워낭소리'를 냈다. 말의 엉덩이 쪽을 보면 '말똥'을 받는 것이 달려 있는데 가죽이나 질긴 천으로 만들었다. 말이 수시로 배설을 해서 도로가 지저분해지는 걸 방지하기 위한 장치였던 것이다. '마부'는 수시로 말똥을 수거해 큰 나무 상자에 퍼 담는다. 말 오줌은 어쩔 수가 없으니 그냥 싸는데 양이 보통이 아니다. 말이 오줌을 쌀 때는 지나가던 사람도 구경을 하며 한마디씩 한다.

　간혹 수말이 발정을 하여 '말 자지'가 뻗쳐 나오면 어른들은 연방 탄성을 자아낸다. 지나가던 여자들은 망측한지 고개를 외면하고 총총걸음으로 가는데 그러면 남자들은 더 재미있다는 식으로 소리 내어 웃는다.

수거한 말똥은 재활용된다. '마분지'라고 해서 말똥을 잘 말린 후 종이로 만드는데 주로 짚을 먹는 말똥이 재료로서는 제격이다. 빛이 누렇고 질이 낮지만 가격이 싸서 학교 앞 문방구에서 '스케치북'으로 많이 팔았다.

말이 배가 고프다고 느껴지면 '마부'는 마차에 준비한 큰 나무 상자를 꺼내 말에게 먹인다. 그 통 안에는 건초가 있어 일종의 '말 도시락'이다.

마차에 화주가 없으면 '마부'는 적당한 곳에 마차를 세운 후 낮잠을 즐기는데 마차가 크다 보니 낡은 돗자리를 하나 펴도 마차에는 여유가 있다. 간혹 아이들이 마차에 올라타서 놀라치면 아무 말 없이 자리를 내주기도 했다. 늘 말수 없이 조용한 웃음만 짓던 '마부' 아저씨인지 할아버지인지는 기억이 가물거리지만, 눈이 크고 깊어서 우리끼리는 '마부' 아저씨가 오랫동안 마차를 끌어서 아저씨의 두 눈이 말 눈을 닮았다고 단정 짓기도 했다.

재미있는 건 연탄을 나르는 말은, 말이고 마차고 '마부'고 뭐고 할 것 없이 온통 시커멓다. 말도 갈퀴 사이에 밝은 털 색깔이 보이는데 연탄가루로 '흑마'가 돼 버린다. 반면 장작이나 기타 큰 짐을 싣고 다니는 마차는 깨끗했다. 이래서 사람이나 짐승이나 하는 일이 중요하다는 걸 이미 어린 나이에 깨달았다.

그런 마차가 어느 날부터 서서히 보이지 않았다. 기아자동차에서 화물 '삼륜차'를 대량으로 생산했기 때문이다. 우리는 '삼륜차'를 '딸딸이'이라 불렀는데 순식간에 마차를 밀어낸 것이다.

이제 더는 연탄을 실어 나르던 '흑마'도 볼 수 없고 장작을 싣던 '백마'도 볼 수 없게 됐다. 그리고 "딸딸이"마저 볼 수 없게 됐다. 그러나 친구들과 함께 종로 거리에서 '마부' 모르게 마차에 올라앉아 편히 가던 추억을 영영 다시 할 수 없음이 아쉬울 따름이다.

  최소한의 추억만 남긴 채 서울 종로의 마차는 그렇게 사라졌다.

굴뚝 청소부와 칼갈이

한겨울에 어김없이 나타나는 사람이 있다. 이름하여 '굴뚝청소부'.

늘 얼굴에 검댕을 묻히고 커다란 징을 치며 골목을 누빈다. 비교적 굵은 대나무를 쪼개서 둘둘 말아 어깨에 메고 다니는데 지금의 훌라후프와 크기가 거의 같다. 한쪽 끝에는 커다란 솔이 달려 있다.

솜을 두둑이 넣은 방한복을 입고 유엔(UN) 모자라고 하는 벙거지를 쓰고 이 골목 저 골목을 다니면서 징을 치며 소리를 지른다.

"뚫어~~~, 아! ~~ 뚫~어~~~"

그 시절에는 연탄을 사용하는 집도 많았지만, 아직 나무로 방을 덥히는 집이 제법 있었다. 그러다 보니 굴뚝과 방고래에 그을음이 많이 끼면 연기가 굴뚝으로 못 나가고 아궁이로 나온다. 이럴 즈음 주인은 징소리와 "뚫어~~" 소리가 나기만 기다리는데 어느 날 나타나면 반갑게 부른다. 굴뚝청소부는 굴뚝을 쑤셔 뚫어 주고 돈을 받아 간다. 이러다 보니 얼굴은 늘 검댕이 묻어 있고 온몸은 시커멓다.

아이들은 동네에 굴뚝청소부가 오면 그 뒤를 졸졸 따라다니며 "뚫어~" 하고 외칠 때마다 합창하듯이 일제히 "뚫어~" 하고 따라 한다. 아이들이 많다 보면 골목길은 "뚫어~" 소리가 요란하다. 아저씨가 기분이 슬슬 나빠지거나 장난기가 발동하면 검댕이 잔뜩 묻은 두툼한 방한 장갑으로 아이들 얼굴에다 슬쩍 한 번 묻히면 우는 아이도 있고 도망가는 아이도 있다.

초등학교 저학년 때까지 자주 보던 겨울 풍경이었는데 어느 해부터인지 더는 볼 수 없었다. 도시가 급속히 발전하면서 나무를 때는 집이 서울 중심지에서는 사라진 것 같다.

지금도 의문인 게 왜 굴뚝청소부는 '징'을 치고 다녔을까? 두부장수가 '종'을 치는 이유와 함께 난 지금도 모르겠다.

어쩌다 보는 상장수(소반장수)도 있다. 내 눈에는 할아버지처럼 보이지만 힘이 좋아 보였다. 소반 여남은 개를 포개서 쌓은 후 질빵에 걸어 어깨에 메고는,

"상 사세요~ 상! 밥상, 주안상 사세요~ 상 고쳐~~"

큰 소리로 외치며 골목을 누빈다. 그러면 주로 집에 있던 여자들이 나온다. 간혹 부서진 소반을 들고 나오기도 한다.

이때쯤이면 상장수는 질빵을 풀고 크기별로 나란히 진열해 놓고는 열심히 설명한다. 여자들끼리 이리저리 만져 보고 고개를 끄덕이며 상을 고르는데 마음에 드는 듯하면 상장수는 이게 어디서 만들었고 얼마나 튼튼하고 좋은지 열변을 토한다. 장사 솜씨가 좋아서인지 어지간하면 한두 개 남겨 놓고 잘 팔린다.

그러나 상만 파는 게 아니라 부서지고 망가진 상도 수리해 주는데 조그만 연장통에서 망치며 못이며 사포 등을 꺼내 그 자리에서 고쳐 주고 돈을 받는다. 색이 벗겨진 것은 조그만 유리병 같은 데 담겨 있는 물감통에서 붓으로 찍어 칠을 해 준다. 아이들은 주로 엄마를 따라 나와 구경을 하는데 어떤 아이는 상이 잘 팔리는 걸 보고 자기도 커서 상장수를 한다고

했다가 엄마가 상장수 몰래 쥐어박기도 한다. 아마 자기 아들은 '그런 일'은 하지 않았으면 하는 바람이었을 것이다.

'칼갈이' 아저씨도 골목길에 빠지지 않고 등장한다. 사각형 나무 상자로 만든 통을 어깨에 메고,

"칼 갈아~, 가위 갈아~"

소리를 외치며 골목길을 누비고 다닌다. 이 소리를 들은 사람들은 집에서 쓰던 이 빠진 칼이나 날이 무딘 칼 혹은 가위를 들고 나온다.

칼갈이 아저씨는 사람들이 나오면 나무 상자를 내려놓고 작업 준비를 한다. 상자 안에는 조그만 물통과 길쭉한 숫돌, 그리고 손으로 돌릴 수 있는 호떡 크기만 한 휴대용 그라인더 숫돌이 들어 있다. 기타 잡다한 연장도 같이 있다. 손님한테 칼을 넘겨받은 장수는 칼날을 요모조모 살펴본 후 일단 그라인더 숫돌로 칼을 간다. 한 손은 칼 손잡이를 잡고 다른 손으로 그라인더를 돌리면 빨갛고 파란 불꽃이 튄다. 아이들은 그게 신기하고 재미있어 쪼그리고 앉아 구경한다. 한동안 돌린 후 이번에는 숫돌에 올려놓고 물을 살살 뿌려 가며 날을 간다. 다 갈렸다고 생각이 들면 나무 조각에다가 '시험'을 한다. 손님 앞에서 자랑스럽게 나무 조각을 자르거나 베면 손님이 만족스러운 표정으로 비용을 주고 가져간다.

녹슬거나 날이 무딘 가위도 가져오는데 분해할 수 있는 가위는 한쪽 날씩 갈아 주고 그렇지 않으면 가위를 벌린 후 한 날씩 교대로 간다. 그러고는 두툼한 종이를 가지고 역시 '시험'을 한다. 사각사각 소리가 나며 종이가 잘 잘리면 이번에는 손님이 직접 해 보고는 만족해하며 삯을 주고 가져간다.

사실 별 신기하지도 않지만 볼 것이 별로 없던 시절이라 아이들은 칼

가는 모습조차도 재미있게 본 것이다. 지금은 소형 가정용 칼갈이 제품을 한두 개씩 집에 놔 두고 주부가 조리하기 전에 몇 번 문지르고 어지간하면 버리기 일쑤인데 그 시절에는 고쳐 쓰고 아껴 쓰는 게 몸에 밴 것이다.

"된장 삽니다~ 고추장 삽니다~"

길게 소리 내며 구성지게 외치고 다니는 아주머니들은 대충 오전 열한 시경 혹은 오후 서너 시경이면 어김없이 골목길에 나타난다. 나이가 제법 많아 보이는 늙은 아주머니들이 많았다.

집에서 먹다 오래된 묵은장들을 버리기도 뭐하고 해서 대개는 장독에 보관하였다. 당시는 아파트보다는 주택이 훨씬 많았고 손바닥만 한 마당도 있기에 장독이 몇 개씩은 있다. 그러다 보니 새로 장을 담그면 보관하기도 마땅치 않고 갑자기 급전이 필요하면 장을 팔기도 했다. 그래서 이걸 사 가는 아주머니가 생긴 것이다. 나는 지금도 묵은장을 사서 어디에 쓰려고 하는지 궁금하다.

머리카락, 고장 난 손목시계 등을 사는 장사꾼도 동네에 가끔 나타난다.

"머리카락 삽니다~, 고장 난 시계 삽니다~"

주로 나이 든 아주머니가 외치며 다니는데 동네 젊은 처녀들이 오랫동안 아끼고 길렀던 머리카락을 과감히 잘라 제법 비싼 값을 받고 판다. 아마 동생이나 오빠 학비에 보탰을 것이다.

당시에는 우리나라가 가발 수출을 많이 하던 시절이라 사람의 머리카락이 많이 필요했을 것이다.

한여름 철에는 우산 고치는 사람이 동네 입구에다 좌판을 벌이고 사람을 불러 모은다. 우산을 수리하는 것이다. 지금이야 집집이 우산이 넘쳐

나지만, 예전에는 우산도 귀한 물건이었다. 심지어 우산 한두 개로 온 집안 식구가 사용하던 시절이기에 우산살이 부러지거나 천이 찢어지면 고치고 또 고치고 하며 사용을 했다.

　굴뚝을 청소하고, 소반을 사고 고치고, 된장 고추장을 팔며, 심지어 머리카락까지 잘라 팔아야 했던 어려운 시절이었지만 동네 사람 누구도 장사꾼들을 무시하지 않고 꼭 필요한 사람이라 여기고 냉수라도 한 대접 주는 정 있던 시절이었다.

　아무튼, 다시 생각해도 그 시절에는 여러 물자가 참 부족했다.

넝마주이

    길거리에 '무서운' 형들이 나타난다. 흔히 '넝마주이'라고 하지만 아이들은 '양아치'라고도 불렀다. 이들은 남루한 옷을 입고 머리는 산발한 더벅머리다.
    이들이 모여 있는 곳을 '재건대'라고 했다. '○○재건대'라는 간판을 달고 군대 조직처럼 운영해서 자기네끼리 분대장, 소대장 같은 계급이 있다.
    대나무를 쪼개 만든 큰 원통형 망태를 어깨에 메고 긴 집게를 들고 다니다가 무언가 눈에 띄면 긴 집게로 집어 올린 후 망태에다 집어넣는다. 파지, 공병, 플라스틱, 고철, 헝겊쪼가리 등등 도대체 가리는 게 없다. 또한, 값나가는 주인 있는 물건도 아무 거리낌 없이 훔치기도 한다.
    양아치 형이 아이들에게 공포의 대상이었던 건 심한 욕지거리에다 다분히 폭력적이기 때문이었다. 대체로 나이는 15~6세, 조금 더 들어야 17~8세 정도 돼 보이는데 자기네끼리 모여 있다가 아이들이 지나가면 괜히 집게로 툭툭 치기도 하고 시비를 걸며 심하면 소위 '삥'을 뜯는다. 그래봐야 동전 몇 닢이지만 만약 쉽게 안 내 주면 '센타'라고 하며 주머니를 뒤진다. 이때 꼭 하는 말이 있다. '센타'해서 돈이 나오면 1원에 몇 대 하는 식으로 겁을 준다. 아이들은 이미 겁을 먹을 대로 먹은 상태라 별다른 저항 없이 돈을 주는데 겁이 많은 아이는 이미 울음을 터트린다.

또 자기네끼리 모여 있다가 싸움이 벌어지면 살벌한 풍경이 연출되기도 하는데 이때 나이가 좀 많은 양아치가 싸우는 당사자들에게 호된 폭력을 행사한다. 아마 구역이나 배분에서 문제가 생긴 모양이다.

아이들은 멀찍이 떨어져 있다가 그런 광경을 목격하면 더욱 공포심을 느낀다. 특히 여자아이들은 양아치들이 치마 속을 집게로 들추거나 가슴을 만지려고 하는 통에 그들이 있으면 집에도 못 들어가고 울기만 한다. 심지어 젊은 여자가 지나가면 자지를 꺼내 흔들며 용두질을 하기도 한다. 이러다 보니 양아치들은 공포의 대상이 될 수밖에 없었다. 담배꽁초를 주워서 돌아가며 피우고 낮술에 취해 비틀거리고 다니기도 한다.

양아치들에게는 여러 소문들이 있다. 나는 실제로 목격은 안 했지만 어린 아기를 잡아다 판다, 여자를 강간한다, 자기네끼리 남색을 한다는 등 별별 흉흉한 소문이 나돈다.

이렇듯 양아치들에 대한 안 좋은 이야기가 나올 수밖에 없는 이유는 나이로 봐서는 아마 그들이 대개 전쟁고아이거나 보육원 등에서 도망친 사람들이어서 일찍 험한 세상에 발을 들여놓고 거칠게 살아서 그럴 거란 생각이 든다. 나는 이때 부모님이 계신 게 얼마나 행복하고 좋은 일인지 느꼈다. 그래서 그런지 어쩌다 내가 말을 안 듣고 그럴라치면 너는 커서 양아치가 되려고 하냐 하시며 속상해하시곤 했다.

종로 대로변에는 어깨에 걸망을 메고 긴 대나무 막대기 끝에 못을 박고 행인들이 버린 '담배꽁초'만 전문으로 줍는 사람이 있다. 이 사람은 온종일 보도만 바라보며 걷다가 꽁초만 보이면 단번에 '콕' 찍어서 걸망에 넣는다. 앞서 가는 사람이 담배를 피우며 걸어가면 살살 뒤를 쫓아가다가

'획' 하고 함부로 버리는데 만약 불이 붙어 있고 제법 꽁초가 길면 주워서 몇 모금 맛있게 빨고는 역시 걸망에 넣는다. 담배꽁초에는 다른 사람의 침이 묻어 있고 더러운 길거리에 버려진 담배지만 아랑곳하지 않았다.

이들은 이런 꽁초를 주워 가지고 담배 필터는 필터대로 조금 남은 담뱃가루는 가루대로 모은다. 필터는 큰 통 안에 넣고 물은 채운 후 담뱃진을 뺀다. 이걸 며칠을 반복하며 담뱃진이 빠졌다고 생각이 들면 필터를 꺼내 양지바른 곳에 놓고 햇볕에 바짝 말린다. 말린 필터의 용도는 따로 있었다. 베갯속을 채우는 것이다. 집집에 베갯속은 조나 겨 같은 곡물을 넣기도 하고 두툼한 솜을 넣기도 하는데 담배 필터는 마치 지금의 스펀지처럼 말랑거려 아이들이 좋아한다.

주워 온 담배는 겉종이를 벗긴 후 덩어리를 손으로 비벼 펴서 섞는다. 이렇게 섞은 담배는 거리에 나가 되파는데 신문지 위에 담뱃가루를 쌓아 놓고 한 홉이나 반 되에 얼마 하는 식으로 판다. 주로 시골 노인들이나 형편이 어려운 서민들이 가루담배를 사서 집에서 말아 피운다. 나는 외가가 경기도 포천이어서 방학 때마다 외가를 가면 '풍년초'니 '장수연'이니 하는 봉지 담배가 있었다. 이 봉지 담배를 노인들은 곰방대 속을 채운 후 피우시는데 오죽 하면 제품 담배가 아닌 길거리 담배를 사서 피울까 하는 생각이 든다. 이때 속설이 영어사전이나 성경책 등이 담배 마는 종이로는 최고라 하며 노인네가 있는 집 학생들은 사전 등을 감춰 놓기도 한다. 아마 종이가 얇고 부드러워 그랬을 것이다.

지금 생각하면 어이도 없거니와 참 궁색했구나, 라는 생각이 든다. 얼마나 살기 힘들면 담배 필터와 담뱃가루를 '재활용'을 했을까 하는 생각이 들어 가슴이 아프기도 하다.

이제는 사회 전체적인 분위기가 금연을 하고 여러 이유로 담배를 멀리하지만 그 시절 어려운 시절을 이겨 낸 유일한 기호품이 담배 아니었을까?

굴비와 어리굴젓

지금은 굴비가 상당히 고급 어종으로 비싸서 먹기가 힘들어졌다. 더 안타까운 건 진짜 굴비는 찾기도 어렵거니와 '짝퉁' 굴비인 줄 알면서도 아쉬운 대로 예전의 굴비 맛을 느끼며 향수를 달래고 있다는 것이다.

당시에는 웬만큼 사는 집은 굴비가 부엌에 한 두름 정도는 걸려 있었다. 도둑고양이 때문에 부엌에 걸어 놓고 살이 도톰한 굴비를 한 마리씩 꺼내 구워 먹거나 쪄서 먹었다. 그 정도로 굴비는 우리 식탁에서 쉽게 볼 수 있는 반찬이었다.

여름철에 밥맛이 없으면 어머니는 묵은 오이지를 썰어 적당히 양념해서 버무린다. 거기다가 살이 통통한 굴비를 한 마리 구워 놓고 밥을 찬물에 말아 숟가락으로 뜨면 어머니는 살을 발라 내 수저에 얹어 주셨다. 그 맛이 기가 막혔다. 약간 비릿한 굴비에다 짭짤한 오이지 그리고 찬물에 만 밥은 환상의 궁합이었다. 잃었던 식욕을 되찾기 딱 좋은 음식이었다.

어머니는 굴비 알을 좋아하셨다. 자식들이 살만 골라 먹을 때도 어머니는 통통한 알을 일부러 찾아 드셨다. 나는 당시에는 굴비 알이 뭐가 맛있을까 하며 혹시 어머니가 자식들을 위해 양보하시는 줄 알았는데 내가 어른이 되어 먹어 보니 맛이 있었다. 지금은 돌아가셨지만, 굴비알을 볼 때마다 어머니 생각이 난다.

조금 형편이 못한 집은 자반고등어나 꽁치를 즐겨 먹었다. 어머니가 연탄 화덕을 마당에 내놓고 자반고등어나 꽁치를 구울 때면 냄새가 기가 막혔다. 집 주변에서 한참 놀다가도 저녁 무렵 생선 굽는 냄새가 나면 한걸음에 집에 오기도 했다. 소금에 절인 자반고등어의 짭짤하며 비릿한 맛과 굵은 소금을 뿌려 가며 굽던 꽁치의 맛은 지금도 잊지 못한다.

그것도 저것도 아니면 찬밥에다 찹쌀고추장을 얹어 참기름 몇 방울 떨어뜨리고 비벼서 열무김치와 함께 먹으면 역시 별미였다.

동네에 수시로 생선장수가 온다. 수염이 허연 노인이 지게를 메고 다니는데 켜켜이 쌓은 나무상자에는 여러 생선이 실려 있다. 조기, 자반고등어, 꽁치, 생물 오징어 그리고 이름을 알 수 없는 생선들이다. 그렇지만 늘 사는 생선은 정해져 있다. 간혹 오징어를 사 찌개를 해 먹기도 했다.

굴비장수 역시 지게에다 굴비나 건어물을 싣고 다니며 판다. 굴비는 크기에 따라 값을 달리 받는데 지금 값하고는 비교가 안 될 정도로 저렴했다. 그러기에 웬만한 집에서 굴비를 먹을 수 있었던 거다.

새벽에는 두부장수의 종소리가 들린다. 지게 위에는 갓 만들어서 김이 모락모락 나는 두부가 고소한 냄새를 풍기며 쌓여 있는데 어머니가 바가지를 들고 가면 두부장수는 부엌칼로 두 모쯤 쭉쭉 잘라 바가지에 넣어 준다. 덤으로 비지도 주는데 나는 어릴 적부터 비지찌개를 참 좋아했다. 아버지는 이른 아침 따끈한 두부를 양념장을 훌훌 뿌려 그냥 드셨다. 나도 그 맛에 길이 나 지금도 아버지처럼 두부를 먹는다. 아버지는 평북 실향민이어서 그러신지 유독 평안도 음식을 좋아하시어 나는 지금도 돼지고기, 닭고기, 만두, 녹두지짐이, 두부, 비지 등을 즐겨 먹는다.

어느 날은 어머니가 돈을 주고 창신동에 있는 순두부를 사 오라고 하신다. 나는 양은냄비를 들고 냅다 뛰어가 창신동 입구 아주 허름한 순두부와 콩비지만 하는 식당에서 30원어치 정도 사면 우리 식구 5~6명이 잘 먹었다. 싼 가격에 식구가 둘러앉아 한 끼를 잘 해결하던 시절이다.

어느 날은 순두부에서 콩비지로 바뀌기도 했다.

어쩌다 오는 어리굴젓장수도 있다. 어리굴젓장수 역시 지게에다 서너 개의 양철통을 올려놓고 다니는데 어리굴젓과 새우젓을 판다. 아저씨는 두부장수의 종소리와는 달리 목청껏 외친다.

"어리구울~젓 사~려, 새우우우 젓!"

이 소리가 들리면 어머니는 큰 종지를 들고 사 오시는데 빨갛게 양념된 어리굴젓을 방금 한 따끈한 밥 위에 올려놓고 먹는 맛은 일품이었다.

어머니는 새우젓도 가끔 사는데 아버지가 돼지고기 수육을 좋아하시어 양념으로 먹기 위함이다.

나는 지금도 식욕이 떨어지면 아내보고 어리굴젓 타령을 한다. 아내는 나보고 입이 '고급'이라고 타박을 하며 요즘 어리굴젓이 얼마나 비싼데 하며 눈을 흘긴다. 지금 이 글을 읽으시는 독자들도 아마 입 안에 침이 고일 것이다.

이제는 자주 먹던 굴비는 어쩌다 명절이나 제사상에서나 볼 수 있는 값비싼 귀한 음식이 돼버렸고 고등어나 꽁치도 대부분이 수입품이고 명태는 구경도 못할 음식이 돼 버렸다. 아직 두부나 비지는 즐겨 먹지만 예전 그 맛은 아닌 듯하다.

사람의 유전자 중에 제일 오랫동안 각인되는 게 '음식 유전자'라고 한다. 어렵고 못살던 시절에 먹던 음식이 지금처럼 차고 넘치는 시대의 음식보다 더 맛있는 걸 어떻게 이해해야 하나?

메밀묵과 찹쌀떡

겨울 늦은 밤.

"메밀묵 사려~ 찹싸알~떡!"

멀리서 이 소리가 들리면 대략 9시에서 10시경이다. 통행금지가 있던 시절이라 밤 10시만 돼도 제법 늦은 시간이다. 지금이야 술꾼들에게는 아직 2차도 가기 전이지만.

"만주나 호야, 호~야!"

만주는 '만두'의 일본식 말로 찐빵이라는 뜻이고 '호야, 호야'는 따뜻하다는 뜻이다. 즉 '김이 모락모락 나는 찐빵'이라는 뜻인데 주로 고학생들이 팔러 다녔다.

어른들은 주로 메밀묵을 사서 무쳐 먹었다. 찹쌀떡은 아이들의 차지였다. 이것들을 파는 소리가 동대문 이대병원 입구쯤에서 들리면 아버지는 나에게 사 오라고 시킨다. 나는 얼른 뛰쳐나가 고학생을 부르면 한걸음에 달려온다. 어깨에 멘 사각형 목판에 메밀묵과 찹쌀떡을 담아서 다니는데 분명히 교복은 입고 있는데 나이는 한참 더 들어 보였다. 교표는커녕 학년 표시와 명찰도 없는데 어른들은 그냥 고학생이라고 불렀다. 진짜 고학생인지 아닌지 어린 나는 종잡을 수 없는 일이다. 어린 내가 봐도 나이가 꽤 들어 보이지 않았나 하는 생각이다.

찹쌀떡의 맛과 품질은 그리 좋지는 않았다. 특히 떡 안의 팥 앙금은 덜 으깨어져 푸석푸석했고 설탕이 별로 없어 밋밋한 맛이지만 그 시절에는 없어서 못 먹었지 싫다거나 남기는 법이 없었다.

'만주'는 그런대로 먹을 만했다. 동치미 국물과 곁들여 먹으면 밤참으로는 그만이었다.

한참 먹고 마시다 보면 멀리서 아련히 '사이렌' 소리가 들린다. 통행금지를 알리는 예보였다. 마지막 차 소리가 아득히 멀어지고 방범대원의 호루라기 소리가 가까이 들리면 국가가 강제한 전 국민이 자야 하는 시간이다. 모든 사람은 하도 오랫동안 일상적으로 해 왔던 '통금'이었기에 별다른 생각 없이 모든 일상생활을 통금에 맞추고 살았다.

사방에 투명유리를 끼운 사각형 장 두 개를 긴 나무 양쪽에 매달고 다니는 장수가 있다. 장의 크기는 식용유통만 하다. 바로 '당고장수'다. 당고는 우리나라의 경단과 크기나 모양이 같은데 팥가루에 설탕을 넣고 찐 후 동그랗게 빚은 것 대여섯 개를 가는 대나무 꼬챙이에 꿴 것이다. 우리는 이것을 '당꼬'라 불렀는데 가격이 좀 나갔다. 쉽게 사 먹지 못하는 경우가 많아 어쩌다 한번 사 먹으면 그렇게 달고 맛있을 수가 없었다.

다른 한쪽 장에서는 '모찌'를 팔았다. 모찌는 떡의 일본말인데 팥 앙금을 넣은 찹쌀떡이다. 단맛이 흔치 않던 시절이라 설탕으로 범벅된 팥 앙금이 그렇게 달콤할 수 없었다. 예쁜 투명유리 사각장에 담겨 있는 당고와 모찌는 보는 것만으로도 황홀했다. 당고 하나마다 파란 잎사귀로 장식해 놓아 붉은색 당고와 조화를 이루어 식욕을 자극했다. 흰색, 분홍색 모찌 밑에도 어김없이 파란 잎사귀가 놓여 있어 보기에도 고급스러웠다.

평소에 먹기 힘들지만 어쩌다 한번 신나게 먹을 때가 있다. 부모님이 결혼식을 다녀오실 때다. 당시에는 결혼피로연이라는 게 없이 답례품으로 피로연을 대신했다. 그런데 가장 일반적인 답례품이 바로 모찌였다. 우리는 그냥 뜻도 모르고 '모찌떡, 모찌떡' 했지만, 뜻이 뭔 상관이랴. 다섯 개씩 두 줄로 해서 열 개짜리부터 열다섯 개, 스무 개, 서른 개까지 든 제품이 있었다. 색깔도 알록달록하고 겉의 고명도 참깨, 검정깨, 호두가루, 대추, 설탕으로 장식한 잎사귀 등등 먹기가 아까운 것도 많았다. 아이들 간에는 월요일 등교를 하면 어제 먹은 어느 집 모찌가 더 좋았는지에 대해 치열한 논쟁을 하곤 했다. 당시 고급 예식장의 대명사였던 ○○예식장, 고급제과점의 대명사였던 ○○제과점 등의 모찌가 단연 최고였다. 그 집을 다녀온 친구네 부모님이 새삼 위대해 보이고 친구 녀석한테 괜히 주눅이 들곤 했다.

   집에서는 부모님이 결혼식을 다녀오시면 자식 하나에 하나씩만 '정량 배분' 하고는 숨겨 두는데 어디에 숨겨 두셨는지 아무리 찾아도 찾을 수가 없었다. 그리고 일정 시간이 지나면 다시 정량 배분이다. 어쩌다 두 개를 가져오시면 그날은 우리 자식들의 비공식 생일이었다. 지금은 단맛을 될 수 있으면 멀리하려고 하지만 그때는 '앙꼬(팥소)'가 참 맛있었다. 지금은 답례품도 없어져 규격화된 피로연 음식을 먹고 다니고, 늦은 겨울밤 메밀묵, 찹쌀떡, 만주 등을 먹을 일도 거의 없어지고 당고장수는 이미 사라지고 없다. 전화 한 통이면 어떤 먹거리도 총알처럼 배달되어 오는 시대에 살고 있지만 추억 속의 '맛'과 '향수'는 여전히 뇌리에 남아 있다.

 야바위

먹고살기가 힘든 시절이라 그런지 곳곳에 '야바위(사기)'가 극성을 떨고 있던 60년대 중반의 일이다. 야바위는 장소와 대상을 가리지 않고 벌어지는데 주로 사람이 많이 모이는 곳에서 벌어진다.

아이들을 대상으로 하는 곳은 주로 소풍지에서 벌어지는데 모처럼 아이들이 집에서 용돈을 받아 오는 날을 노려 코 묻은 돈을 알겨먹으려고 하는 수작이다.

주로 하는 야바위는 담뱃갑 2배 정도의 크기의 나무틀을 짜고 그 사이에는 1㎝ 정도의 공백이 있다. 나무틀은 흰 광목으로 둘러치고 광목 가운데에는 새끼손가락 손톱만 한 사각형 크기로 표시를 한다. 바늘을 가지고 위아래 광목을 관통시켜 미리 위아래 표시한 곳을 일치시키면 이기는 야바위다.

문제는 일단 한번 해 보라고 유혹을 한다. 아이들은 연습 삼아 하면 정확하게 위아래를 일치시키는데 야바위꾼은 얼마나 쉽게 돈을 딸 수 있는지를 직접 보여 준다. 옆에서 지켜보면 너무 쉽게 돈을 딸 수 있을 것 같다. 망설이는 아이들을 계속 유혹하여 아무나 해 보라고 하는데 누구나 그냥 하면 쉽게 일치를 시켰다.

이윽고 결심이 선 듯한 아이가 주머니에서 곱게 접은 돈을 꺼내 내기를 한다. 아이들이 호기심 어린 눈으로 지켜보는 가운데 시작되는데 구경꾼들은 숨을 죽이며 쳐다본다. 돈을 걸고 하는 아이는 몇 번 연습하더니 자신감이 생긴 듯 드디어 시작하는데 결과는 바늘이 아슬아슬하게 비껴 가고 만다. 아이는 울상이고 야바위꾼은 자기가 너무 아쉬운 듯 아깝게 비껴 갔다고 너스레를 떤 후 다시 하라고 한다. 또다시 몇 번의 연습을 하는데 신통하게도 일치시킨다. 아이는 나머지 돈을 다 걸고 마지막 야바위에 도전하는데 결과는 역시 참패다.

후에 알았지만, 속임수의 비밀은 야바위꾼이 교묘하게 위아래 광목을 움직이게 하여 아무리 바늘을 찔러도 위아래가 일치되지 않게 만드는 것이다. 참 나쁜 어른이다. 어린아이들의 코 묻은 돈을 그런 식으로 사기를 치다니….

또 다른 야바위도 있다. 카드나 화투 석 장을 가지고 특정 무늬를 맞추게 한다. 연습할 때는 누구나 쉽게 맞추게 하지만 막상 돈을 걸고 하면 현란한 손짓으로 현혹해 백전백패다. 돈 잃은 사람만 억울할 일이다.

전축 턴테이블처럼 생긴 원판에 돈을 걸게 한다. 시계 침처럼 막대기 끝에다 바늘을 달고 원하는 곳에서 멈추게 하는데 원판 밑에는 자석이 있어 야바위 꾼이 원하는 곳에서 멈추게 한다. 역시 필패다.

'오곱'이라고 해서 작은 종지에다 주사위를 한 개 넣고 흔들다가 종지를 열고 숫자가 나오면 건 돈의 다섯 배를 준다. 그래서 '오곱'이라고 하는데 확률적으로 매우 낮다. 역시 돈을 따기 어렵다.

'오곱'이 어렵다 보니 종지에다 주사위 세 개를 넣고 흔들다가 바닥에 뿌린다. 이때 나오는 숫자에 돈을 건 사람은 두 배로 찾아가는데 쉽지 않다.

학교에서는 야바위는 아니지만 아이들끼리 '홀짝'을 하거나 '쌈치기'를 한다. 주로 구슬이나 딱지를 걸고 하는데 돈이 있는 아이들은 직접 돈을 걸고 했다. 홀짝은 손 안에 들어 있는 동전이나 구슬의 숫자를 홀수 짝수를 맞추는 놀이이고 '쌈치기'는 '짤랑이'라고도 하며 1·2·3 숫자 중 하나를 맞추면 된다. 이 놀이는 주로 고학년이 돼서 하고 제법 많은 돈이 오가 문제가 되기도 하는데 사기꾼 기질이 있는 아이는 아이 하나를 포섭해 사기를 치기도 한다.

  외조부가 우리 집에 살고 있던 외삼촌의 학비를 대려고 포천 외가에서 소를 팔아 현금을 전대로 만들어 허리춤에 차고 서울로 오셨다. 종로5가 시외버스 종점에서 종로6가 우리 집에 오시다가 야바위꾼을 만났다. 무리를 지어 다니는 일당인데 '박보장기'로 사기를 쳤다. '박보장기'는 일종의 묘수풀이로 몇 수만에 장군을 불러 이기는 장기의 일종인데 여러 사람이 둘러앉아 돈을 걸고 하는데 외조부가 호기심에 구경하다 수가 너무 쉽고 누군가 많은 돈을 따는 걸 보고 직접 하셨다. 결과는 뻔하다. 무리 지어 있던 사람들은 다 한편이고 거기에 당하신 것이다. 집에 빈털터리가 되어 오신 외조부는 분하고 억울한 마음에 며칠을 앓아누우셨다. 노력 없이 남의 돈을 먹는 게 안 된다는 교훈을 외조부는 몸으로 직접 보여 주셨다.

  60년대의 시대는 어려웠다. 실업자도 많고 마땅한 일거리도 없어 하릴없이 길거리를 배회하는 군상이 많을 때였다. 그러다 보니 털어서 먼지도 안 날 어려운 사람을 상대로 몹쓸 짓을 하는 나쁜 사람들이 많았던 거다. 서울역이나 청량리역 등에서 어리바리한 사람을 골라 금괴랍시고 벽돌을 신문지에 싼 것을 맡기며 지갑째 가져가는 경우도 심심찮게 발생했다. 소위 '네다바이'다.

이런 '사기'에 당하는 것은 결국 '탐욕'이다. 열심히 일해도 먹고살기 힘든 시대다 보니 '한탕'을 노리며 일확천금을 노리는 사람들의 심리를 역이용한 '사기'는 지금도 계속된다.

시대는 변했지만 사기 행각은 더욱 발전되고 교묘해지며 탐욕에 눈먼 자들을 찾아다닌다.

신기료장수

내가 살던 종로6가와 5가 사이 골목에는 늘 오는 사람이 있다. 항상 새까만 옷을 입고 빵모자를 눌러쓰고 수염이 덥수룩하여 나이를 가늠할 수 없다. 손은 너무 거칠어 사람의 손이라기보다는 동물의 손에 가까웠다. 그는 거기서 해진 헝겊 신발이나 고무신, 가죽신을 고쳐 주는 신기료장수다. 지금은 도시 곳곳에 있는 구두닦이 점포에서 구두도 닦고 수선도 해 주지만 당시에는 구두닦이는 구두만 닦고 신기료장수는 신발만 고쳤다. 소위 분업화가 된 것이다.

신기료장수는 일단 출근(?)하면 조그만 화덕에다 숯을 몇 개 넣고 가지고 다니는 풍로를 사용해 숯에 불을 피웠다. 작은 인두 같은 걸 미리 불에 달궈 놓아 언제든지 손님 맞을 준비를 끝낸다.

당시에는 조금만 나이가 든 여성들은 한복을 주로 입고 다녔고 가끔 양장을 한 여자들을 보면 신식여자라고 하였다. 한복을 입다 보니 하얀 고무신을 주로 신고 다녀 웬만한 집에는 흰색 여자 고무신이 몇 켤레씩은 있다. 남자도 격식을 크게 따지지 않으면 고무신을 신고 다녔다. 아이들도 한두 켤레씩은 고무신이 있기 마련인데 재질이 고무이다 보니 구멍이 나기도 하고 오래돼 찢어지기도 한다.

요즘 같으면 그까짓 고무신이 얼마나 한다고 당장 버릴 일이다. 하지만 그 시절에는 절대 그럴 일이 없었다. 아무리 잘사는 집도 기본적인 절약정신이 몸에 배서 그런지 어지간하면 버리지 않고 고치고 또 고쳐 더는 고칠 수가 없을 때 아쉬워하며 버렸다. 신기료장수는 그런 찢어지고 구멍 난 고무신을 고쳐 주고 품삯을 받는데 고무신 가격이 비싸지 않으니 내가 생각할 때는 몇 푼이나 받을지 궁금했다.

우선 찢어진 고무신은 흰색의 튼튼한 실로 꿰매는데 보기에는 그래도 신고 다닐 만한지 잘도 신고 다녔다. 구멍 난 고무신은 같은 색깔의 고무에다 접착제를 바르고 달군 인두에다 넣고 눌러 주면 터진 부분이 붙게 된다. 이때 고무 타는 냄새가 나기도 한다. 이것 역시 보기에는 그래도 신고 다니는 데는 문제가 없어 보였다.

헝겊으로 만든 운동화 같은 것은 튼튼한 실로 바느질하듯 꿰매 준다. 색깔이 비슷한 실로 하기에 얼핏 보면 표가 잘 안 났다.

가죽 구두는 주로 뒷굽이 쉽게 닳아지는데 굽을 갈아 주기도 하고 밑창을 아예 통으로 갈아 주기도 한다. 구두 옆이 터지면 접착제로 먼저 붙이고 튼튼한 실로 꿰매 준다. 굽이 한쪽으로 쏠리게 닳으면 쇠로 만든 징을 박기도 하는데 반질반질한 돌길을 걸으면 '창창'거리며 쇠 징소리가 난다.

당시 가죽 구두는 비싼 상품이었다. 한번 사서 신으면 거의 폐품이 될 때까지 신고 다녔다. 단벌 신사에 구두 한 켤레가 공식이었다. 지금처럼 유행 따라 기능 따라 여러 켤레의 구두는 생각도 못했다. 그러다 보니 구두 분실도 잦아 새 구두를 벗고 들어갈 일이 있으면 신줏단지 모시듯 하였다. 하기야 지금도 식당 같은 곳에서는 자기 신발을 챙기라고 하지만 당시에는 큰 귀중품이었다.

신기료장수는 구두만 수선해 주는 게 아니다. 망가진 우산도 같이 고치는데 당시에는 우산도 귀했다. 집안 식구 수 이상 우산을 가진 지금 시대와는 비교가 안 됐다. 오죽하면 일회용 비닐우산도 재활용해 쓸 정도였다. 접이식 우산도 드물었고 일자형 긴 검정우산을 주로 사용하는데 천이 찢어지거나 구멍이 나기도 한다. 이를 신발 고치듯 고쳐 준다. 우산살이 문제가 되어 부러지거나 하여 고장이 나는데 이럴 때는 조금 정교한 작업이 필요하다. 수선 시간이 길다 보니 손님들은 맡겨 놓고 다른 일을 한동안 보다가 찾아가기도 한다. 그래서 신기료장수는 주로 단골 위주로 장사를 했다.

  신기료장수는 한마디로 '절약정신의 상징'이었다. 지금 아파트 같은 경우에는 아예 신발장과 같이 우산보관함이 현관에 설치되어 있다. 우산보관함에는 해를 가리는 양산부터 다양한 우산이 보관되어 있는데 많기도 하다. 살 하나만 부러져도 바로 버리고 천이 조금만 해어져도 아낌없이 버린다. 버리기에 바쁘다. 집에 올 무렵 갑자기 비가 와서 산 우산도 한 번 사용하고 처박힌다.

  그 시절에는 갑자기 비가 와 비닐우산장수가 빗속을 뛰어다니며 우산을 팔아도 그냥 비가 그치기를 기다렸다. 아주 급한 일이 아니면 우산값이 아까워서였다. 급한 일이 없는 사람들은 느긋하게 건물 처마 밑에서 담배를 피우며 비가 그치기를 기다렸다. 심지어 방향이 맞으면 둘이 돈을 맞대 하나를 사서 사이좋게 쓰고 갔다. 정겹다. 하지만 슬픈 일이었다.

  싸구려 비닐우산조차 살 돈이 없어서이다.

신문팔이

1965년 가을. 삼성에서 만든 중앙일보가 창간됐다.

당시 나는 1학년, 누나는 4학년이었다. 누나와 제일 친하게 지내는, 지금도 만나는 정희 누나가 있다. 창간 며칠 전부터 누나 둘이 속닥거리더니 나를 데리고 종로5가 어디쯤으로 나를 데려갔다. 중앙일보 보급소였다. 창간하는 신문이라 거리판매 같은 마케팅이 필요했는지 나 같은 어린 아이도 많이 보였다. 누군지 모르겠지만 아마 보급소장이나 총무처럼 보이는 사람이 아이들에게 신문 파는 요령을 가르치고 있다. 지금도 기억나는 건 큰 목소리로 정확하게 '석간의~ 중앙일보'를 외치며 잽싸게 뛰어다니며 당당하게 팔아야 한다고 한다. 돈을 빨리 계산하는 법까지 세세하게 교육을 하더니 내일 다시 오라고 했다.

다음 날 보급소에 누나 둘과 갔다. 나는 어리다고 10부만 주고 누나 둘은 20부씩 받아 왔는데 창간특집호라서 지면이 많은지 어린 나에게는 제법 묵직했다. 나와 누이에게는 종로5가와 6가 사이에서 팔라고 한다. 신문 판매비용은 대부분이 판매원들의 몫이었다. 역시 삼성이다. 초기에 많은 신문팔이에게 중앙일보를 팔게 할 목적으로 신문사나 보급소의 이윤은 포기했다. 그러다 보니 신문팔이에게는 중앙일보가 최고였다. 소위 물량공세를 한 셈이다.

드디어 생애 첫 신문팔이로 나섰다. 누나 둘도 같이하는데 문제는 지금부터였다. 우선 신문을 받아 든 순간 눈을 위로 뜨지 못할 정도로 창피했다. 남보다 자존심이 센 나는 더욱 그랬다. 누나 둘도 나보다는 덜하지만 창피한 건 마찬가지였던 모양이다. 그래도 모기만 한 목소리로 '중앙일보 창간호입니다!' 하고 다니는데 나는 그나마 영 못하고 있었다. 목소리는 입 안에서만 뱅뱅 돌고 눈길은 보도블록만 바라보고 있다. 정희 누나는 유복한 형편이라 이 신문팔이를 안 해도 되는데 왜 이걸 하자고 꼬드겨서 나를 '쪽 팔리게' 하나 원망스럽다. 혹시라도 학교 친구들이 볼까 싶어 주변만 두리번거렸다. 친누나도 움츠러드는 건 마찬가지다.

한참을 단 한 부도 팔지 못한 채 사방으로 눈치만 보는데 동대문 방향에서 팔던 아이들은 이미 다 팔고 웃으며 뛰어간다. 선수와 아마추어의 확연한 차이다. 나는 거의 울먹이는 지경에까지 왔다. 신문이고 뭐고 다 팽개치고 빨리 집으로 가고 싶었다. 그때 웬 양복 입은 어른이 오더니 한 부 달라고 한다. 나는 어떻게 신문을 팔았는지도 모르고 한 부를 팔았다. 생애 첫 수입이다.

지나가는 어른이 있으면 무조건 달려들어 끈질기게 달라붙어 사 달라고 해야 겨우 한 부 팔까 말까 하는데 가만히 서 있으며 오는 손님을 기다리니 신문이 팔리겠는가.

마수걸이한 잠시 후 또 다른 어른이 오더니 한 부 달라고 한다. 결국, 그날 '중앙일보 창간호'는 2부를 파는 데 그쳤다. 나머지 8부는 보급소에 가서 반납을 했더니 신문 2부 값은 나보고 가지란다. 당시 신문 값이 얼마인지는 기억이 없지만 내 주머니 속에는 거리에서 신문팔이 한 대가치고는 초라한 돈을 가지고 있는데 누나 둘도 나와 큰 차이 없었다. 결국, 세 명이

판 신문 값으로 호떡을 사 먹고 말았는데 신문팔이는 아무나 하는 게 아니라는 걸 뼈저리게 느꼈다.

집이 여러모로 부족한 환경이지만 나와 누나가 신문팔이를 해서 가계에 보태야 될 정도로 어렵지는 않았다. 만약 물건을 파는 게 아니고 차라리 노래를 부르거나 웅변을 하면 덜 창피했을 텐데 나는 아무리 생각해도 뭔가 물건을 파는 재주는 없는 모양이다.

당시에는 석간신문 같은 경우에는 학생들이 거리판매를 많이 했다. 사람이 많이 모이는 곳에는 어김없이 신문팔이가 나타나 인파를 헤집고 다니며 잘도 팔았다. 역시 경험이다. 큰소리로 신문 이름을 대며 뛰어다니는데 날쌔기가 다람쥐 같다. 큰 뉴스가 터지면 여기저기서 신문을 찾는다. 사람들은 너나 할 것 없이 신문을 사서 정독을 하는데 그 모습이 경건하기까지 하다. 지금은 신문 산업이 어렵다고 하고 거리에서나 실내에서도 신문을 거의 보지 않는다. 대중교통을 이용해도 대부분이 스마트폰에 얼굴을 묻고 무언가에 열중하고 있다. 당시에는 거의 유일하다시피 모든 정보는 신문에 의존하고 형편이 어려운 집이라도 신문 하나 정도는 구독했다. '대형 뉴스'가 터지면 '호외'도 발행하는데 신문사 '지프'가 도로를 내달리며 창밖으로 '호외'를 마구 뿌렸다. 심지어는 신문사 비행기가 서울 상공을 비행하며 '호외'를 뿌리기까지 했다. 사람들은 신문에 대한 절대적인 신뢰를 보내며 열심히 읽었다.

지금 신문은 '망해 가고' 있다. 시대의 변화이기도 하지만, 가장 중요한 것은 신문이 신뢰를 잃어버린 것이다. 오만함의 극치를 이르며 '허위 날조', '왜곡 조작'을 서슴지 않고 있으니 누가 신문을 믿겠는가? 많은 시민단체에서는 유력한 특정신문의 구독중지운동을 벌이고 심지어 폐간까지 요구한다. 자업자득이다. 언론 본연의 자세로 빨리 돌아오기만을 기다린다.

하긴 나도 신문을 안 본 지가 꽤 오래됐고 기사는 별로 믿지 않는다.

동대문 기동차

혹시 기동차를 아시나요?

만약 독자께서 기동차를 안다면 시쳇말로 '연식'이 꽤 된 분들이다. 지금의 흥인지문(동대문)을 종로에서 바라보면 동남쪽에 동대문관광호텔이 있다. 예전에 그곳이 바로 동차(디젤기동차) 종점이 있었다. 사람들은 그냥 기동차라고 불렀는데 청계천 변을 따라 왕십리, 뚝섬, 광나루까지 가는 협궤열차다.

66년 나는 동네 누나를 따라 광나루까지 여름 물놀이를 하러 간 적이 있다. 종로6가에 살면서도 지척에 있던 기동차를 탈 일이 웬일인지 없었기에 그냥 무심하게 보고 지나쳤는데 어느 무더운 날 기동차를 타고 광나루에 놀러 가자는 말에 따라나섰다. 같이 간 동네 누나가 이 기동차가 곧 없어진다는 말에 '어 그러면 사람들이 어떻게 다니지?'라는 생각이 먼저 났던 기억이 난다. 종점에서 표를 사서 기동차를 올라탔는데 사람들은 별로 많지는 않았다.

승객 상당수는 행색은 초라하고 남루하며 간혹 양장한 젊은 데이트족이 눈에 띄고 학생으로 보이는 층도 여럿 보였다. 대개 손에 보따리 하나씩은 들고 젊은 여인들은 양산을 보란 듯이 손에 들고 있었다.

디젤기동차였는지 매캐한 경유 냄새를 풍기며 '그르릉' 출발을 하는데 선로가 안 좋은지 아니면 시내구간이라 그런지 속도는 그리 나지 않았다. 출발하자마자 청계천 둑 위 선로를 달리는데 차창 밖으로 펼쳐지는 풍경은 빈곤 그 자체였다. 청계천 변의 셀 수 없을 만큼 많은 판잣집 그리고 인간 군상들. 그 시절 너나 할 것 없이 어려운 시절이지만 이건 도저히 사람이 살 수 없는 곳처럼 보여 어린 내가 봐도 충격이었다. 성안에 살면서 성 밖을 나갈 일이 별로 없었던 나로서는 '이런 세계가 있구나!'라는 생각에 한동안 멍하니 차창만 바라보고 있었다.

청계천은 건천이다 보니 곳곳에 채소 등 농작물을 심고 경작하고 있었다. 파란 채소와 판잣집의 묘한 대조는 성인이 된 지금도 생생하게 기억난다.

냉방시설이 전혀 안 된 기동차는 날이 더운 관계로 모든 창문과 문을 열고 운행을 하는데 속도가 나지 않다 보니 파리 등 온갖 날벌레 등이 동차 안으로 들어와 승객들은 연신 손사래를 치며 벌레를 쫓기에 바쁘다. 조금 더 가니 이번에는 구린내가 진동을 한다. 그렇잖아도 이미 채소 농사를 위한 비료로 쓰던 분뇨 냄새가 솔솔 풍기고 있었는데 이제 본격적으로 냄새가 진동한다. 승객들은 코를 틀어막고 인상을 쓰고 있고 젊은 데이트족의 여자는 핸드백에서 얼른 손수건을 꺼내 코를 틀어막고 오만상을 찌푸리고 있다. 나 역시 생전 처음 맡아 보는 역겨운 냄새에 숨을 어떻게 쉬어야 할지 모를 정도로 냄새는 지독했다. 행색이 남루한 족들은 무슨 호들갑이냐는 듯 태연한 표정으로 그런 사람들을 바라보며 알 수 없는 야릇한 웃음을 머금고 있다. 아마 이런 생각을 하지 않았을까?

"너희도 이 구린내를 좀 맡아 봐라."

이제야 동네 형들이 왜 기동차를 '똥차'라고 불렀는지 이해가 됐다. 그 시절 서울에서 수거되는 분뇨를 왕십리와 뚝섬 사이 어디에선가 방류하지 않았나 하는 생각이 든다.

이 글을 쓰면서 기억을 더듬어 보려고 자료를 찾던 중 신문기사를 찾아봤다. 1965년 11월 30일자 기사를 살펴보면,

'경성궤도주식회사에서 운영하는 동대문, 뚝섬, 광나루 간의 기동차를 66년 서울시가 모두 인수하여 운행을 철폐한다. 동대문부터 성동교까지는 시가지로 조성하고 성동교, 광나루, 뚝섬 간의 도로는 길폭을 확장한다. 연간 300만 원의 적자가 계속되고 기동차의 1일 교통량은 버스 8대에 불과하다.' 당시 금 한 돈이 1,700원 수준이었다.

나는 운 좋게도(?) 폐선 직전에 기동차를 타 보는 영광(?)을 누린 셈이다.

나는 성인이 된 후 옛날 친구들과 이야기를 나누어 보면 기억조차 못하는 친구도 있고 기억은 하지만 타 보지 못한 친구도 있고 나보다 얼추 나이가 몇 살 위인 서울 출신 선배조차 기억도 경험도 없는 경우가 허다해 기동차 이야기만 나오면 나는 으쓱하며 침을 튀기며 이야기를 하곤 했다. 유년의 추억이 얼마나 소중하고 가치 있는지 새삼 느끼게 됐다.

그 시절 나이도 워낙 어리고 세상 물정 모르는 코흘리개 아이였지만 기동차를 몇 번 타 보면서 청계천 변 판잣집을 볼 때마다 대체 세상은 공정한가? 라는 생각을 몇 번 했는지 모른다. 지금은 상전벽해가 돼 버린 기동차 운행구간을 자동차로 쌩쌩 달리다 보면 변해도 너무 변했다. 세월의 무상함이 새삼 느껴진다.

근대화다 경제발전이다 하며 무조건 때려 부숴 버릴 게 아니라 먹고살 만한 지금은 복원하여 관광자원으로 활용하면 어떨까 하는 부질없는 생각도 가끔은 한다.

또 하나의 기억은 동대문 종점 건물이다. 거친 화강암으로 지은 돌집은 중세 시대의 성 입구처럼 생겼는데 그 안에서부터 철로 변까지 수도 없이 많은 좌판이었다. 아마 종점이기에 더욱 그랬을지는 모르나 온갖 물건들을 조그만 소쿠리나 나무 상자에 놓고 파는데 물건의 양은 많지는 않으나 종류는 참으로 다양했다. 주로 채소류가 많았지만 장작, 잡화, 옷가지, 신발, 군용물품 등 어린 내가 뭐가 뭔지도 잘 모르는 걸 팔고 있었다. 특히 국수나 찐빵 같은 먹을거리를 많이 팔고 있었는데 모두 남루한 행색의 사람들이 허기진 배를 채우려고 쪼그리고 앉아 허겁지겁 먹던 모습이 눈에 선하다. 그마저 사 먹지 못하는 사람들은 그저 적당히 떨어져서 사 먹는 사람의 은전만 기다리는 듯했다.

질퍽거리는 바닥과 알 수 없는 역한 냄새, 사람들의 악다구니와 기동차의 경적 소리 등이 어울려 거대한 '혼돈'을 보여 주고 있었다.

꼬맹이인 내 눈에도 '조국 근대화'의 자화상을 여지없이 보여주고 있다.

유년의 추억 4

매혈

동대문 이대부속병원 사택에 살 때다. 사택은 10여 평 내외의 조그만 한옥이었는데 어른들 말에 의하면 1930년대 집장수가 지은 개량한옥이라고 했다.

사택 위에 넓은 공터가 있고 그 앞으로 병원 임상병리를 하는 건물이 있다. 빨간 벽돌 2층 양옥이었는데 어린 내가 봐도 참 아름다운 건물이었다. 아마 지금까지 계속 있었으면 등록문화재로 지정되었을 텐데 하는 아쉬움이 크다.

이 건물 옆 끝에는 매주 특정한 요일 특정한 시간에 알 수 없는 남자 100여 명이 아무 말 없이 건물 앞에 진을 친다. 어쩌다 여자가 있지만, 그 수는 극히 적었다. 그중 젊은 새댁이 아기를 업고 나타난 적도 있다.

분위기는 아주 조용하고 사람들의 표정은 매우 어둡기만 하다. 대체로 젊은 사람들이 많이 보이고 간혹 나이가 들어 보이거나 어려 보이는 사람도 있다. 한결같이 남루한 옷차림에 고생에 찌들어 보이지만 제법 양복에 넥타이까지 단정한 옷차림도 보인다. 도수 높은 안경을 착용한 대학생처럼 보이는 사람도 간간이 눈에 띈다.

나는 처음에 무슨 모임이 있는지 알았다. 하지만 많은 사람이 모여 있음에도 불구하고 너무 조용하고 고개만 푹 숙이고 있기에 이상하게 생각했다. 나중에야 알았지만 거기서 자기 피를 돈을 받고 파는 '매혈'을 했던 거다. 매혈은 지금은 불법이고 모두 헌혈에 의존하지만, 그 시절에는 피를 팔고 사고 했다.

무슨 이유에서인지 집 담장 안에 변소가 없었다(당시에는 화장실이 아닌 변소라 했다). 그러다 보니 변소 갈 일이 있으면 임상병리실 앞에 있는 야외 변소를 가는데 널빤지에다 검정 콜타르를 칠한 임시 목조건물이었다. 매혈자가 피를 팔고 가는 날 변소를 가면 피 묻은 거즈나 솜이 여기저기 쌓여 있었다. 어린 마음에 피 묻은 솜을 밤에 야외 변소에서 보고 있으면 머리카락이 쭈뼛거리는 게 사뭇 무서웠다.

채혈실은 차가워 보였다. 사방이 흰색 페인트로 칠해져 있고 녹색비닐을 씌운 침상 여러 개가 있으며 흰 가운을 입은 간호사 외 몇 명이 함께 채혈을 한다. 사람들은 번호표를 갖고 있다가 번호를 부르면 소매를 걷어붙인 후 침상에 반듯이 눕는다. 간호사가 팔뚝에다가 아이들 기저귀 채울 때 쓰는 굵고 노란 고무줄을 묶는다. 그리고 혈관을 찾는 데 이미 자주 매혈을 한 사람의 혈관이 영 안 잡히는지 그만 나가라고 한다. 그러면 매혈자는 사정을 하며 계속 해 보라고 한다. 그 매혈자는 이미 자주 여러 병원을 찾아다니며 피를 뽑았기에 주삿바늘 자국이 여기저기 있고 가늘고 핏기 없는 팔뚝에 더는 주삿바늘을 놓을 자리가 없던 것이다.

채혈이 끝나면 아무 소리 없이 침상에서 일어나 한쪽으로 가면 카스텔라와 우유 한 병을 받아 들고는 허겁지겁 먹는다. 그러고는 사무원이 건네주는 돈을 받고는 힘없이 사라진다. 나는 그 모습을 담장 너머에서 숨어 보고 있는데 괴기스러운 것은 서로가 거의 말이 없다는 것이다. 침묵 속에 행해지는 장중한 의식처럼 보였다.

병에 담긴 혈액을 병원 근무자가 수레에 싣고 가면 그날의 '의식'은 끝난다. 나는 지금도 생생히 기억나는 게 퀭한 눈동자와 하나같이 비쩍 마른 사람들이 마치 송장처럼 어기적거리는 모습이 어린 나의 눈에도 큰 충격으로 다가왔다. 더욱이 아기를 포대기에 둘러업고 온 여자 매혈자는 여러 사람의 주목을 받으며 긴 의자에 앉아 하염없이 졸고 있는 모습이었다. 다른 사람들이 혀를 차며 지나가도 아기와 엄마는 마냥 졸고 있다. 부르는 소리에 잠이 깬 아기 엄마는 포대기를 풀러 애를 내려놓은 후 침상에 눕자마자 잠이 든다. 아기도 바닥에 내려놓은 포대기에서 잔다. 얼마나 잠을 못 잤으면 저렇게도 잠을 잘까 하는 생각이다. 채혈이 끝난 후 사무원이 특별히 카스텔라와 우유를 몇 개 더 챙겨 준다. 연신 고맙다고 인사를 하고 돈을 받아 챙긴 후 나가는 아기 엄마를 보고 그제야 사람들이 한마디씩 한다.

나는 지금도 남루한 차림의 아기 엄마가 지나가면 문득 1965년 봄 동대문 이대부속병원 채혈실이 생각난다. 건물 밖에 있던 임시 건물의 변소가 왜 거기 있었는지. 그곳은 순전히 매혈자들을 위한 변소였다.

얼마나 살기가 어렵고 팍팍하면 자기 몸의 피를 팔아 생계를 유지해야 했던가. 피라도 팔아 하루를 먹고살아야 하는 군상들이 비단 그때만 있을까?

아마 지금 시대에 매혈이 불법이 아니라면 많은 사람이 매혈을 하고 살고 있지는 않을까?

 전차

　사람들은 내가 전차 통학을 했다고 하면 잘 믿지를 않는 눈치다.
　전차가 없어진 게 언젠데 나이로 봐서도 그렇고 지리적으로도 그렇고 하여 믿지 않는 편인데 사실 늘 통학을 하지는 않았지만, 지각이 우려되거나 몸이 좀 불편하거나 날씨가 좋지 않으면 어김없이 동대문 전차 차고에서 학교가 있는 종로5가까지 전차를 즐겨 타곤 했다.
　서울 전차는 1899년 5월 개통하여 1968년 11월 30일 자정을 기해 폐선될 때까지 오랫동안 서울 시민의 발이 돼 주었던 대표적인 교통수단이었다.
　나는 1965년에 초등학교에 입학했기에 초등학교 4학년 때까지는 적어도 전차를 4년 동안은 타고 다닌 기억이 어제 일처럼 선명하게 떠오른다.
　지금도 그렇긴 하지만 초등학교 저학년 시절에는 얼마나 개구쟁이였는지 독자들도 상상이 갈 것이다. 특히 나 같은 경우에는 유독 호기심도 많고 장난기도 심했기에 전차와 얽힌 이야기는 참 많다.
　내가 태어나고 살던 집은 지금은 아예 도로가 나 버렸지만, 당시 동대문 이대부속병원, 흔히 이대병원이라 불리던 병원 사택이었다. 그러다 보니 눈만 뜨면 집 앞이 바로 동대문 전차 차고인지라 전차를 제일 먼저 보게 되고 땡땡거리는 전차 경적으로 아침을 맞는다.

전차를 타고 가려면 일단 병원 앞에서 건널목을 건너 동대문 앞 조그만 광장에서 종로로 가는 아무 전차나 타면 되는데 광장 한쪽에 무슨 초소처럼 나무로 지은 조그만 집이 한 채 있고 사람들이 40~50명씩 옹기종기 모여 있다가 자기가 가고자 하는 방향의 전차가 나오면 잽싸게 올라탄다. 승객들의 대다수는 학생들과 시내 안쪽으로 출근하는 양복에 넥타이를 맨 사무직처럼 보였다. 나머지 사람들은 손에 무언가 보따리를 하나씩 들거나 메고 있었다.

요금은 정확히는 기억이 안 나지만 학생은 2~3원 했던 것 같고 어른은 7원 정도 했던 것 같다. 나는 무임승차를 주로 했고 어쩌다 차장이 나를 보고 표나 돈이 없다는 걸 알면 그냥 꿀밤 한 대로 푯값을 대신했다.

어느 날이었던가. 전차를 타면 늘 운전사 바로 뒤에서 전차 운전을 유심히 보는 게 즐거움인데 운전이라는 게 별것 아니었다. 무슨 레버처럼 생긴 막대기를 좌우로 왔다 갔다 하며 속도를 조절하고 가끔 전차 앞에 사람들이 있으면 전차 천장에 달린 줄 같은 걸 잡아당겨 '땡땡'거리는 종소리를 내곤 했다. 나는 운전사가 줄을 잡아당겨 소리를 낼 때마다 그걸 그렇게 해 보고 싶었다.

동대문에서 종로5가까지는 사실 짧은 거리다. 시간으로 보면 불과 2분 미만인데 그날 드디어 일을 냈다. 운전사가 잠시 한눈을 파는 순간 냅다 줄을 잡아당겨 '땡땡'거리는 소리를 내고야 말았다. 운전사는 앞에서 오는 전차가 내는 경적인 줄 알고 깜짝 놀라 있는데 바로 옆에 조그만 꼬맹이가 서 있는 게 아닌가. 그날은 무임승차 시 꿀밤 한 대로 끝난 게 아니라 정신이 번쩍 들 정도로 귀쌈을 한 대 얻어맞았다. 하지만 나는 그날 학교에 가서 마치 개선장군처럼 전차에서 있었던 일을 떠벌이며 무용담을 펼쳤다.

또 다른 추억은 어느 일요일 아침. 휴일인지라 전차도 한산하고 손님도 별로 없는 동대문 전차 차고에 나를 포함한 동네 악동 몇 명이 잠입(?)을 했다. 어디선가 긴 대못을 하나씩 구해 와 전차 선로에 올려놓고 전차가 지나가길 기다리고 있었다. 선로 위에 놓인 긴 대못을 전차가 지나가며 납작하게 펴지면 그걸 날카롭게 갈아서 길다란 나무에 붙이면 그게 바로 '창'이 되는 것이다. 그러면 윗동네 아이들과 전쟁놀이를 할 때 아주 훌륭한 무기가 된다.

숨을 죽이며 전차가 지나가길 기다리는데 차고지가 되다 보니 전차가 안 다니는 것이다. 그래도 행여 하는 마음에 마른침을 삼키며 기다리는 중에 갑자기 우리 뒤에서 '이놈들' 하는 큰소리가 들려왔다. 우리는 놀라 이리 뛰고 저리 뛰고 혼비백산 도망가는데 조금 둔한 친구가 기어이 뒷덜미를 잡히고 말았다. 질질 끌려가는 친구를 보며 불안한 마음으로 지켜보는데 잡힌 친구는 끌려가며 계속 꿀밤을 맞고 결국 선로 한가운데 무릎을 꿇고 손을 들고 벌을 받고 있다. 그걸 지켜보자니 안쓰럽기도 하고 불쌍하기도 하여 결국 친구들 간의 의리로 나머지 친구들도 자수했다. 결과는 우리 모두 꿀밤 서너 대씩 맞고 훈방으로 풀려나긴 했지만, 친구놈 하나가 '그래도 우린 다행'이라 한다. 자기 친구 하나는 그러다 부모님까지 불려 나와 단단히 주의를 받고 그날 집에 가서는 자기 아버지에게 엄청나게 맞았다고, 이만하길 다행이라고 우리를 위로한다.

간 큰 친구들은 아예 노선 선로에서 못을 펴다가 걸려 치도곤을 당했다고 하는데 소심한 우리는 그러지도 못하고 기껏 차고지에 숨어 들어가 작업도 제대로 못하고 걸리고 말았으니 어린 나이에도 속이 많이 상했다.

별다른 놀거리가 없던 시절이라 우리 친구 몇 놈은 가끔 일요일 같은 날은 멀리 '전차 원정'을 가기도 했다. 그래 봐야 서대문, 영천, 청량리, 효자동, 서울역 등을 갔다 오는 정도지만 그래도 얼마나 재미가 있었는지 온종일 전차만 타고 다닌 적도 있다. 목적지에 오면 일단 내려서 멀리 가지도 못하고 근처를 맴돌다가 동대문으로 가는 전차를 다시 타고 오는 정도였다. 오늘날 무임 혜택을 누리는 어르신들이 낮에 전철을 타고 왔다 갔다 하시는 거와 다름없다.

친구들끼리는 무슨 전차가 더 신형이고 이 차는 미제고 저 차는 일제고 하며 아는 척을 하곤 했다. 거의 나무로 만들다시피 한 아주 낡은 전차가 오면 일부러 외면하고 타지 않고 한눈에 봐도 미끈하게 빠진 최신형 전차만 골라 타는 재미도 있었다.

일반적인 전차의 내부 형태는 오늘날의 지하철과 크게 다르지 않다. 녹색이나 청색 혹은 자색의 주단으로 마감한 긴 의자가 좌우를 마주 보게 대칭으로 만들고 가운데 복도 천장에는 가죽 혹은 플라스틱 둥근 손잡이가 두 줄 철봉에 매달렸다.

한번은 이런 일도 있었다. 여름방학 즈음인데 그날은 왠지 혼자서 아무 생각 없이 전차를 올라타고 남대문 쪽으로 가는데 갑자기 전차 안에서 어느 남자가,

"저놈 잡아라!"

큰소리로 외치는데 모든 사람이 놀라 그 남자를 쳐다보니 얼굴이 벌게진 남자가 안절부절못하며 소리만 지른다.

"전차 좀 세워 줘요!"

"아, 뭔 일이오?"

남자는 흥분하여 말도 제대로 잊지 못하며,

"내 손목에 찬 '세이코' 시계를 저놈이 낚아채서 도망갔어요!"

그러면서 '내 세이코, 세이코'를 연발하며 연신 자기 손목을 들었다 놨다 하는데 아닌 게 아니라 왼쪽 손목이 벌게져 있다. 승객들은 연방 자기 일처럼 혀를 차며 안타까워하는데 운전사가 급히 전차를 세우자 시계를 날치기당한 남자는 총알같이 뛰어나갔지만 이미 절도범은 인파 속으로 사라졌다. 그때의 기억은 '세이코, 세이코'였는데 집에 와서 어머니께 물어 봤더니,

"세이코라는 일제 시계인데 아주 비싼 거란다."

나는 지금도 롤렉스니 오메가니 뭐라지만 그날 울부짖듯 소리친 그 남자의 목소리가 생생하게 기억난다. 나는 지금도 세이코가 제일 좋은 시계로 기억한다.

전차의 폐지와 함께 동대문 전차 차고 자리는 후에 고속버스터미널로 바뀌고, 그 버스터미널이 다시 반포로 이전한 후 지금은 호텔이 들어섰으니, 상전벽해다.

설탕

한여름에 우리 집은 다양한 손님들이 자주 왔다.

집이 종로5가에 위치하다 보니 소위 '접근성'이 좋았다. 더욱이 어머님 친정이 경기도 포천이고 당시 포천 가는 시외버스터미널이 종로5가 효제초등학교 왼쪽에 자리 잡아 외가 친척들이 서울에 볼일이 있으면 우리 집을 꼭 방문했다. 손님이 오면 뭔가 마땅한 것을 대접해야 하는데 냉장고도 없고 청량음료도 없다 보니 집 주인 처지에서는 난감하기만 하다.

어머니는 얼른 나에게 심부름을 시키시는데 창신동 쪽으로 가다 보면 얼음집이 있다. 그러면 나는 얼른 바가지를 손에 들고 잽싸게 뛰쳐나간다. 그사이 어머니는 부엌 찬장 꼭대기에 신줏단지 모시듯 숨겨 둔 설탕단지에서 설탕을 몇 숟가락 떠 놓으신다. 찬장 꼭대기에 설탕단지를 올려놓는 이유는 아이들이 몰래 퍼 먹을까 봐 키가 닿지 않는 높은 곳에 일부러 올려놓았다.

얼음집에서는 손님이 오면 사람 하나 겨우 드나들 수 있는 문을 열고 큰 사각 얼음을 쇠꼬챙이로 찍어 창고 바깥으로 꺼낸다. 문을 연 순간 창고 안 찬 공기가 나오면 그 자체만으로도 시원해서 기분이 좋았다. 주인은 큰 사각 얼음을 조그만 손도끼 같은 걸로 쪼개서 주는데 얼음을 깨다 남은 잔잔한 얼음덩어리는 선심 쓰듯이 준비해 간 바가지에 담아 준다.

집에 오는 길은 거의 달음박질 수준이다. 워낙 날씨가 덥다 보니 조금만 지체하면 얼음덩어리가 녹아 물만 가져오는 경우도 있기 때문이다.

어머니는 마루에서 손님과 두런두런 이야기하시다가 내가 사 온 얼음을 얼른 쪼개라고 하신다. 그러면 플라스틱 바가지에다가 얼음을 놓고 큰 대바늘을 얼음 위에 올려놓은 후 망치로 '톡톡' 치면 신기하게도 잘게 쪼개진다.

어머니는 집에서 쓰는 국 대접에다 잘게 쪼갠 얼음 덩어리를 넣고 아끼고 아낀 설탕을 풀어 휘휘 저어 녹인다. 설탕이 찬물에 금방 녹지를 않으니 한참을 휘저은 후 손님에게 내놓으면,

"아이고 뭐 이런 귀한 것을~"

손님은 귀한 탕약을 마시듯 조금씩 음미하다가 목이 타는지 벌컥벌컥 들이켠다. 정작 더위에 심부름 갔다 온 나는 손님이 가신 후 조금 맛보는 걸로 만족해야 한다.

그만큼 설탕은 귀하디귀한 식품이었다.

어른이 되어 군대에서 한여름 훈련을 받다 불현듯 '얼음 설탕물'이 생각이 나 직접 만들어 마셔 봤는데 별다른 맛이 없고 그냥 달콤하기만 했다. 입맛은 어지간하면 변하지 않는다고 했는데 비교적 여유로운 시대인 70년대 말에 먹어서 그런지 감동(?)이 없었다.

어느 집에서는 비상약처럼 쓰이기도 하고 누군가에게 좋은 선물을 해야 할 경우에도 설탕은 요긴하게 쓰였다. 명절 최고의 선물은 단연 설탕이었다. 가끔 외국에서 수입하는 원당가격이 들쑥날쑥하면 시장에서의 설탕 가격이 춤을 춰 사회 문제가 되기도 했다.

집에서 가끔 인절미나 백설기 같은 떡을 해 먹는데 귀한 손님이 오시면

떡 그릇 옆에 조그만 종지에다 설탕을 조금 부어 떡을 찍어 먹게 하면 훌륭한 접대가 된다. 손님이 가시고 난 후 우리 같은 어린아이들은 그 종지를 입에 대고 설거지를 할 필요 없이 깨끗하게 핥아 먹었다. 지금 생각하면 참 어이없는 일이지만 그 시절에는 뭐든지 부족하던 시절이니까 창피하거나 불결하다고 생각할 겨를 없이 먹기에 바빴다.

어머니가 인심이 후하시어 집에는 늘 손님이 북적거렸는데 친인척부터 장사치, 동네 사람들까지 하루에도 몇 명씩 우리 집을 들락거렸다. 그때마다 우리 집 찬장의 설탕단지는 조금씩 비워져 가고 나중에는 '사카린'이나 '슈가'라고 불리는 감미료로 대체하기도 했다.

한번은 몸이 아파 밥맛이 떨어지니까 어머니가 설탕을 밥에다 조금 섞어 주시어 '설탕 밥'을 먹은 적이 있는데 마치 '가정상비약' 같은 역할도 했다.

우리 집에서 신세를 많이 진 어느 손님은 선물로 누런 포장지에 싼 설탕을 가져온다. 이런 날은 어머니의 얼굴이 환하게 피시며 연신 고맙다고 인사를 하는데 아마 지금은 설탕을 선물로 가져오면 욕먹지 않으면 다행일 거다.

한여름 '미숫가루'도 별미 중의 별미였다. 미숫가루는 찹쌀, 멥쌀, 보리쌀 등을 쪄서 말린 다음 다시 볶아서 만든 가루인데 이걸 집에서 직접 어머니가 만들어 놓은 후 간식이나 끼니 대용으로 가끔 먹었다. 보리 미숫가루가 특히 더 맛있었는데 콩가루를 조금 섞으면 고소하며 더 맛있다.

조금 시장하다 싶으면 어머니가 타 주시는데 설탕을 넣은 것과 아닌 것은 맛에서 천지 차이가 났다. 설탕 없이 맨 물에 타서 먹으면 목도 메고 맛도 없으려니와 몇 모금 넘기기가 어려웠다. 그런데 설탕이 들어가면 그렇게 맛이 좋고 목구멍으로 술술 잘 넘어갔다.

'각설탕'에 대한 추억도 있다. 마치 주사위처럼 생겼으며 낱개 종이 포장도 있고 큰 곽에다가 개별 포장이 없는 덕용 제품도 있다. 지금도 카페나 다방 같은 일부 업소에선 각설탕을 두어 개씩 내놓는데 단것을 멀리하는 요즘 풍조로 외면을 받는다. 그 시절에는 각설탕은 아주 귀한 대접을 받았다. 설탕 자체도 귀했지만 뭔지 모르게 각설탕은 더 좋아 보이고 고급스러운 느낌이 나고 했다. 설탕 그릇에 고춧가루도 안 보이고 소금 알갱이도 없는 깨끗한 각설탕을 조심스럽게 포장을 벗기며 커피잔에 타는 모습은 우아하게 보였다.

있는 집 아이들은 집에서 각설탕을 대여섯 개씩 훔쳐서 나온다. 그러고는 자기 말을 잘 듣는 '부하'에게 큰 은전을 베풀 듯 나눠 주면 공손하게 받아 든 부하들은 입 안에 넣고 침으로 녹이면서 충성을 맹세한다. 권력을 각설탕 하나로 유지하는 것이다. 친한 친구 사이에는 반쯤 먹다가 나누어 주기도 하는데 불결하기 그지없지만, 그 시절에는 그런 걸 따지고 할 겨를이 없었다.

'흑설탕'도 있다. 정제가 다소 거칠어 알갱이가 조금 굵고 색깔은 흑색에 가깝다기보다는 황색에 가까웠다. 집에서는 '수정과' 같은 명절 음식을 할 때 쓸려고 고이 보관하는 걸 백설탕처럼 달지 않아서 밥숟가락으로 퍼 먹다 어른들에게 혼이 나기도 했다.

한여름의 빠질 수 없는 얼음 설탕물은 이제는 누가 권하지도 않겠지만 마시지도 않는다. 건강이 걱정되어 오히려 단것을 자제하는 시대가 왔고 일부러 설탕을 멀리하지만 난 지금도 설탕을 비교적 많이 먹는다. 그때 먹지 못한 '한'이 맺혀서일까?

시발택시

일요일 아침이었다.

평소와 달리 아버님께서 나와 막내 남동생을 채근하며 외출 준비를 서두르신다. 뭔 일인지도 모르고 엄마가 챙겨 준 제일 좋은 옷을 입고 '도리구찌'까지 척하니 쓰고는 부모님과 나와 막내 남동생이 집을 나섰다. 나는 1학년, 막내는 이제 3살이지만 잘 걷고 위태롭지만 뛸 줄도 알고 있었다.

한껏 차려입고 멋을 낸 우리 가족은 5월의 따스한 햇볕을 받으며 창신동 쪽으로 향했다. 나는 어디 가는지도 모르고 단지 우리 가족이 어디 좋은 데 가나 보다 하고 싱글벙글 엄마 치마폭을 붙잡고 종종걸음으로 따라가는데 지금의 창신2동 주민센터로 가는 입구 길목까지 갔다. 주위를 두리번거리시던 아버지가 '아 저기 있구만.' 하시며 우리를 인도하는데 눈 앞에 시발택시가 떡하니 주차된 게 아닌가? 나는 이게 뭔 일인가 하고 두리번거리는데 아버지께서는 운전수(그때는 운전사라고 안 하고 운전수라 했다)와 구면인 듯 몇 마디 말씀을 나누시고는 타라고 하신다. 그랬더니 덩치도 좋고 키도 크며 훤칠한 운전수 아저씨가 운전석 문을 열더니 두 번 구부러진 쇠막대기(크랭크)를 들고 나오는 게 아닌가? 그러더니 쇠막대기 한쪽 끝을 자동차 앞 범퍼에 나 있는 조그만 구멍에 집어넣더니 몇 바퀴 힘있게 돌린다. '푸르프릉, 푸르릉' 하더니 시동이 걸렸다. 오늘날 경운기 시동을 걸 때와 똑같다고 생각하면 된다.

운전수 아저씨는 동반석 의자를 젖히더니 나보고 올라타라 하신다. 차체가 높아 겨우 올라가서 앉았다. 그리고 막냇동생을 번쩍 들어 역시 뒷자리에 앉힌다. 다음에는 한복을 입으신 어머니가 조심스레 올라타시고 아버지는 앞자리에 척 앉으셨다. 그러더니 아버지와 운전사 아저씨가 서로 웃으면서 몇 마디 수인사를 하시더니 앞에 있는 미터기의 동그란 표시를 아래로 젖히는데 '차르륵' 하는 소리를 내며 빨간 색깔의 표시기가 아래로 내려간다. 기억이 가물거리긴 하지만 택시 기본요금이 30원 정도 했던 거로 기억난다.

드디어 출발한다. 5월의 좋은 계절인지라 차창은 모두 열어 놨는데 휘발유냄새가 살짝 들어오고 바람이 솔솔 들어오며 귓불을 간질이는데 콧노래가 절로 나온다. 얼마 가지도 않았는데 막내 남동생은 벌써 차멀미가 나는지 인상을 찡그리고 있고 어머니는 그런 막내를 계속 달래고 계신다.

오늘은 비원(당시에는 창덕궁을 비원이라고 했다)에서 아버지 고향인 평안북도 오봉면 면민회가 있는 날이다. 고향의 실향민끼리 모여 회포를 푸는 일이기에 아버지는 특별히 택시를 탔다.

나는 막내의 멀미는 아랑곳하지 않고 예의 호기심이 발동하여 택시 내부를 찬찬히 살펴봤다. 의자는 나무를 기본으로 하여 3㎝쯤 짚으로 속을 채우고 그 위에 비닐로 덧씌워 승차감은 영 아니었다. 길지 않은 거리를 가는데도 엉덩이가 배길 정도였다. 천장에는 네모난 틀이 있는데 환기 때문에 그랬으리라 생각된다. 차창 유리는 서로 아귀가 덜 맞아 가끔 덜덜거리기도 하고 차 안쪽은 담뱃불로 인한 구멍이 숭숭 뚫어져 있다. 차 바닥도 쇠가 삭아서 그런지 쇳가루가 보이고 간혹 연필 두께만 한 구멍도 보인다. 지금하고야 비교하면 그야말로 경운기 수준이다.

시발택시는 1955년 을지로 천막에서 드럼통을 두드려 만든 4기통 자동차로 1963년 약 2,200여 대를 생산하고 단종되었다. 지금 2대가 남았다고 하는데 아마 내 나이쯤 돼도 시발택시를 타 본 사람은 많지 않으리라 생각된다.

재미있는 건 자동차 이름이 시발이다 보니 마치 욕같이 들려서 어른들 앞에선 그냥 택시라고 하고 짓궂은 친구들끼리는 '시발아, 시발아' 하며 욕지거리를 하곤 했다. 택시 앞과 본 네트 옆에는 'ㅅㅣ-ㅂㅏㄹ'이라 적혀 있어 이제 겨우 글을 깨친 나로서는 소리 내어 시발이라고 일부러 큰소리로 읽으면 지나가는 어른에게 요놈하고 머리를 쥐어박힌 적도 많았다.

머리 굵은 동네 형들이 하는 이야기 중에 자기 친구 이름이 시발이라고 하며 서로 키득거리고 웃는데 나야 아직 어리고 순진하니까 그런가 하며 '참 이름치고는 더럽네.' 하고 혼자 생각을 했다. 동네 형은 입에 침을 튀기며 설명하는데 친구가 시골이 고향인데 출산을 앞두고 엄마가 잘못되어 죽을 것 같다고 해서 급히 읍에 있는 시발택시를 불러 큰 병원을 가다 시발택시 안에서 출산했다고 한다. 그래서 자기 친구 이름이 '시발이'라고 하며 키득거리는데 그때는 믿었지만 지금 생각하면 동네 형이 나를 골려 먹기 위해 거짓말을 했을 거란 확신이 든다.

지금의 택시는 그때와 비교하면 상상할 수 없을 정도로 발전되고 차량 대수도 많고 고급화돼 있지만 기름 냄새 솔솔 나고 시끄럽고 춥고 더웠던 그 시절의 택시가 그리워지는 건 나만의 추억일까?

아편쟁이와 문둥병

　가끔 '아편쟁이'가 집에 와서 구걸했다. 그는 여자 화교였다. 늘 얼굴을 천으로 감고 다녀 눈만 보이는데 초점 잃은 퀭한 눈으로 별다른 말없이 바가지를 내밀었다. 더듬거리는 말투로 "밥 좀 주세요." 하며 내미는데 하얗고 가는 손목이 심하게 떨고 있다.

　우리 집은 누가 밖에서 기척이 나면 항상 내가 제일 먼저 뛰어나간다. 그래서 누가 오는지를 집 안 사람 중 제일 먼저 아는데 그날 '화교 아편쟁이'를 처음 대면한 날을 지금도 잊지 못한다.

　나른한 봄 어느 일요일 낮이었다. 누가 대문을 흔드는 것 같아 나가 보니 웬 자그마한 여자가 서 있었다. 비교적 입성도 깨끗하고 단정한 것 같아 별다른 의심 없이 문을 열어 주었다. 집 문이라는 게 오래되어 문틈이 많이 벌어져 있어 바깥 사정을 훤하게 볼 수 있다. 아편쟁이는 기어들어 가는 목소리로 밥을 좀 달란다. 나는 차라리 거지가 아닌 게 더 무서웠다. 차라리 거지 같으면 늘 그래 왔듯이 부엌에 가서 찬밥 한 덩이라도 주면 그만인데 처음 보는 여자가 얼굴을 칭칭 감고 다 죽어 가는 목소리로 밥을 달라고 하니 놀랄 수밖에 없었다. 뒷걸음치며 어머니에게 쏜살같이 달려가 말을 했다. 어머니는 아무 말씀 안 하시고 부엌 찬장을 이리저리 살펴보더니 식은 밥 한 덩이를 찾아내 갖다 주라 하신다. 어머니가 아무 말

없이 그러시는 걸 보고 슬며시 갖다 주는데 아편쟁이는 고맙다고 심하게 떠는 손으로 내 머리를 한 번 쓱 만지고는 간다. 나는 놀랐기도 하고 궁금하기도 해서 어머니에게 물어 보니 예전에도 가끔 집에 와서 찬밥을 얻어 갔다고 한다. 그 아편쟁이는 우리 어머님이 밥술이라도 한 덩어리 주는 걸 잊지 않고 우리 집을 왔다. 어머니는 나에게 그냥 중국 여자고 나이도 많은 할머니인데 아편에 중독되어 저런다고 무서운 사람 아니니 걱정하지 말라고 하신다.

한동안 잊고 있었는데 어느 날 동냥을 하러 온 아편쟁이 할머니를 다시 만났다. 할머니는 나를 보더니 "그새 많이 컸네!" 하며 내 머리를 쓰다듬는데 처음보다는 무서움도 덜하고 부쩍 호기심이 생겼다.

그로부터 한 일 년쯤 지난 어느 날이었다. 학교가 파하고 집에 가는데 가끔 거쳐 가는 골목길이 있다. 그 골목길 조그만 건물 입구에 쪼그리고 앉은 '아편쟁이 할머니'를 우연히 만났다. 내가 가던 길을 멈추고 자세히 들여다보니 건강이 많이 안 좋아 보였다. 할머니는 나를 알아보더니 이리 오라고 손짓을 한다. 옆에 앉으라 하고는 걸망 같은 것에서 무언가를 주섬주섬 꺼낸다. 그때는 그게 뭔지 몰랐는데 할머니가 내 손에 쥐여 준 건 '월병'이었다.

처음 보는 과자였으나 할머니가 이제 더는 무섭지 않기에 한 입 베어 먹었다. 처음 맛보는 과자지만 기름기가 많아 조금 이상했다. 하지만 조금씩 먹다 보니 먹을 만했다. 할머니는 내가 먹는 모습을 보더니 흡족한 듯 더듬거리는 말로 천천히 먹으라 한다.

그러면서 묻지도 않은 자기 이야기를 한다. 자기는 산동 성에서 태어나 어릴 적에 부모님을 따라 북한 땅에 들어가 살다가 한국전쟁 때 남한으로 피난 나온 후 지금껏 살아왔는데 젊어서 배운 아편으로 몸과 마음이 다 망가졌다고 한다.

가족과도 헤어진 후 당시만 해도 남아 있던 중국인 거리에서 동포들의 도움으로 허드렛일을 하며 먹고살았으나 이제 나이도 먹고 기력이 다해 죽을 날만 기다린다고 했다. 그러다 우리 집에 동냥을 오게 됐는데 피난 내려온 불쌍한 할머니가 안됐다고 아버님이 식은 밥이라도 한 덩이 줘서 늘 고마운 마음을 갖고 있다고 주절주절 이야기한다. 나보다 더 큰 손자가 있다고도 했다. 나는 그 이야기가 무엇을 의미하는지도 모르고 그냥 불쌍한 할머니구나 하는 생각에 이야기를 들어주고 있었다. 알 수 없는 이야기를 계속 하더니 갑자기 뭘 보여 줄 게 있다고 한다. 나는 뭔가 싶어 눈을 반짝거리는데 갑자기 중국 신발을 벗더니 발에 감은 천을 조심스레 푸는 게 아닌가? 그랬더니 내 눈앞에 보이는 건 초등학생 저학년인 내 발보다 작은 앙증맞은 발이 나타난다. 나는 왜 그런가 했더니 할머니가 이게 '전족'이라고 한다. 나는 전족이 무슨 뜻인지 몰라 집에 와서 아버님께 물어 보니 설명을 해 주시는데 나는 이해가 안 됐다. 그날 아편쟁이 할머니를 본 게 마지막이었다. 나중에 풍문으로 들으니 그해 겨울 골목길에서 굶어 죽었는지, 얼어 죽었는지, 아니면 약에 취해 죽었는지 누구도 정확하게 이야기하지 않았지만, 아무튼 이 세상 사람이 아니었다.

한 달에 한 번 정도 '문둥병' 걸린 부부가 동냥하러 왔다. 한여름에도 온몸을 천 같은 걸로 둘둘 말아 눈만 빠끔히 보이고 목소리만 들렸다. 겨울에 처음 봤을 때는 추우니까 그러려니 했다. 그러다 날이 좋아 얼굴을 어느 정도 알아볼 수 있게 된 계절에 보면 얼굴은 화상 환자처럼 일그러져 있고 손가락 마디는 흉하게 뒤틀리거나 아예 없다. 나는 무섭다기보다는 그냥 다친 사람인 줄 알았다.

　문둥병 부부는 조금 특이했다. 밥을 달라기보다는 쌀이나 신 김치, 혹은 된장, 간장을 조금 달라고 했다. 그럴 때마다 어머니는 쌀 한 줌이나 묵은 된장 등을 챙겨 주었다. 그러면 부부는 허리를 수도 없이 구부리며 고맙다는 절을 했다. 그때마다 어머니는 혀를 끌끌 차며 뭐라 하시는데 나는 뭔 말인지 몰랐다. 어머니는 내가 좀 자라니까 이야길 해 주시는데 어디 시설로 가라고 하셨단다.

　전염성이 없으니까 거리를 활보하고 다녔겠지만, 그 시절에는 별별 소문이 다 나돌았다. '어린아이를 잡아다 간을 빼 먹는다'는 등의 이야기를 아이들이 수시로 하던 시절이었다. 또 집집이 다니며 긴 장대에다 고리를 만들어 창을 통해 옷가지나 귀중품을 훔쳐 간다고, 그 범인은 주로 아편쟁이거나 문둥병 환자라고 이야기를 하곤 했다.

　그때는 거지, 아편쟁이, 문둥병 환자 등이 왜 그리 많았는지 거의 매일 집에 동냥을 오거나 길거리에서 흔히 볼 수 있는 시절이었다. 아이들은 그들에게 매우 적대적이어서 돌을 던지거나, 욕을 하거나, 놀리거나 하며 많이도 괴롭혔다. 가끔 정신병자들도 거리를 배회하는데 조금 머리 굵은 아이들은 몽둥이로 때리기도 하였다.

　전후 십 몇 년이 지났지만, 아직 사회가 제대로 돌아가지 않고 안정적이지 못하다 보니 있을 수 있는 현상이었겠지만 어린 내가 봐도 '혼돈'의 시대였던 것 같다. 그나저나 요즘 마약이 커다란 사회 문제가 되고 있는데 절대로 해서는 안 될 일이다.

버스와 차장

친하게 지내던 친구 놈 하나가 이문동으로 멀리(?) 이사를 했다. '윤상○'까지는 기억이 나는데 이름 끝 자가 기억이 잘 나질 않는다. 동창들에게 물어 봐도 잘 모르겠다고 한다. 하지만 꼭 한번 보고 싶은 친구이다.

당시만 해도 종로에서 살다가 이문동으로 이사를 하면 촌으로 가는 줄 알았다. 성안 사람들은 성 밖 사람들을 은근히 구별하였고 종로 깊숙한 곳에서 몇 대에 걸쳐 산 사람들은 아예 대놓고 자랑을 했다.

그런 친구가 성 밖으로 이사를 하니 가깝게 지낸 친구를 보러 간다는 핑계로 종로에서 버스를 타고 이문동으로 자주 다녔다. 내가 정확히 기억한다면 당시 중앙정보부 이문동 청사 안에 있던 의릉인 것으로 추정되는데 윤 씨 성의 친구가 어떻게 해서 중앙정보부 내의 의릉에 살게 됐는지 지금도 아리송하다. 나한테 이야기하기는 자기는 윤 비 쪽의 후손으로 어찌하다가 능지기로 아버지가 오게 되어 이문동으로 이사를 왔다고 했다. 믿거나 말거나 내가 볼 때는 전혀 그쪽 '피'는 아닌 것 같은데.

이 글을 쓰며 다시 한 번 곰곰이 생각해 보면 친구 집을 놀러 가려면 조그만 쪽문을 통해 들어가고 나오고 절대로 어느 경계까지는 넘어가지 않고 오래된 한옥 방과 대청마루에서만 놀다 오곤 했다.

아무튼, 종로6가 혹은 동대문에서 버스를 타고 이문동을 가려면 창신동, 신설동, 용두동, 제기동, 청량리, 회기동을 거쳐 가는데 주로 운전석 바로 뒤에서 운전기사의 운전을 호기심 있게 바라보는 게 지루함을 덜어 주었다. 핸들 조작과 기어 변경이 어린 내 눈에는 신기에 가까웠다. 당시 버스는 엔진룸이 앞쪽에 있고 운전석 바로 오른쪽에 엔진룸 덮개가 불룩 솟아 있어 거기에 엉덩이를 걸치고 앉으면 그렇게 따뜻할 수가 없었다. 내가 어리다 보니 늘 운전기사 아저씨는 일부로 나를 옆에 앉히고 운전을 했다. 낮에 친구랑 신나게 놀고 저녁 늦게 이문동에서 종로6가 집으로 올라치면 사람이 많아 운전석 옆에 앉지 못하고 차장 누나 옆에 서서 오곤 했다. 마음씨 좋은 차장 누나를 만나면 차장 바로 뒤의 자리는 내 차지였다.

버스는 승객 출입문이 버스 오른쪽 옆 앞뒤로 2개이고 앞에 차장이 선배인 듯 동전으로 차 벽을 '탕탕' 치며 '오라이~' 해야 버스가 출발했다.

버스의 구조는 오늘날 지하철처럼 옆으로 의자가 놓여 있는데 의자 속에는 '다다미 속'을 채우는 짚 같은 걸 넣고 그 위에 비닐 커버를 씌운 의자가 있다. 통로 천장에는 서 있는 승객을 위한 손잡이가 달려 있었다. 간혹 오래된 버스는 의자가 이미 이리저리 찢어져 승객들이 앉고 일어나면 바지에 지푸라기 등이 묻어 있다.

차창 옆으로는 긴 나무 막대기가 두 줄로 가로질러 있었다. 아마 창 옆으로 타는 사람들을 방지하기 위한 것인가 하는 생각도 해 봤다. 그 시절에는 기차나 버스 창으로 올라타는 사람이 많았던 모양이다. 난 그것을 볼 때마다 만약 사고가 나서 버스가 뒤집어지거나 옆으로 쓰러지면 승객들은 어떻게 나오나 하는 부질없는 생각을 하곤 했다. 얼마 후 옆으로 난 의자는 앞으로 방향이 바뀌었다.

차장 누나들은 짙은 청색 유니폼에 청색 베레모를 쓰고 목 빛깔은 흰색으로 마무리됐는데 늘 피곤한 모습을 하며 항상 껌을 '짝짝' 소리 내어 씹고 있었다. 상의 아래에는 양쪽에 깊숙하고 큰 주머니가 있는데 한쪽은 회수권과 지폐를 집어넣고 다른 쪽은 동전 소리로 쩔렁거리며 무게 때문에 늘 처져 있었다. 또 다른 차장 누나들은 쥐색 가죽 벨트를 허리에 차고 있기도 했다.

차장 누나들은 작고 가냘프지만, 강단이 있어 보여 무서워 보였다. 일부 차장들은 여름에도 긴 소매 상의를 입고 있는데 십중팔구 손목에 담뱃불 자국이 있거나 칼로 그은 자국이 있다. 어른들이 하는 이야기를 듣고 보면 시골에서 먹고살기 어려워 어린 나이에 서울에 와 고생을 많이 한다고 한다. 간혹 운전기사나 정비사와 눈이 맞아 결혼해서 잘살기도 한다고 했지만 어린 내가 봐도 고생을 너무 한다는 느낌이었다. 지금 생각해 보면 한국전쟁 전후에 태어나 갖은 고생을 한 나이 때라 생각된다.

뒷문 차장은 앞문 차장에게 보고하듯이 큰소리로 승객의 승하차를 보고하고 앞문 차장은 이를 운전기사에게 알리면 그제야 버스가 출발한다. 당시에는 지하철도 없고 버스와 전차가 유일한 대중교통 수단이었는데 이마저도 전차가 폐지된 후에는 전적으로 버스에 의존하고 다녔다. 그러다 보니 팽창하는 서울시 인구를 감당하기에는 노선과 차량이 부족해 버스는 늘 '만원 버스' 상태였다.

아침저녁 출퇴근 시간에는 거의 '전쟁터'를 방불케 한다. 버스는 일단 승객을 최대한 태운 후 차장은 보기에도 민망한 동작으로 승객을 밀어 넣는다. 아직 문도 못 닫은 상태로 버스는 출발한다. 이후 운전기사는 버스를 급하게 왼쪽으로 꺾다가 다시 오른쪽으로 기울이면 승객들이 관성에 의해 왼쪽으로 쏠릴 때 차장은 잽싸게 문을 닫는 신공을 보여 준다. 이럴 때마다 버스 내부에서는 온갖 악다구니가 터져 나온다.

"사람 죽는다~"

"아이고 오. 사람 잡네."

"야 운전 좀 똑바로 해!"

여자 승객들과 나이 어린 학생들은 심지어 울기까지 한다. 그래도 이런 소리는 점잖은 편이다. 걸걸한 승객들은 여러 가지 쌍욕을 해 대며 그야말로 한바탕 격전을 치른다.

한낮에 승객이 한산하면 피곤함에 지친 차장 누나들은 승객이 앉는 자리에 앉아 꾸벅꾸벅 졸기도 한다. 그러다 졸음이 심해 정류장에서 문을 못 열면 승객들에게 한소리 듣기도 한다.

지금은 버스나 지하철에서 행선지를 알려 주는 녹음된 성우 멘트가 나온다. 예전 차장들은 육성으로 행선지를 알려 주는데 정류장에서는 큰소리로 말을 하고 버스 안에서는 예쁜 목소리로 안내한다.

"청량리~ 중랑교~~ 망우리 가요~"

당시 우리는 차장의 안내 멘트를 따라 한다고,

"차라리~ 죽으면~~ 망우리 가요~~"

하며 웃기도 했는데 한동안 코미디의 소재로도 사용됐다.

요사이 복고 바람이 불어서인지 어느 지역에서는 버스 안내양을 부활시켜 마을 어르신이나 학생들에게 좋은 반응을 얻고 있다고 한다. 가끔은 '옛것'이 좋은 모양이다.

시외버스의 차장은 간혹 남자 차장이 있는데 어른들의 이야기를 들어 보면 도로와 차량 상태가 안 좋아 중간에 고장이 자주 나서 정비공을 태우고 다닌다 했다. 당시에는 운전이 고급 기술에 속하여 정비공들이 운전기사를 따라다니면서 운전을 배워 나중에 운전기사가 된다고도 했다.

60년대 시절에는 '하동환버스'가 주로 운행을 했는데 미군의 폐차를 인수하여 엔진을 재생하고 드럼통 철판을 펴서 버스를 만들었다고 한다. 버스 전면 라디에이터 그릴 위에 긴 체크무늬가 있고 위 가운데 H자가 로고로 박혀 있어 멀리서도 '하동환버스'임을 알 수 있다.

지금처럼 영어를 일찍 배우는 시대가 아니기에 알파벳은 오직 '기호'처럼 기억할 때였다. 미군 물자가 거리에 넘쳐나던 시절이기에 유일하게 기호로서 기억하는 문자는 US, USA, HDH(하동환) 정도였다.

버스 출입구 위에는 자동차 형식을 표시하는 담뱃갑만 한 크기의 얇은 철판이 부착돼 있다. 거기에는 생산연도, 엔진 번호, 차대번호 등 차량의 모든 정보가 담겨 있는데 밑에 HDH가 각인돼 있고 그 아래 '하동환자동차제작소'라 적혀 있다. 하동환자동차는 현재 쌍용자동차의 전신이기도 하다.

주로 걸어서 통학하던 시절이고 웬만한 거리는 도보로 이동했기에 우리같이 어린 학생들은 버스를 한번 타 보는 것도 큰 호사였고 색다른 즐거움이기도 했다.

리무진 고급 버스를 타고 다니는 지금 오히려 그 시절 드럼통 철판을 펴서 만든 '하동환자동차'가 그리워지는 까닭은 무엇일까?

이제 대한민국은 세계적인 자동차 강국이 됐다. 참 대단한 민족이다.

길거리 의료검사

초봄의 나른함이 스멀스멀 오는 어느 날 오후. 수업을 마치고 집으로 가는데 종로5가와 6가 사이 보도 가로수 그늘에 누군가 좌판을 펼쳐 놓고 행인을 불러 세운다. 대충 나이는 40대 초반으로 보이는 남루한 차림의 사내가 조그만 나무 탁자에 혈압계를 올려놓고 행인을 상대로 혈압을 재 주며 돈을 받고 있다. 혈압계 옆에는 골판지에 붓글씨로 쓴 측정치가 적혀 있고 정상, 저혈압, 고혈압 등의 글자가 보인다.

행인들은 흘깃흘깃 보며 지나치기 일쑤지만 간혹 나이가 들어 보이는 중늙은이들이 관심을 보이며 다가서면 좌판 주인은 손님 하나라도 놓칠세라 입에서 침을 튀긴다.

"아! 요즘 혈압 관리 안 하면 일찍 죽어요. 죽어."

"나이 드신 분들은 혈압을 수시로 재서 중풍을 예방해야 합니다."

"한 번 재는 데 10원입니다."

당시 버스 요금이 어른이 7원이었던 걸로 기억하는데 10원의 가치가 지금 화폐가치로 대략 2천 원 정도 하지 않을까 싶다.

그러다 몸집이 좋아 보이는 어느 남자가 배를 불쑥 내밀며,

"어디 혈압 한번 재 봅시다."

"아무렴요, 요새는 혈압을 수시로 재고 조심해야 합니다."

좌판 주인이 계속해서,

"아, 거 있지 않습니까? 영화배우 김승호도 혈압으로 아주 갔잖아요."

작년인 1968년 12월에 당대 최고의 배우 중 하나인 김승호 씨가 고혈압으로 사망한 것을 은근히 빗대 손님에게 겁(?)을 주고 있다.

"아 그건 나도 알지요…. 참 아까운 배우인데…."

손님은 주인의 엄포(?)에 불쑥 팔뚝을 내밀며 조그만 나무의자에 걸친다. 나는 옆에서 둘의 대화를 듣다가 어떻게 하는지 궁금하여 지켜보고 있었다. 주인은 능숙한 솜씨로 손님의 팔뚝을 이리저리 살핀 후 두루마리처럼 생긴 헝겊을 팔뚝에 감더니 청진기를 귀에 꽂고 청진기의 한쪽 끝 동그랗고 하얀 쇠붙이를 손님의 팔뚝에 댄 후 고무 펌프로 열심히 바람을 넣는다. 제법 바람이 들어갔다 싶었던지 옆에 수저통보다 조금 큰, 숫자가 적혀 있는 막대기를 보는데 주인의 표정이 심상치 않다. 그러더니 바람을 뺀 후 다시 재 보자고 하는데 주인의 심상치 않은 눈빛을 읽은 손님이 초조하여 묻는다.

"아니 뭔가 안 좋습니까?"

"꼭 그런 거는 아닌데 생각보다 수치가 높게 나와서요."

"허~ 그럴 리가! 며칠 전 종로3가에서 쟀을 때 이상 없다고 했는데…."

"아~ 거기 혈압계하고는 영 달라요. 이게 훨씬 정확하다고요."

똥 밟은 표정을 한 손님은 다시 팔뚝을 내민다. 아까의 과정을 반복한 후 주인은 손님에게 아무래도 안 되겠는지,

"흠흠. 아무래도 큰 병원을 가야 할 것 같은데…. 수치상으로 아주 높게 나옵니다."

고 한다. 길거리 의사가 따로 없다. 어느 틈에 구경꾼들로 사방이 찼는

데 저마다 한마디씩 한다.

"내가 아는 친구도 올 초에 혈압으로 쓰러졌는데 아직도 누워 있대."

"말 말게. 난 우리 형님이 졸도했는데 아직도 안 깨어났어."

순식간에 주변이 웅성거리며 서로들 이야기가 바쁘다. 어린 나는 그 말이 뭔지도 모르고 혈압이 무서운 거라는 생각만 하고 있었다.

잠시 후 노점 혈압계장수는 파장인 듯 좌판을 정리하는데 휴대용 혈압계를 정리하던 중 내가 몇 가지 아는 기호 같은 영어 철자가 눈에 들어온다. 'US' 국방색 혈압계 두루마리에 검정 글씨로 선명하게 박혀 있는 미군용 마크. U자와 S자 사이에 의무병과 마크(당시에는 몰랐지만)가 찍혀 있다. 아마도 미군 부대에서 흘러나온 물건인 듯싶었다.

또 하나 이런 측정기도 있었다. 손으로 물건을 쥐는 힘을 재는 기구인 '악력계'도 길거리에 나와 있다. 악력계는 성인이 된 지금도 못 본 측정기다. 처음이자 마지막으로 본 그 기계는 금색 황동재질로서 삽자루처럼 생긴 것에 네 손가락을 집어넣고 힘 있게 잡아당기면 길쭉한 쇠막대기 끝에 달린 원통형의 바늘이 움직여 손의 힘을 측정하는 기계다. 대체 이런 기계가 길거리에 나와 손님들에게 오늘날 화폐가치로 천 원이나 받고 측정해야 하는 물건인지는 지금도 모르겠다. 아마 많은 사람이 호기심에 자기의 손아귀 힘이 어느 정도인지 궁금해서였을 것이다. 나도 늘 그 앞을 지나면 호기심에 어른들이 재는 모습을 유심히 바라보곤 했는데 그날은 손님도 없고 주인이 무료했는지,

"야! 꼬마야 너도 한번 재 봐라."

인심 쓰듯 나한테 악력계를 손에 쥐여 준다. 나는 얼떨결에 받고 조막만 한 손을 집어넣고 온갖 인상을 쓰며 그야말로 젖 먹던 힘까지 다해 잡

아당겼다. 결과는 14~5세 정도의 힘으로 나타났다.

"허 고놈 생긴 것보다는 손아귀 힘이 있네."

나는 힘쓰느라 벌게진 얼굴로 측정값을 살펴봤다. 골판지에다 매직으로 쓴 내용에는 연령대별로 측정값이 적혀져 있다. 나는 의기양양해서 주인아저씨에게 고맙다는 인사를 하고 집에 와 동네 친구들에게 연신 자랑을 했다.

심지어는 '폐활량계'도 길거리에 나왔다.

종로5가와 6가 사이에는 이화학실험기구와 의료기 등을 파는 가게가 여럿 있었는데 아마도 그래서 그런지 길거리에는 다양한 의료 측정기가 있었다. 지금 생각해 보면 농촌에서 농약 치는 알루미늄 통 같은 게 있고 고무관을 통해 나팔의 '마우스피스' 조각 같은 게 달려 있다. 그러면 검사할 사람은 거기에다 입을 대고 있는 힘껏 바람을 불어넣는다. 그러면 마치 유류 탱크의 유량계처럼 알루미늄 통 옆에 있는 게이지가 올라간다. 역시 골판지에 여러 숫자가 적혀 있고 사람들은 서로 해 보겠다고 줄을 서 있다. 한 사람이 끝나면 주인은 꼬질꼬질한 손수건을 꺼내 마우스피스 안과 주위를 쓱 한 번 문지르고는 다음 사람에게 넘긴다. 다음 사람은 몇 번 심호흡을 한 후 얼굴이 시뻘게지도록 있는 힘껏 바람을 분 후 어지러운 듯 휘청거리며 게이지를 본다. 결과를 본 주인은 엄숙하게도 뭐라고 진단을 해 준다. 나는 이런 모습이 마냥 재미가 있어 시간 가는 줄 모르고 지켜보다가 슬슬 지루해져야 집에 가곤 했다.

더욱 재밌는 경우는 체중계와 키를 재는 신장계를 길거리에 떡하니 갖다 놓고 영업(?)을 하는 것이다. 그런데 사람들은 너도나도 몸무게와 키를 재 보겠다고 한다. 사람들은 엄숙하거나 심각한 표정으로 몸무게를 재고

키를 잰다. 주인은 마치 의사인 양 막대기를 가지고,

"아! 숨 쉬지 마세요."

"발꿈치 들지 마요."

"가만히 있어요!"

하며 막대기로 손님의 발등을 톡톡 치기도 하는데 사뭇 진지하다. 간혹 젊은 측에 드는 여자가 키득거리며,

"아이~ 왜 이렇게 살이 찌는 것 같아."

"아가씨가 평소에 몸무게를 자주 재서 신경을 써야지."

주인과 여자 손님 간에 실없는 농담을 주고받으며 체중계에서 내려온다.

"아이 몰라~ 한 근은 더 찐 것 같아. 몰라."

별로 볼 것이 없던 시절, 하굣길에 큰 볼거리를 제공했던 '길거리 의료검사'. 아마 지금 이런 식으로 영업했다간 불법의료행위로 단속되었을 것이다. 그만큼 일반 사람들이 병원에 가서 혈압을 재거나 폐활량을 검사할 일이 없었고, 하다못해 체중과 신장도 학교와 군대에서의 신체검사 때를 제외하곤 측정하기가 쉽지 않았을 것이다.

일찌감치 혈압의 무서움(?)을 알게 된 나는 혈압, 당뇨, 체중이 다 좋다. 지금도 종로5가와 6가 사이를 어쩌다 갈 일이 있으면 그때 생각이 나 혼자 슬며시 웃어 본다. 한국인의 건강염려증(?)은 예나 지금이나 변함이 없다.

야간 통행금지

'야간통행금지'라는 제도는 참 오랫동안 지속됐었다. 내가 태어나기도 전부터 시작해서 군대 갔다 온 후 복학하여 대학 3학년 때까지 지속했으니 얼마나 우리 생활에 영향을 주었을는지 짐작이 간다.

야간통금은 간첩 막는 '방첩'과 도둑 잡는 '방범'이라는 목적으로 했겠지만 나는 국민을 통제하기 위한 수단이었다고 생각된다.

하도 오랫동안 통금이 시행되다 보니 모든 생활의 패턴은 통금에 맞추어 돌아갔다. 나야 통금에 대한 여러 가지 단상은 유년기보다는 성인이 된 후에 더 많긴 하지만 그래도 어릴 적 통금에 대한 기억이 몇 가지가 있다.

우리 집은 종로6가 동대문 안쪽 이대부속병원 사택이었다.

자정이 되면 어김없이 전 서울 지역에 사이렌이 길게 울린다. 전시도 아닌데 웬 사이렌 소리인가 하겠지만, 당시에는 그 소리를 신호로 새벽 4시까지는 허가받지 않은 모든 사람과 차량은 꼼짝없이 통행금지이다.

동대문 로터리는 당시 청량리 가는 방향과 반대쪽 광화문 가는 방향, 그리고 청계천을 지나 장충단 쪽으로 가는 삼거리였다. 아직 이화동으로 가는 길은 개통되지 않을 때였다. 즉 교통의 요지였다. 그렇기에 사이렌 소리가 울리면 바리케이드가 쳐지고 경찰과 헌병들이 근무를 섰다. 밤에 변소를 가려고 일어나 보면 어김없이 보는 광경이다.

새벽 4시에 다시 한 번 길게 사이렌이 울리면 천지가 움직인다. 압류당한 4시간이 기지개를 켠다.

새 나라의 어린이인 나는 일찍 자고 일찍 일어나야 하므로 사실 사이렌 소리는 많이 듣지 못했다. 그럼에도 가끔 몸이 아파 잠을 못 이루거나 새벽에 너무 일찍 깨면 그 소리를 듣고는 했다.

통금 시작을 알리는 사이렌 소리가 끝나면 으레 방범대원의 호각 소리가 여기저기 울려 퍼진다. 아마 통금을 위반한 사람들을 단속하기 위한 소리였을 것이다. 차도 다니지 않아 길거리가 조용하다 보니 유독 호각소리가 크게 들렸다.

대다수의 사람은 워낙 오랫동안 관행적으로 해 온 일이라 당연하다고 생각을 하고 불편을 기꺼이 받아들였다.

그러나 일 년에 딱 두 번 통금이 해제되는 날이 있다. 바로 크리스마스 전날인 12월 24일과 그해의 마지막 날인 12월 31일이다. 나도 이날은 괜히 마음이 들뜨고 설레었다. 성탄 전일이였다. 동네 은주 누나와 명동성당을 가기로 했다. 나와 은주 누나는 천주교 신자도 아니지만, 괜히 들뜬 마음이다. 특히 누나는 여고를 갓 졸업했는데 10년 차이 나는 나를 수시로 데리고 다녔다. 누나가 우리 집에 와 부모님께 나를 데리고 나가도 되느냐고 허락을 받고는 동대문 전차 차고에서 전차를 타고 을지로에서 내려 명동 쪽으로 발걸음을 옮겼다.

거리에는 사람들로 인산인해였다. 얼굴은 모두 들뜬 표정이고 뭔가 큰일이 나기를 기대하는 사람들 같았다. 그러나 딱히 특별한 목적도 보이지 않는다. 괜히 신기해서 나온 사람들이다. 아무런 통제도 받지 않고 누구 눈치 안 보고 자정부터 새벽 4시까지 돌아다닌다는 것 자체가 '중요한 이

벤트'이다.

　은주 누나와 나는 인파 속을 이리저리 휩쓸려 다니다가 명동성당에 갔다. 둘이 믿는 사람은 아니니까 미사는 안 보고 성당 가까이서 건물만 구경하고는 걸어서 종로6가 집까지 왔다. 집에 오니 새벽 3시쯤 되었고 가족들은 세상모르고 자고 있었다. 참 재미없고 지루한 성탄 전날이었다.

　12월 31일은 더 재미없다. 당시에는 정부 정책으로 '신정'을 지내라고 강요(?)를 했지만, 우리 집은 아직 제사를 모시지 않았다. 그래도 잠을 자면 눈썹이 센다는 등의 이야기를 들은 터라 졸리는 눈을 비벼 가며 쓸데없이(?) 잠을 자지 않았다. 그러나 어린아이가 얼마나 버티겠는가. 결국, 12시 조금 넘으면 바로 꿈나라로 달려갔다.

　아직 어른이 되기 전이기에 통금은 나하고는 별 상관이 없었다. 오히려 성인이 되어 음주 가무를 즐길 때는 '훨씬 더 많은' 이야깃거리가 있기는 하다.

　나보다 3살 위인 누나는 크리스마스 전날 친구들을 집으로 불러 밤새워 놀곤 했다. 전부 여자들이지만 나는 집 주인(?)의 자격으로 같이 놀 수 있었다. 한참 놀다가 바깥에 한번 나가 보자는 말에 우르르 몰려나가면 그냥 썰렁했다. 동대문 앞 조그만 광장에 서성거리는 사람 몇 명만 보이고 평상시와 다름없었다. 그래도 그 시간에 사람이 다니고 우리도 바깥에 나가 맘대로 다닐 수 있다는 게 마냥 신기하기만 했다.

　마냥 통제만 하던 시대에 사람들은 뭐라 한마디 못하고 얌전하게 순응하던 시대였다. 만약 지금 '야간통행금지'를 한다면 사회가 어떻게 변할까? 아마 난리가 날 것이다. 그런데 요즘 사회가 이상하게 돌아가는 게 아무래도 다시 '통금'이 시행되려나…. 에라이! 모르겠다.

유년의 추억 4　325

무역박람회

초등학교 4학년 때인 1968년 9월. 서울 구로구 구로동에서 제1회 한국 무역박람회가 열렸다. 가을로 접어들었다고는 하지만 아직 한낮에는 더운 어느 일요일이었다. 어머니가 한껏 차려입으시고 나에게도 좋은 옷을 입으라 했다. 오늘은 박람회를 보러 간다고 했다. 이미 여러 사람이 박람회를 구경 갔다 와서는 재미있다는 이야기를 들으신 모양이다.

아침 9시쯤 집을 나섰다. 종로6가에서 버스를 타고 영등포까지 갔다. 영등포에서는 구로동 박람회장까지 가는 셔틀버스가 길게 줄을 서 있는데 이미 정류장은 인산인해였다. 그날따라 가을답지 않게 유난히 더웠다. 어머니는 양산을 펴서 햇볕을 가리신다. 정류장에는 경찰들이 나와서 인파 정리를 하며 순서대로 승객들을 버스에 태웠다. 그 시절에는 지금처럼 자가용이 많지도 않고 전철은 개통 전이다. 오직 버스에 의존해서 갈 수밖에 없고 성질 급한 사람들은 도보로 이동했다.

어머니와 나는 한참을 기다려 차례가 되어 흔들거리는 버스에 몸을 실었다. 버스가 영등포 로터리를 지나 구로동 쪽으로 접어드는데 잠시 후 포장이 덜 된 도로 위를 버스가 덜컹거리며 달린다. 차에 에어컨이 없다 보니 모든 창문은 열고 달리는데 도로의 먼지가 모든 창문으로 쏟아져 들어온다. 박람회 행사 때문인지 물차가 가끔 달리며 도로를 적시는데 가을

햇살이 워낙 강해 도로가 금방 말라 별 소용이 없었다.

  흔들거리다 보니 어느덧 박람회장 입구에 거의 다 왔다. 박람회장 근처는 온통 누런 황무지였다. 사막의 신기루처럼 행사장만 덩그러니 있고 근처는 이제 막 구획정리가 끝난 것 같다. 여기까지 오니까 정오였다. 아침 9시에 종로6가에서 집을 나섰는데 구로동까지 오는 데 3시간이 걸린 것이다. 이미 구경도 하기 전에 지쳤다.

  어머니는 입장료를 내고 우리 모자는 드디어 입장했다. 입구도 영등포 버스정류장처럼 인산인해인데 전국 각지에서 다 모인 것 같다. 온갖 사투리가 들리고 남녀노소를 비롯한 단체관람객과 단체 군인, 학생들까지 인파의 홍수였다. 안에 들어가 보니 입구와는 딴판이었다. 구로동의 황량함은 어디로 갔는지 안 보이고 다양한 형태의 건물들이 비록 임시 건물이지만 위용을 보이고 있다. 박람회 명칭이 제1회 한국무역박람회다 보니 주로 수출하는 기업이나 제품을 소개하고 있다. 여러 회사의 명칭을 딴 ○○관이나 주제별로 한곳에 모은 곳도 있다.

  안에서 무엇을 봤는지는 지금 기억이 별로 없다. 하도 오가며 고생을 했기에 막상 무엇을 보고 다닌다는 게 여간 피곤한 일이 아니었다. 어머니도 내 생각과 같았는지 어지간하면 생략하고 뭘 봐도 건성으로 보고 다녔다.

  점심은 대충 무슨 탕으로 때운 것 같은데 맛도 별로였고 비싸기만 해서 어머니께서는 '이럴 줄 알았으면 김밥이라도 싸 올걸'을 연발하셨다. 기억력 좋은 내가 뭘 먹었는지 모르면 분명 인상적이지 않았을 것이다. 그래도 또렷하게 기억하는 게 하나 있다. '삼립식품관'인데 내부를 한번 둘러보고 나오면 출구에서 여직원이 비닐 포장 하나에 1인 당 백 원씩 받고 나누어 주었다. 비닐 포장이 빵빵하도록 채워 주는데 어머니 말씀이 시중보다 훨씬 싸다고 하시며 하나 더 달라고 했지만 한 사람에게 한 봉지씩만 판다고 했다. 어머니가 묘안이라고 낸 게 나보고 잠깐 여기서 기다리라고 하시고는 내 손에 빵 봉지를 쥐여 주고는 다시 '삼립관'으로 들어가셨다. 한참 후에 어머니가 '자랑스러운 빵 봉지' 하나를 손에 들고 나오셨다. 빵빵한 빵 봉지 2개를 가지고 집에 가서는 며칠 동안 우리 형제들이 배불리 먹었다.

구로동 박람회장에서 집에 오는 길도 고행의 연속이었다. 한참을 기다려 사람으로 미어터지는 버스를 타고 비포장길을 먼지를 흠뻑 먹고 털털거리고 나와 영등포에서 또다시 만원 버스에 시달려 종로6가 집까지 오는데 어머니와 나는 이미 파김치가 돼 있었다. 빵은 맛있게 먹었지만, 구로동의 고생은 또 하고 싶지 않다.

지금도 그때의 '트라우마'가 있어서인지 많은 사람이 모이는 이런저런 박람회는 의식적으로 피했다. 대한민국의 국력이 발전하며 국제적 박람회가 많이 열리긴 했지만, 공식적이거나 일이 아니면 아예 갈 생각을 하지 않았다. 오가는 고생, 배고픔, 피곤함, 더위와 추위 등이 아무리 볼거리가 많아도 나를 유혹하지 못했다. 결혼 후 식구가 생기면서 가족들과 같이 한 번쯤 가 봄직한데 피곤하다는 핑계와 그곳에 가면 얼마나 개고생을 하는지에 대해 설명을 하는 '나쁜 아빠', '나쁜 남편'이 되고 말았다.

그러나 이제는 나이가 좀 들고 친손녀, 손자까지 본 '할아버지'가 되고 보니 아기들 손을 잡고 도란도란 이야기를 나누며 날 좋은 날 쉬엄쉬엄 여유롭게 보고 다닐 생각이다. 아~ 참 부산 엑스포는 개최하려나?

데모 구경

1964년부터 65년까지 전국은 온통 한일협정 반대시위로 날이 샜다. 나는 당시 초등학교 입학 직전이었고 65년에 입학을 했기에 누구보다 생생한 데모 현장을 종로6가와 동대문에서 지켜봤다. 당시 코흘리개 어린 꼬마가 뭘 얼마나 보고 알겠느냐고 이 글을 읽는 독자들은 생각할 수 있다. 그러나 나는 7~8세에 불과했지만 마치 어제 일처럼 생생하게 기억이 난다.

64년 봄부터 서울 시내에는 데모가 잦았다. 어른들은 '박정희가 나라를 팔아먹는다'고 하기도 하고 또 다른 어른들은 '경제 발전을 위해 일본과 국교를 정상화시켜야 한다'고 하기도 했다. 나는 어린 나이인지라 정치나 경제는 어려운 이야기였다. 그러나 시도 때도 없이 데모는 계속되었고 나는 새로운 '볼거리'가 생겨 구경하기에는 그만인 철부지 꼬마에 불과했다.

초여름으로 접어든 6월이었다. 나중에 알아보니 소위 6·3사태라고도 하고 혹은 6·3항쟁이라고 하기도 했다. 그날은 굉장했다. 당시 내가 살던 곳은 종로6가 이대부속병원이고 동대문 앞 광장이 한눈에 보이는 곳이었다. 동대문에는 전차 종점이 있어 광장이 개방되어 사람들이 늘 모여 있었다. 갑자기 엄청난 함성과 구호가 들리고 경찰 사이렌 소리가 온 광장을 덮었다.

집에서는 바깥이 위험하니 꼼짝 말고 집 안에 있으라고 엄명을 내렸지만 한참 호기심 많은 내가 집구석에만 있을 아이는 아니었다.

어머니의 만류를 뿌리치고 나가서 본 광경은 어린 내가 봐도 충격이었다. 동대문 밖 창신동 쪽에서는 이미 '대학생 형'들이 엄청나게 몰려오고 있었다. 그때는 몰랐지만 나중에 알고 보니 고려대, 서울사대, 서울공대, 서울상대, 경희대, 외국어대 등 주로 서울 성북 쪽에 자리 잡은 대학생들이고 청계천 쪽에서는 한양대, 건국대 등 서울의 성동 쪽에 있는 대학생들이었다. 데모대의 끝이 보이지 않을 정도였다.

맨 앞줄에서는 긴 현수막을 펼쳐 들고 행렬 제일 선두에는 주동자로 보이는 형이 데모대를 이끌었다. 확성기가 없다 보니 손나발을 만들어 뭐라고 구호를 외치는데 나는 내용은 잘 모르겠다. 주동자의 선창에 따라 함께 구호를 연호하는데 소리가 함성이다.

드디어 동대문광장에 도착했다. 청계천 쪽에서 온 대학생 형들과 합쳐진 데모대는 엄청난 숫자로 불어났다. 나는 태어나서 제일 많은 사람을 봤다. 동대문광장에서 잠시 대기하던 시위대가 종로5가 쪽으로 움직이는데 거대한 파도 같았다. 잠시 후 대기하던 진압 경찰이 종로5가에서 몰려왔다. 아마도 경찰의 저지선이 동대문이었던 모양이다. 잠깐 소강상태를 보이는 듯싶더니 진압 경찰 쪽에서 해산하라고 방송을 하는데 학생들은 도무지 해산할 기미를 보이지 않았다. 결국, 경찰이 뒤로 물러나니 학생들은 물밀듯이 종로5가 쪽으로 함성을 지르며 나아갔다. 우리 집 왼쪽에는, 지금은 없어졌지만 파출소가 하나 있었는데 내가 학생들을 따라가 보니 파출소의 유리창이 다 깨지고 책걸상이 엎어져 있는데 근무자는 이미

다 도망가고 없었다. 학생들은 어디서 탈취했는지 군용 지프를 개조한 백차(경찰 차량) 위에 10여 명이 올라타 태극기를 흔들며 '만세'를 외쳤다. 나는 겁이 났다. 나라가 뒤집힌다는 게 이런 거라는 생각에 더는 데모대 행렬을 따라가지 않고 집으로 돌아갔다.

다음 해 나는 초등학교에 입학했다. 그해 여름에도 시위는 격화되었다.

어느 날 종로5가 쪽에서 '탱크'가 나타났다. '탱크'에는 무장한 군인 몇 명이 함께 경계를 하며 느린 속도로 오다가 학생과 시민의 인파 속에 멈춰 섰다. 잠시 후 어느 학생이 '탱크' 위에 올라가 뭐라고 구호를 외치니까 많은 사람이 호응을 했다. 그때 어떤 군인이 '탱크' 밖으로 나오더니 시위대를 향해 뭐라고 한다. 사람들은 갑자기 손뼉을 치며 환호하는데 잠시 후 '탱크'는 포탑을 돌려 종로5가 쪽으로 되돌아갔다.

학생과 시민들은 손뼉을 치고 구호를 외치며 노래를 부른다. 내 주변에 있던 어른들이 아이들은 빨리 집에 가라고 해 나는 마지못해 집으로 갔다. 학생과 시민들은 전부 얼굴이 벌겋게 달아올랐고 목소리는 쉬어 있었다.

며칠 후 시내는 언제 그런 일이 있었는지 모르게 조용하고 평온을 되찾았다. 아이들은 늘 그랬듯이 이 골목 저 골목을 쏘다니며 놀기 바빴다. 전체적으로 분위기는 가라앉아 있었다. 최루탄도 눈물도 돌멩이도 없었지만, 분위기는 묘했다. 나 같은 어린 꼬마는 어른들의 이야기를 옆에서 들으면 당최 어려운 이야기라서 무슨 말인지 이해를 못 했다.

내가 후일 학생이 되고 어른이 되어 민주화 투쟁한다고 돌멩이도 던져보고 구호도 외치고 독재타도를 한다고 최루탄에 눈물, 콧물 범벅도 되어 보았지만 크게 변한 게 없다. 이제 겨우 국민들이 직접 나라 일꾼을 뽑는 정도지만 아직도 진정한 민주화는 이루어지지 않고 오히려 퇴행하는 것 같아 안타깝기 그지없다.

과연 대한민국에 국민이 주인 되는 '진짜 민주주의'는 언제 오려나.

징수원

예전에는 전기, 수도, 방범, 청소, 텔레비전 시청 등을 이유로 요금을 걷어 갔다. 징수원이 가가호호를 방문하여 확인한 후 징수해 가는데 '세'라고 하기도 하고 '요금'이라고 하기도 했다.

요즘이야 징수방법이 전산화되어 고지서가 날아오면 은행 등에 가서 내거나 자동이체로 결제되는데 예전에는 일일이 사람들이 했다.

징수원들은 일정한 날이 되면 어김없이 찾아온다. 전기세(요금이 맞는 표현이지만 당시에는 이렇게 불렀다)를 받으러 한전 직원이 온다. 징수원은 조그만 영수증을 지니고 다니며 전기계량기를 열어 보고 '검침'을 한다. 검침이 끝나면 바로 그 자리에서 요금이 매겨지며 현장에서 현금을 받는다. 소위 '현장직불'이다. 그리고 볼펜으로 기재된 영수증을 발행하면 그달의 전기사용료는 해결됐다.

수도검침원도 마찬가지다. 기억자로 휘어진 쇠로 만든 꼬챙이를 들고 다니며 수도계량기를 열어 본다. 전기요금과 마찬가지로 현장에서 영수증을 발행하고 '현장박치기'를 한다.

늘 오는 사람은 안면이 익어 서로 인사도 하고 냉수라도 한 잔 청하며 잠시 쉬었다 가기도 한다. 처음 보는 징수원은 약간 경계도 하지만 전임자한테 이야기를 잘 들었다 하고 근황을 이야기하면 금방 경계심을 푼다.

텔레비전 시청료도 직접 사람이 와 받아 갔다. 나는 지금도 이 영수증을 보관하고 있다. 나중에 방송박물관이 생기면 기증할 생각이다. 요즘 공영방송의 시청료를 한전과 분리한다고 하니 지금 정권은 참 옛날을 그리워하는 퇴행성 정부임에 틀림없다.

이런 징수원들은 아무 거리낌 없이 제 집처럼 자연스레 들어와 어른들하고 이런저런 이야기도 하고 차도 얻어 마시곤 했다. 지금 생각하면 상상도 못할 일이다.

당시에는 웬만한 서울 동네에서는 굳이 대문을 걸지 않고 살았다. 형제와 식구들이 많아 들락거리는 사람도 많고 동네에 좀도둑도 별로 없다 보니 잘 때만 대문을 걸고 잤다. 지금처럼 열쇠나 번호 키가 아니라 '요비링(초인종의 일본말)'이라고 하여 초인종을 누르면 사람이 안에서 나와 문을 열어 주는 번거로움이 있기에 대충 열고 살았다. 하긴 다들 어려운 시절이니 도둑이 든다 해도 훔쳐 갈 것도 없었다.

방범대원도 징수에 한몫 한다. '야영비' 혹은 '방범비'라고 하여 낮에 받으러 다니는데 내 기억에는 '있는 집'만 다니는 것 같았다. 우리 집은 꼬박꼬박 받으러 왔는데 대문에 방범 순찰함이 있어 수시로 경관이나 방범대원이 무언가 적고 갔다. 그렇다고 우리 집이 잘사는 집도 아니었는데 순전히 아버지의 대외활동으로 인한 '빽'이었다.

청소비도 받으러 다녔다. 일반 가정집에서는 집 앞 골목에 시멘트로 만든 사각형 쓰레기통이 있다. 위와 아래 중앙에는 철판으로 된 문을 달아 평소에는 닫아 두고 집에서 나오는 쓰레기를 버릴 때와 거둘 때 사용한다. 연탄재는 부피가 커 쓰레기통 옆에 따로 쌓아 둔다. 쓰레기는 '진짜 쓰레기'만 나왔다. 웬만하면 재활용하고 물자가 풍족하지 않으니까 쓰레기가 별로 나올 일이 없다. 그러다가 혹시 재활용이 가능한 '물건'이 나오면 넝마주이들이 먼저 가져갔다. 그래도 날짜가 되면 청소부가 손수레를 가지고 다니며 쓰레기를 거두는데 청소비라는 명목으로 얼마씩 가져갔다. 설날이나 추석 등 명절이 오면 노골적으로 금품을 요구했다. 정이 많은 아버지께서는 양말이나 내의 등을 준비하고 봉투를 만들어서 전해 줬다. '약발'이 먹혀서인지 우리 집의 쓰레기통은 항상 비어 있고 깨끗했다.

일 년에 한두 번씩 변소 청소를 한다. 관청에 신고하면 분뇨수거차와 인부 2~3명이 오는데 골목이 좁아 차는 대로에 세우고 인부들이 '똥지게'를 메고 일일이 퍼 날랐다. 아무리 조심해도 오물이 흘러 골목길에는 냄새가 진동한다. 오가는 사람들이 코를 막고 다니지만 누구 하나 불평 없이 그러려니 했다. 이 냄새는 며칠이나 가기에 한 골목에서 연달아 여러 집이 분뇨수거를 하면 한동안 동네에서는 두엄냄새가 코를 찔렀다. 규정된 비용을 지급하지만 인부들은 '팁'을 은연중 요구한다. 그러면 웃돈을 얹어 주는데 이렇게 해야 오물을 흘리지도 않고 변소 바닥까지 깔끔하게 해 주고 물로 세척까지 해 준다. 돈의 힘이 위력을 발휘하는 것이다. 만약 그렇지 않으면 '건더기'만 가져가고 '똥물'은 그대로 놔 둬 처음에 일을 보려면 조심해야 한다. 잘못하면 곡예하듯 변을 봐야 하는 불상사가 생긴다.

차가 들어갈 정도의 길이 있으면 '펌프 카'가 와 큰 호스를 변소 바깥쪽 아래 좁은 문에 넣고 흡입을 한다. 순식간에 작업이 끝나는데 물을 적당히 부어 가며 바닥까지 말끔하게 청소를 한다. 우리는 그 모습이 신기해서 냄새가 나는 걸 무릅쓰고 구경을 했다.

지금은 이런 광경은 구경도 못하고 징수원의 모습은 찾을 수 없다. 인건비가 비싸져서 그런가? 사람 구하기가 힘들어서 그런가?

화신백화점

60년대 중반 어머니를 따라 가끔 종로2가에 있는 화신백화점을 갔다. 지금은 헐리고 없어지고 그 자리에는 종로타워가 들어섰다. 봄가을에 어머니는 장남인 나에게 백화점에서 파는 좋은 옷을 사 준다고 나를 데리고 갔다. 동대문 전차 종점에서 전차를 타고 종로2가에 내리면 돌로 만든 우람한 건물이 떡하니 버티고 있다. 백화점 앞은 늘 사람들로 붐볐다. 나는 어머니를 잃어버릴까 봐 치맛자락을 꼭 잡고 껌딱지처럼 붙어 다녔다. 워낙 사람들이 붐벼 아차 하면 거리의 미아가 될 수 있다. 당시에는 미아가 많이 발생해 늘 조심하지 않으면 안 됐다.

입구에 들어서면 다양한 물건들이 진열돼 있고 판매원들이 상냥하게 인사를 한다. 화신백화점을 가면 왠지 어머니는 어깨를 펴고 당당하게 걸으신다. 아마 '내가 이 정도 백화점에서 물건을 살 수 있는 계층'이라는 걸 과시하고 싶은 마음이었을 거다. 지금이야 조금 형편이 괜찮다 싶으면 백화점에 누구나 가서 물건을 살 수 있지만, 그 시절에는 백화점이 아무나 가는 곳이 아니었다.

1층부터 천천히 눈요기하며 다니는데 에스컬레이터가 설치돼 있어 편하게 오르락내리락했다. 승강기도 있어 괜스레 오르락내리락하는데 처음 타 보는 사람들은 연신 신기해 어쩔 줄 모른다.

나도 처음 탈 때는 약간 어지럽기도 하고 만약 고장이 나서 멈추면 이대로 죽는 건 아닌가 하는 쓸데없는 걱정을 하기도 했다. 몇 번 가서 별거 아니란 걸 알고는 처음 타 보는 사람들이 긴장하고 있는 모습을 보며 속으로 웃었다. 역시 경험이 최고다.

당시 서울의 명물 중의 하나여서 시골에서 서울 나들이를 하는 사람들은 꼭 둘러보고 갔다. 같은 서울 사람이라도 변두리에 사는 사람들도 백화점 구경하기가 쉽지 않기에 백화점 안에는 물건을 사러 오는 사람보다 구경 온 사람들이 더 많았다.

어머니는 아동복 판매대에 가 내 옷을 고르신다. 찬찬히 살펴보는데 종업원은 연신 내가 '잘생겼느니~ 귀엽게 생겼느니~ 똑똑하게 생겼느니' 하며 연신 나를 치켜세운다. 사실이다. 종업원이 잘 봤다. 하하하! 그러고는 이 옷도 입어 보고 저 옷도 입어 본다. 어렵게 고른 옷은 포장 상자에 넣어 포장을 해 주는데 당시에는 백화점 봉투는 없었던 걸로 기억한다.

화신백화점과 이웃해 있는 신신백화점은 공중통로로 연결돼 있다. 이쪽저쪽을 오가며 물건을 산다.

나중에는 신생백화점이라고도 했는데 효제초등학교에서 보이스카우트를 할 때 단복을 여기서 판매했다. 보이스카우트는 있는 집 아이들이 하는 과외활동인데 없는 집 아이인 내가 하고 싶어 해서 어머니가 무리하게 시켜 줬다. 결국, 돈이 없어 중간에 그만두고 말았다.

화신백화점의 밤은 휘황찬란했다. 건물 위에 온갖 네온사인을 설치하여 형형색깔로 바뀌고 무늬도 다양하여 넋 놓고 보기 일쑤다. 어린 마음에 절전해야 한다고 '한 등 끄기 운동'을 펼치는 판에 저렇게 전기를 많이 쓰면 어떡하느냐는 생각이 앞섰다.

성인이 된 후 동네 이웃에 어머니와 친하게 지내는 분이 계셨다. 나에게는 '동네 이모'였는데 이분이 예전에 화신백화점 와이셔츠 판매대에서 근무했다고 하여 서로 반가워하며 옛날이야기로 꽃을 피웠다.

당시에는 거리상 신세계백화점은 멀었다. 어머니 말씀에 의하면 종로의 화신백화점은 교통도 좋고 왠지 물건도 좋다고 하셨다. 개인 취향이었을 것이다. 어머니는 동대문 앞에 있는 동대문시장이나 광장시장 등을 즐겨 찾으셨고 화신백화점은 일 년에 두어 차례 특별할 때만 갔다.

내가 나중에 어른이 되어 역사 공부를 할 때 화신백화점은 친일 매판자본의 상징이었고 화신의 창업주인 박흥식이는 악질 친일파였다고 배웠다. 겉으로는 민족자본 어쩌고 했지만 속으로는 민족 반역자였다. 어릴 적 화신백화점에서 물건을 산 게 후회되는 순간이었다.

다만 한 가지 아쉬운 점은 백화점의 철거였다. 건축학적으로, 역사적으로 보존할 필요가 있었음에도 불구하고 도시 재설계를 통해 철거한 게 못내 아쉽다. 비록 창업주는 악질 친일분자였지만 친일의 문화를 무조건 배격할 게 아니라 후세에게는 역사 교육의 장으로 삼아야 한다.

지금은 백화점 만능 시대이다. 오죽하면 전통시장이 죽는다고 아우성을 칠까. 물질과 탐욕의 상징처럼 돼 버린 백화점. 그런 백화점도 새로운 유통 시장의 변화로 위기를 맞고 있다고 하니 격세지감이다.

백화점이 글자 그대로 백 가지 물건을 팔기만 할 게 아니라 우리의 인정도, 향수도 파는 곳이 됐으면 한다.

창경원 벚꽃놀이

포천 외가에서 누군가 서울에 오면 종로6가에 있는 우리 집을 제일 먼저 찾아온다. 어머니는 큰집의 큰딸이다 보니 작은아버지가 네 분이나 되고 사촌형제들도 부지기수였다. 친정에서 유일하게 서울로 시집을 왔기에 늘 외가 친척들이 많이 방문했다.

외가 친척이 방문하면 어머니의 손님맞이 프로그램은 한결같았다. 친척은 제일 먼저 창경원(당시에는 창경궁을 창경원이라 불렀다)에 가 보길 원했다. 그러면 나는 안내자가 되어 따라나선다. 보통 일 년에 대여섯 번을 가니 전문가가 따로 없다. 오늘날의 궁궐 해설사다.

종로6가에서 전차를 타든 코로나 택시를 타든 원남동으로 간다. 입구에서 표를 사고 홍화문을 통해 입장하면 외가 친척은 벌써 입이 벌어지고 눈이 휘둥그레진다.

촌에서는 죽었다 깨어나도 볼 수 없는 온갖 진기한 것이 다 있다. 나는 우선 노련한 안내자답게 궁궐 이곳저곳을 안내한다. 노인들은 조선 시대 임금이 어떻게 살고 어느 왕이 어쩌고 하면서 흥미롭게 보신다.

다음은 식물원(대온실)이나 표본관으로 안내한다. 이곳은 별도의 입장료를 받는데 금액은 그리 비싸지 않았다. 사방과 천장이 온통 유리로 만들어진 식물원은 온갖 진기한 식물과 꽃으로 전시됐는데 여름에는 더위서 찜통을 방불케 했다.

표본관은 다양한 동물, 곤충, 새 등을 박제로 만들어 전시했는데 역시 시골 친척에게는 신기한 볼거리였다.

그래도 제일 신나는 것은 놀이기구였다. 짧은 거리지만 케이블카도 있고 회전목마, 공중그네, 곤돌라, 회전전망대 등 오늘의 서울대공원이나 용인 에버랜드보다는 훨씬 못하지만, 그런대로 재미있었다. 당시에는 최고 수준의 놀이시설이었다.

촌에서 기껏 봐야 소, 닭, 개, 토끼, 돼지 등만 보던 친척들은 동물원에 오면 탄성을 지른다. 사자, 호랑이, 코끼리, 원숭이, 기린, 여우, 늑대 등 말로만 들은 동물을 가까이서 직접 본다는 게 보통 일이 아니다.

나는 이미 많이 봐서 물리고 다리도 아프지만, 친척들은 아직도 멀었다.

세세하게 찬찬히 다시는 못 볼 것을 보는 것처럼 같은 걸 또 보고 또 보며 시간이 간다. 점심은 준비해 간 김밥으로 배부르게 먹었지만 벌써 배가 고프다. 직업 안내자의 고충을 알 것 같다.

일제강점하에 일본 사람들이 멀쩡한 궁궐을 훼손하고 놀이시설과 동물원 등을 설치하며 궁을 원으로 전락시킨 슬픈 역사지만 당시에는 서울 시민뿐 아니라 전 국민에게 사랑받는 명소였다.

그렇게 창경원 관람이 끝나면 나의 임무도 끝난다.

봄에 벚꽃이 한창 피면 창경원의 벚꽃놀이가 시작된다. 전국 각지에서 창경원의 벚꽃을 보려고 몰려드는데 그야말로 인산인해다. 벚꽃을 보러 가는지 사람을 구경하러 가는지 헷갈릴 지경이다.

'야사쿠라'라 해서 밤에도 창경원을 특별히 개방했다. 밤 벚꽃놀이를 하기 위함이다. 경내 모든 시설물에다 오색 전등을 달고 만국기를 달아 한껏 분위기를 내는데 사람들은 이곳에서 전등에 비친 밤 벚꽃에 취하고 술에 취해서 궁궐인지 유원지인지 분간이 가지 않았다.

　나는 딱 한 번 가 봤는데 어린 내가 봐도 심할 정도로 어른들의 추태가 가관이고 난장판이었다. 나는 이런 어른들이 싫었다. 돗자리를 깔고 싸 온 음식에다 술을 많이 마신다. 남녀가 어울려 낯 뜨거운 장면을 연출하기도 하고 쓰레기는 마구 버렸다. 시민의식은 완전 실종이다. 직원이 아무리 단속을 해도 소용없었다. 고성방가, 노상방뇨에 싸움까지 어린 나의 눈에 비추어진 모습은 추태였다. 늘 억눌려 살던 서민들이기에 한 번쯤 임금이 살던 궁에 와 밤 벚꽃놀이를 핑계 삼아 일탈을 꿈꾸는 게 아닌가 싶다. 전등에 비친 밤의 벚꽃은 보기 좋았지만 거기까지다.

　나에게 있어서 창경원은 각별한 의미가 있다. 소풍을 시작으로 친척 안내나 사생대회, 백일장 같은 행사 등을 이유로 누구보다 많이 창경원을 찾았다. 서울 시민뿐만 아니라 전 국민에게 오랫동안 사랑받았던 창경원. 이제는 잃었던 제 이름도 찾고 복원을 해서 예전의 모습을 어느 정도 찾았다고 하지만 완벽하지는 못한 것 같다.

　추억은 늘 아름답고 소중하다고 하지만 예전의 창경원에서의 벚꽃놀이 행사만큼은 다시 해서는 안 될 일이다. 일제가 남의 나라 궁궐에 함부로 심은 벚꽃을 보겠다고 밤낮으로 추태를 보였으니 선조에게 부끄러울 따름이다.

　이제는 전국 곳곳에 벚나무를 많이 심어 철마다 사람을 끌어 모은다. 서울 여의도만 해도 백만 인파가 몰릴 정도다.

　하지만 나는 이 꼴 저 꼴 보기 싫어 창경원 벚꽃놀이를 끝으로 단 한 번도 벚꽃 구경을 안 갔다.

월남에서 돌아온 김 상사

베트남전이 한창일 때 세 집 건너 한 집의 누군가는 베트남에 파병됐다.

1965년부터 전투부대가 본격적으로 파병되면서 사람들이 모여 앉으면 대화의 상당수는 '월남 이야기'였다. 대한민국이 월남전 기간 동안 '월남 광풍'에 휩싸이는 첫 순간이다.

첫 전투부대가 편성되어 파병 결정이 이루어지면 서울 여의도에서 대대적인 환송회를 마치고 시가행진을 한 후 부산항으로 간다. 학교가 종로5가에 위치하고 집이 종로6가이다 보니 '청룡', '맹호', '백마' 부대의 시가행진을 다 지켜봤다. 학교에서는 환송행사가 있을 때마다 태극기를 나누어 주어 거리에 나가 목이 터져라 '파월용사'들을 응원했다.

나 같은 서울내기들은 환송회를 한 번에 끝냈지만, 부산 살았던 친구들의 이야기를 성인이 된 후 들어 보니 월남전이 종전될 때까지 환송, 환영식 행사에 많이 동원됐다고 한다.

환송식이 있는 날. 나는 학교가 위치한 종로5가에서부터 집이 있는 종로6가까지 계속 따라가며 태극기를 흔들고 군가를 불렀다. 나이로 보면 큰형님뻘이거나 막내삼촌 정도 되지만 군복을 입고 완전군장에 총을 든 모습은 늠름하기 그지없었다. 동대문 근처에 오면 당시 최고의 영화배우나 코미디언들이 대기하고 있다가 화환을 목에 걸어 준다. 신영균, 신성일, 김지미, 김희갑, 구봉서, 서영춘 등 최고의 스타들의 실물을 이때 처음 가까이서 봤다.

지금도 정확히 가사를 기억하고 따라 부를 수 있는 〈청룡은 간다〉라는 청룡부대 군가가 있다.

"삼천만의 자랑인 대한 해병대 얼룩무늬 번쩍이며 정글을 간다." (후략)

그뿐만 아니다. 맹호, 백마부대 군가의 가사와 음정을 정확히 기억한다.

"자유통일 위해서 조국을 지킵시다. 조국의 이름으로 님들은 뽑혔으니~."

"아느냐 그 이름 무적의 사나이 세운 공도 찬란한 백마고지 용사들~"

파월 부대의 군가 가사와 음정을 지금도 정확히 기억하는 걸 보면 당시 군가를 얼마나 노출을 했겠는가. 좀 과장하여 말하면 아침 새벽부터 저녁 잘 때까지 적어도 10여 회 정도 듣는다. 이러다 보니 응원가로 자주 불리고 심지어는 여학생들 고무줄놀이에서조차 이 군가를 부른다. 당시에는 주로 라디오를 들었는데 방송 사이사이에 꼭 이 군가들이 흘러나왔다. 학교 운동장 스피커나 길가에 있는 전파사 스피커에서도 어김없이 군가는 흘러나왔다.

대한민국 전체가 병영이었다.

미군의 전투식량인 C-레이션도 우리에게는 '보물' 그 자체였다. 누군가 자기 집에 파병 가족이 있으면 자랑 삼아 학교에 레이션 깡통을 가지고 온다. 늘 먹을 것이 부족했고 색다른 것에 대한 목말라하던 우리에게는 레이션 깡통을 보는 것만으로도 새로운 경험이었다.

그걸 가지고 오는 아이는 한동안 반에서 영웅이었다. 몇 날 며칠을 두고 조금씩 가져오는데 가져오는 것마다 신기했다. 소나 돼지고기를 가공한 것, 버터나 땅콩 잼, 비스킷, 초콜릿, 과일후르츠, 가루 주스, 껌, 컵케이크, 소금, 커피, 크림, 휴지, 성냥, 담배 등등 해서 조그만 상자 하나에 없는 게 없었다. 심지어 플라스틱 숟가락에서 만화책까지…. 이러다 보니 구경만 하기도 벅찬데 조금씩 맛을 보면 환장할 지경이다. 특히 포도주스 가루나 오렌지주스 가루는 물에 조금만 타서 마셔도 맛이 기가 막혔다.

지금 생각하면 귀국 장병들이 조금씩 가지고 온 모양인데 지금의 파병 군인들이 이런 걸 가져올까 하는 생각이지만 당시에는 모든 물자가 부족했기에 이런 것도 가져왔으리라 싶다.

교과서에는 맹호부대 강재구 소령의 전우애가 실리고 청룡부대 이인호 소령의 무용담이 실려 있다. 두 영웅(?)은 '군신'으로까지 추앙받고 있다. 이런 것이 시험 문제에 나오기 때문에 정신 차려 공부해야 한다.

영화관에 가면 본 영화가 시작되기 전 〈월남전선〉이라는 기록영화를 봐야 했다. 본 영화와 달리 흑백 16밀리로 제작되어 화면은 조금 작았지만 지금도 많은 기억이 난다. 장중한 타이틀 음악과 함께 정글을 누비던 병사가 카메라 앞에서 정지동작 되면 그 위에 '월남전선'이라고 흰색 자막이 떠오른다. 유명 아나운서인 박종세 씨의 해설로 "주월한국군사령부 발표에 의하면 이번 해룡 작전을 성공적으로 치른 ○○부대는 적 사살 ○○명 노획품 어쩌고" 해설이 지금도 귀에 익숙하다.

66년 어느 날 친구들과 괜히 걸어서 청량리까지 갔다 온 적이 있다. 갈 때는 걸어갔는데 다리가 아파 집에 올 때는 전차를 타려고 기다리고 있는데 갑자기 와자지껄하며 뭔가 깨지는 소리가 들렸다. 호기심이 왕성하고 볼거리가 부족한 시대이다 보니 본능에 따라 친구들과 함께 소리가 난 곳으로 뛰어갔다. 청량리 로터리 코너에 잡화점이 있는데 얼룩무늬 군복을 입은 3명의 군인이 소리를 고래고래 지르고 있었다. 자세히 보니 중위계급의 장교는 휠체어에 앉아 있고 한쪽 팔이 없는 하사 계급의 군인과 계급장이 아예 없는 군인은 한쪽 눈에 검은 안대를 하고 있었다. 이미 낮술에 취해 비틀거리며 얼굴들이 벌겋다. 월남전에서 부상을 당하고 돌아온 '상이용사'였다. 그들은 한결같이 검정 '라이방'을 끼고 칼같이 주름진 얼룩무늬 전투복을 입은 걸로 보아 해병 청룡부대원들이었다. 당시 답십리에는 해군병원이 자리 잡고 있었다. 아마도 월남전에서 다친 청룡부대원들이 입원하고 있었던 모양이다.

당시 우리는 딱지치기를 통해 군대 계급을 잘 알고 월남전이 한창인지라 부대 표시만 봐도 어느 부대인지 금방 아는 수준이었다.

그들은 가게에 가서 술을 달라고 하고 주인이 주지 않으니까 행패를 부린 것이다. 술을 줘도 술값을 치르지 않고 선반에 쌓여 있는 물건들을 의수에 달린 갈고리로 다 쓸어 버린 것이다. 술병 깨진 거며 오징어 등 안주가 길바닥에 여기저기 팽개쳐져 있었다. 사람들은 여기저기서 혀를 끌끌 차기도 하고 뭐라고 욕을 하는 사람도 있다. 군인들은 군인들대로 대상이 누구인지 아랑곳하지 않고 온갖 쌍욕을 해 대고 있다. 잠시 후 경찰이 나타났지만, 어찌할 줄 모르고 당황하고 있고 군인들은 더욱 기세등등하게 경찰에게 뭐라 한다. 그로부터 얼마 후 사이렌 소리가 요란하더니 두 대의 '헌병 백차'가 출동했다. '백바가지'를 쓴 헌병 중사가 내리더니 휠체어에 앉은 해병 중위에게 정중하게 경례를 하고는 뭐라고 몇 마디를 나눈다. 나를 포함한 모든 사람은 사태가 어떻게 진행될지 몹시도 궁금하여 두 사람의 대화를 들으려고 귀를 세우지만 도통 알아들을 수 없다. 짧은 대화를 몇 마디 나눈 상이용사 3명은 세 마리 순한 양이 되더니 순순히 헌병 백차에 올라탔다. 너무 싱겁게 끝난 것이다. 상황이 종료되자 주변의 구경꾼들은 전부 한마디씩 하는데 상이군인을 옹호하는 쪽과 해병대를 욕하는 사람들 반반이다. 미리 밝히지만 나는 입대 적령기가 되어 '욕 많이 먹는 해병대'에 자원입대했다.

주택가 골목길을 걷다 보면 어느 집 문패 옆에는 '파월장병의 집'이라는 패가 걸려 있다. 그러면 괜히 '존경스러운' 마음이 앞서기도 했다.

연말에는 학교에서 '파월장병 아저씨께'라는 제목으로 위문편지를 쓰게 했다. 먼저 담임선생님이 '견본'을 칠판에 적어 놓으시면 아이들은 대충 베껴 쓰거나 약간의 창작을 하여 제출을 하는데 나는 견본을 무시하고 나름 정성껏 편지를 썼다. 답장은 거의 안 오는데 나만 몇 통의 편지와 사진을 함께 받아 친구들의 부러움과 선생님의 칭찬을 듣기도 했다.

나에게는 수양 외삼촌이 한 분 계시다. 진짜 외삼촌은 어머니 밑으로 단 한 분이신데 어느 날 군인 아저씨가 서울 집에 오니 어머니가 큰절을 올리라 했다. 나는 영문도 모르고 큰절을 올렸는데 아버지보고 매형이라 하고 어머니에게 누님이라고 하신다. '육군중사 장 중사' 아저씨였다. 이름은 가물가물하고 그냥 당시 계급이 중사여서 우리 집에서는 '장 중사 아저씨'로 통했다.

평양에서 태어난 아저씨는 패색이 짙어진 인민군이 북으로 올라가며 마구잡이 징집을 당하여 17세에 징집되었다. 국군이 북상하자 바로 투항하여 다음 날 국군에 편입되었던 기구한 인생이었다. 휴전 후 가족을 북에 두고 국군을 따라 남하한 후 장기 복무를 지원해 포천 외가 행랑채에 군인가족으로 살게 되었다. 혈혈단신인지라 우리 외조부모님을 수양부모님으로 삼고 집 근처 공병대에서 중장비를 관리하였다고 한다. 아버지도 평북 출신이신지라 장 중사 아저씨를 고향 후배 겸 친처남처럼 여기며 살게 됐는데 '비둘기부대'로 월남을 자원해 갔다.

장 중사 아저씨가 월남을 가던 때에 우리 집 막내는 한창 걸을 때였다. 어머니와 외조부 그리고 외삼촌까지 부산항에서 벌어지는 환송식에 참석하기 위해 서울역에서 '야매버스(비공식 뒷거래 버스)'를 8시간 동안 타고 부산을 가셨다고 한다. 아직 경부고속도로가 개통되기 전이라 국도로만 갔을 테니 얼마나 힘이 들었을까. 갔다 오신 어머니의 말씀에 의하면 막내가 얼마나 차멀미를 하는지 너무 힘이 들었다고 하신다. 하긴 3~4세 된 아이를 온종일 버스를 태웠으니 막내도 고생이 많았으리라.

부산항 환송식은 부두 입구에서 즉석에서 돈을 받고 만들어 주는 '피켓'을 들고 흔들고 멀리서 얼굴 한 번 보는 게 고작이었다고 한다. 그래도 계급이 중사쯤 되었기에 따로 면회는 가능했다고 한다. 피 한 방울 나누지 않은 수양아들을 위해, 수양 동생을 위해 단지 월남으로 싸우러 간다는 이유 하나로 그 고생을 하고 간 어머니와 외조부, 그리고 외삼촌까지 참 대단했다. 월남 간 수양 외삼촌이 간혹 보내 주는 사진과 편지, 그리고 약간의 선물은 나를 흥분케 했다. 수양 외삼촌은 다행히 다친 데 없이 무사히 귀국하여 상사로 정년을 맞아 전역한 후 그냥 포천에 눌러앉아 살고 계시다가 얼마 전 돌아가셨다.

대한민국을 한동안 '월남 광풍'에 휩싸이게 했던 월남전은 끝났다. 수많은 사람의 사연을 묻고 기억만 남긴 채 월남은 그렇게 잊혀 갔다.

우리는 당시 월남이 패망했다고 배웠지만 사실 월남 자체가 망한 게 아니라 부정부패에 찌든 남월남 정권이 망했다고 나는 생각한다.

월남전은 사실 지금도 많은 것을 생각하게 해준다. 언젠가는 밝혀지겠지만….

구멍 난 속옷

 그 시절에는 왜 그리 어려웠는지 속옷이고 양말이고 내복이고 할 것 없이 구멍 난 옷들을 입고, 신고 다녔다. 제품의 질도 좋지 않았지만, 물자도 귀하고 가격도 비쌌다.
 형제들이 많은 집에서는 대물림으로 물려 입어 몸 덩치에 비해 작거나 크거나 해도 크게 개의치 않았다.
 아이들은 아침에 한바탕 전쟁을 치른다. 체격이 비슷한 형제 중에는 자기가 입고 싶은 옷을 먼저 입고 학교를 가 버리기에 아예 전날 자기가 입고 갈 옷을 머리맡에 두고 자기도 한다.
 양말은 자주 구멍이 나는 것 중의 하나인데 우리는 '빵꾸(그때는 그렇게 불렀다)' 났다고 했다. 특히 양말 뒤꿈치가 자주 구멍이 나는데 신발을 벗고 들어갈 일이 있으면 난감했다. 본인이 구멍 난 줄 모르고 신고 나오기도 하는데 다른 사람이 지적하거나 놀리면 창피스러워했다. 그런 창피를 당하고 들어간 날은 어머니에게 짜증을 내는데 어머니는 아무 말씀 안 하시고 반짇고리에서 고장 난 알전구를 이용하여 색깔이 비슷한 천을 덧대어 기워 주신다. 양말 속을 뒤집어 알전구를 뒤꿈치에 대고 바느질을 하시는데 색깔이 비슷하면 괜찮은데 마땅한 색이 없으면 덧댄 흔적이 남아 여전히 창피했다.

처음에는 조그만 구멍이어서 별로 신경을 안 쓰고 다니는데 오래 걷거나 하다 보면 어느새 구멍이 커다랗게 나기도 한다. 그래도 기운 양말이라도 신고 다니는 아이들은 행복했다. 봄부터 가을까지 양말을 신지 않은 아이들이 제법 있었다. 검정고무신을 신은 아이의 발등은 늘 때가 시커멓고 더러웠다.

한겨울에는 누구나 내복을 입었다. 어른들은 그나마 괜찮은데 한창 자라는 아이들은 작년에 입었던 내복이 작아진다. 입기 싫다고 앙탈을 부리면 어머니는 내복을 누가 본다고 그러냐고 하시며 억지로라도 입게 하셨다. 몸에 꽉 끼는 내복을 입으면 팔길이는 손목 위로 올라가 있고 배꼽도 훤히 보인다. 내복 바지도 발길이가 껑충하게 발목 위로 올라와 영 어색하다. 어머니는 그때마다 따뜻하면 됐지 뭘 더 바라느냐고 하시며 올해까지만 입고 내년에는 몸에 맞는 걸로 사 주신다며 넘어간다.

당시 내복은 품질이 별로여서 팔꿈치나 무릎팍이 너덜너덜해지다가 기어이 구멍이 난다. 소매 끝도 올이 풀려 실이 너덜거리기도 한다. 어머니는 그때마다 반짇고리를 꺼내 비슷한 천을 잇대 기워 주신다. 내복이야 남이 볼 일이 없어 입은 본인만 참으면 창피할 일은 없다.

팬티도 가관이다. 흰 광목으로 만든 사각 '팬티'를 주로 입었는데 당시에는 팬티를 '빤스' 혹은 '빤쮸'로 불렀다. 없는 집 아이 중에는 당시 미국 정부가 제공한 밀가루 포대를 잘라 집에서 만들어 입었다. 그러다 보니 미국 성조기도 보이고 영어 글씨도 보이고 한다.

'고무줄 없는 빤스'라는 말이 있다. 고무줄도 돈을 주고 사야 하기에 고무줄 대신 천으로 끈을 꼬아 고무줄을 대신하기도 했다. 어느 해 내 친구는 학교에서 신체검사를 하는 날 밝혀진 이후 그 친구의 별명은 '고무줄

없는 빤스'가 되었다.

  오랫동안 그런 팬티를 입다 보면 누렇게 변색이 되기도 하고 해어지기도 한다. 그러면 숨겨진 고추가 훤히 내비치고 삐져나오기도 한다. 여기저기 덧기운 흔적도 많이 보였다. 그래도 아랑곳하지 않고 입고 다녔다.

  좀 더 어린 아이들은 아예 밑에는 아무것도 입지 않고 다녔다. 한여름에는 골목마다 고추를 달랑거리며 뛰어노는 아이들을 많이 볼 수 있다. 그래도 누구 하나 신경 안 쓴다.

  색깔 있는 팬티는 아예 구경도 못 했다. 누구나 '흰색'으로 통일이었다. 여자아이들의 팬티도 기껏해야 흰 바탕에 노랗거나 빨간 모란꽃 무늬 정도가 들어간 정도였다.

  여름철에는 아예 팬티를 입지 않는 아이들도 제법 됐다. 그냥 맨살에 겉바지 하나만 입으면 그만이었다. 오죽하면 학교에서 가끔 용의검사를 하여 팬티를 입지 않고 다니는 아이들은 벌씌우기도 했다.

  지금이야 모양도 색깔도 다양해서 멋으로 입기도 한다. 또 워낙 질이 좋아 기워 입거나 낡은 팬티는 구경도 못한다.

  빤스에서 팬티로 이름이 바뀌듯 팬티도 오랜 세월 동안 진화했다. 지금은 아무리 없이 살아도 각자의 팬티 몇 장 정도는 옷 서랍에 있다. 그래도 없이 살던 시절에 비록 '고무줄 없는 빤스'를 입고 다닐지언정 어머니가 기워 주신 양말과 내복이 그리워진다.

  지금은 너무 풍요롭다.

  뱀 꼬리 : 78년 3월에 해병대에 입대했는데 당시 피복 카드에 "빤쓰"라고 표기됐는데 동기 한 놈이 팬티라고 발음했다고 뒤지게 얻어터진 기억이 납니다.

청계천

　1965, 1966년이었다. 당시 청계천을 덮는 복개공사가 청계천6가에서 끝났다. 지금의 오간수문지까지다. 마장교 쪽으로는 그냥 하천이었다. 내가 살던 종로6가에서 동대문운동장을 가려면 왼쪽으로는 덮지 않은 청계천을 보면서 건너야 했다.

　나는 싸돌아다니기 좋아하고 호기심이 많아 한번은 아직 복개가 안 된 청계천7가 쪽으로 가 봤다. 청계천은 비가 오면 물이 흐르지만, 평소에는 물길이 거의 안 보였다. 온갖 생활하수가 청계천으로 모이다 보니 악취가 심하고 하천 바닥은 시커멓게 썩어 가고 있었다. 사람들은 똥계천이라고 불렀다.

　지금은 동대문 신발도매상가가 자리 잡고 있지만, 당시에는 판자촌이었다. 그 판자촌은 청계천이 끝나는 지점까지 자리 잡고 있는 엄청난 넓이였다. 그것도 제대로 지은 집은 드물고 판자나 두꺼운 종이로 얼기설기 지어 나 같은 아이도 발로 한 번 차면 금방 무너질 집들이었다. 움막 형태도 있고 비닐로 겨우 비만 가린 곳도 많았다.

　아무리 어린 나이지만 나에게는 엄청난 충격이었다. 좁고 더러운 길은 질척거렸다. 세상 어디에서 맡지 못한 이상한 냄새가 진동하고 파리와 모기들이 득실거렸다. 이쪽에서는 악다구니를 쓰는 소리가 들리고 저쪽에서는 싸우는 소리, 애들 우는 소리 등이 사방에서 들려온다.

아이들은 하나같이 벌거벗은 상태로 돌아다니고 웬만큼 큰 여자아이도 낡고 해어진 팬티만 겨우 입고 있다. 나보다 어린아이들은 영양실조로 배가 남산만 하고 전신에는 피부병으로 피부가 헐어 있었다.

취사는 연탄 화덕도 없이 잔 나뭇가지를 모아 엉성하게 만든 아궁이를 사용하는데 연기가 많이 나 골목이 온통 연기로 가득했다.

'반공'이라는 수업시간에 본 6·25의 피난민이 바로 여기 있었다.

더욱 충격인 것은 어른 여자들이 옷가지를 풀어헤치고 치마 속에는 아무것도 입지 않은 맨살로 음부가 다 보이는데 여자는 이미 잔뜩 술에 취해서 지나가는 남자들을 호객하고 있다. 몸 파는 여자들이다. 후진국의 상황과 진배없다.

나는 겁이 나기도 하고 이런 상황이 처음인지라 극도로 긴장하고 있었다. 뒤돌아 나오려고 하는데 어디가 어딘지 구분이 안 되었다. 결국, 마음씨 좋아 보이는 노인에게 길을 물어 간신히 나올 수 있었다.

집에 와서는 한동안 청계천 판자촌의 잔영이 남아 혼란스러웠다. 당시 너나 할 것 없이 어렵고 힘든 시절이지만 그 정도까지는 살지 않았다. 가진 자와 못 가진 자의 차이를 극명하게 본 것이다.

같은 사람인데 같은 서울 하늘인데 이렇게 차이가 날 수 있나 라는 생각에 새삼 부모님이 고마웠다. 만약 내 운명이 청계천에서 살 팔자였다면 하는 생각에 이르면 끔찍하기만 했다.

얼마 후 공사판이 벌어졌다. 지옥보다 못한 기억이 남아 있는 청계천을 마장교까지 덮는 공사였다. 순식간에 중장비가 와서 청계천 판자촌을 쓸어버렸다. 거기에 살던 사람들은 이불 보따리와 가재도구 몇 개를 챙겨 머리에 이고 어디론가 가고 있다. 그것이 내가 본 마지막 청계천 판자촌이었다. 과연 이 사람들은 어디로 가는 걸까. 어쩌면 평생을 무허가 판자촌에서 벗어나지 못하고 생을 마감했을지도 모른다.

또다시 공사가 시작됐다. 이번에는 고가도로를 설치한다고 한다. 하루가 다르게 현장이 변하면서 고가도로가 생기기 시작했다. 준공 당시에는 3·1고가도로라고 했는데 당시 청계천2가에 있는 3·1빌딩이 서울에서 제일 높고 현대화의 상징이었다. 하루가 다르게 변화되는 현대화된 서울의 상징으로 3·1빌딩과 3·1고가도로는 제격이었다. 31층 높이의 빌딩은 서울 시내 어디에서도 보였다. 지금의 KDB산업은행 건물인데 당시의 위용은 어디 가고 지금은 초라하기만 하다.

공사 당시 나는 아이들과 공사현장에서 버려진 못이나 철물 등을 주워 엿과 바꿔 먹는 재미에 빠져 자주 갔다. 당시에는 완공된 고가도로를 보면 괜스레 서울사람으로서 우쭐해졌다. 밑에 더러운 청계천은 복개되고 그 위에 고가도로가 놓여 차들이 씽씽 달리고 옆에는 아파트가 들어서고 시장이 생기면서 사람이 차고 넘쳤다. 상전벽해다. 너무 빨리 변하고 사라지고 새로운 게 생겨 정신이 없을 정도였다.

지금 청계천을 바라보면 감회가 새롭다. 덮고, 세우고, 부수고, 걷어낸 청계천은 서울의 관광명소가 돼 많은 사람이 일부러 구경을 하러 온다.

누구는 청계천으로 대통령도 됐다고 하지만 나는 지금도 궁금한 게, 그 많던 청계천 사람들은 지금 어디서 무엇을 하고 있겠느냐는 생각이다. 도시 빈민의 문제 해결은 누가 정치를 해도 쉽지 않은 문제인 듯하다.

고속버스

 69년쯤으로 기억한다. 전해에 서울 전차가 사라지고 동대문 전차 종점 겸 차고가 있던 곳에 동대문 고속버스터미널이 들어섰다. 동대문 전차 차고지는 현재 기념 표석으로만 남았는데 현재 동대문역 8번 출구에 있다.
 눈도 뜨기 전에 전차의 '땡땡'거리는 소리를 듣던 내가 이제는 고속버스의 경적을 듣게 된 것이다. 그러고 보면 나는 '탈것'과 많은 인연이 있다.
 1968년 12월에 이미 한국 최초의 고속도로인 경인고속도로가 완공되었고, 68년 2월부터 경부고속도로를 건설하고 있었다. 조국 근대화의 상징이다 뭐다 해서 고속도로는 글자 그대로 고속으로 건설되고 있었는데, 경부고속도로는 아직 전 구간이 개통 전이었지만 부분적으로 개통하여 고속버스가 운행 중이었다.
 어느 날 전차 종점 차고지에서 공사판이 벌어지더니 터미널이 생겼다. 나는 집 대문만 나서면 바로 차고지가 한눈에 보이기에 매일의 공사 진척 상황을 지켜봤다. 참 빠르게 진행됐다. 역시 한국 사람의 '속도전'은 대단하다.
 얼마 후 생전 처음 보는 근사한 버스들이 차고지에 들어찼다. 천일, 한

일, 한남, 그레이하운드 등 고속버스들이 동대문에서 출발하여 수원, 오산, 평택, 천안, 대전 등을 운행했다.

버스는 전부 외제인데 독일의 벤츠, 일본의 후소 등이 주로 있었고 그레이하운드는 아마 미국 차량으로 생각됐다. 특히 그레이하운드는 버스 옆면에 그레이하운드라는 개가 그려져 있어 우리는 그냥 '개그린버스'라고 불렀다. '개그린버스'는 차 안에 화장실도 있다고 했다.

친구와 나는 하교 후에는 이대 동대문병원 담 위에서 '지금 저 버스는 벤츠다' 혹은 '이 버스는 후소다' 하며 고속버스의 차종을 알아맞히는 내기도 했다. 당시 국산 버스하고는 비교할 수도 없었다.

하릴없이 터미널에 가 고급 외제 버스를 가까이서 보는 재미도 괜찮았다. 운전기사도 서울 시내버스를 모는 평범한 아저씨가 아니라 비행기조종사 같이 멋져 보이고 산뜻한 제복의 미니스커트를 입은 안내양 누나들은 하나같이 예뻤다. 모험심 강한 나와 친구는 이 고속버스를 꼭 한번 타봐야겠다고 다짐을 하고 방법을 찾는데 궁하면 통한다고 우연히 만난 아버지 고향 친구분이 용돈을 두둑하게 주셨다. 나와 친구는 이 돈을 가지고 차비를 내면 어딘가 충분히 갔다 올 거라는 예상을 하고 수원을 갔다 오기로 했다.

나나 내 친구는 서울내기인데 나는 그나마 외가가 포천이어서 가끔 시골에 가는 게 낯설지 않지만 내 친구는 친가, 외가가 전부 서울이라 지방에 갈 일이 없었다. 아무 연고도 없는 수원을 간다니 다소 불안하기는 했지만 소원으로 생각한 고속버스를 한번 타 본다는 게 어디인가?

다음 날 두 악동은 전쟁터에 나가는 병사처럼 결연한 의지를 갖추고 수원행 고속버스에 올라탔다. 요금은 아버지 친구분이 주신 용돈으로 해결

했는데 꽤 많은 돈을 주시어 한참 남았다. 지금 생각하면 초등학교 5학년 학생에게 10만 원 정도 주신 셈이다.

우선 일반 버스는 아무 자리에 앉으면 되는데 고속버스는 승차표에 적혀 있는 번호의 좌석을 찾아서 앉아야 했다. 처음부터 신기함의 시작이다. 의자는 푹신하기가 이루 말할 수 없어 딱딱한 시내버스 의자에 비할 수 없었다. 잠이 절로 올 것 같다. 거기다가 앞뒤로 젖히는데 끝내줬다. 버스 천장에 있는 조그만 등도 괜히 켰다 껐다를 반복해 보고 앙증맞은 재떨이도 열었다 닫았다를 하며 이것저것 만져 보는데 예쁜 안내양 누나가 오더니 사탕까지 주는 게 아닌가. '오 세상에나~' 시내버스 차장 누나와는 차원이 다르다.

버스가 출발하는데 안내양 누나가 뭐라고 마이크에 대고 안내방송을 한다. 어른들은 좌석에 있는 벨을 눌러 수시로 안내양을 불러 이것저것 가져다 달라고 하는데 신문, 사탕, 껌, 보리차 등을 가져다 준다. 현재 항공기 기내 서비스와 똑같다.

출발한 버스는 엔진 소리도 없이 조용하게 가는데 미끄러지듯 간다. 시끄럽고 냄새나고 털털거리던 시내버스에 비할 수 없다. 차창 밖을 보지 않으면 가는지조차 모를 지경이다.

동대문운동장을 지나 남산 입구, 장충단공원, 한남동을 거치면 제3한강교(오늘의 한남대교)에 다다른다. 다리를 건너는 순간 좌우에 보이는 풍경은 완벽한 농촌이었다. 논, 밭, 과수원, 목장, 어쩌다 보이는 집 등이 전부였다. 오늘날 강남이라고 하는 신사, 반포, 서초, 양재동이다.

서울서 수원은 짧았다. 친구와 나는 일단 내리고 수원터미널에서 조금 배회하다가 다시 서울로 가는 고속버스에 몸을 실었다. 어린 꼬마 둘이 긴장하며 시간을 보내서 그런지 올라타자마자 푹신한 버스 의자에서 그만 잠이 들어 눈을 떠 보니 어느덧 동대문이다. 지금은 동대문에서 반포로 진작 터미널이 옮겨 가고 안내양도 벌써 사라졌다. 사라진 안내양들은 지금 어디 있을까?

천호동 방문기

66년쯤으로 기억난다. 종로6가 이웃에 친하게 지내던 어머니 친구분이 계셨다. 전남 어디에서 올라와 부부가 동대문시장에서 장사한다고 했는데 어머니보다는 몇 살 위로 기억된다.

어머니하고는 모종의 돈거래가 있었는지 두 분이 자주 만나 뭔가 밀담을 나누곤 했다. 당시에는 '계'가 유행이라 서민들끼리 '계'를 조직해서 목돈을 만들곤 했다. 돈뿐만이 아니라 이불, 금반지, 가전제품 등도 '계'의 주요 아이템이었다. 예전이나 지금이나 은행에서 돈을 빌리기가 쉽지 않았기에 돈 없는 사람끼리 모여 십시일반 곗돈을 모아 누군가에게는 유용하게 사용됐을 텐데 문제는 곗돈을 이미 타 먹은 사람이 잠적하는 것이다. '오야(계주를 당시에는 그렇게 불렀다)'는 돈을 떼먹고 잠적한 계원의 몫까지 물어 줘야 했다. 그래서 '오야'는 첫 번째와 마지막을 타게끔 '두 구찌(두 몫)'를 들어 마지막까지 책임을 다하게 한다. 모든 계원이 성실하게 제 날짜에 곗돈을 부으면 문제가 없는데 20여 명이 되다 보니 뭔 일이 생겨도 생긴다.

나는 어려서 자세한 내막은 모르겠지만 아마 어머니가 '오야'를 하신 것으로 짐작된다.

어느 날 우리 집에 가구처럼 생긴 전축이 들어왔다. 문제의 계원이 곗돈 대신 전축으로 변상해 준 것이다.

　몇 달 후 어머니 얼굴이 까칠해지시더니 밤에 잠을 못 이루신다. '계'가 깨진 것이다. 어머니는 '오야'로서 책임을 다하기 위해 동분서주 수소문을 하시더니 드디어 나를 데리고 어디로 가자고 하신다. 어린 내가 무슨 도움이 되겠느냐만 어머니 생각은 그래도 내가 옆에 있으면 든든하셨던 모양이다.

　어머니 치맛자락을 부여잡고 따라나선 곳은 천호동이었다. 어머니는 곗돈 떼먹고 도망간 아주머니의 소재를 알아내신 모양이다.

　한여름이었다. 동대문에서 버스를 타고 어딘지는 모르겠으나 버스를 또 갈아탔다. 좁고 낡은 광진교를 건넜는데 더운 여름인지라 버스 창문을 다 열었지만 한여름의 열기는 대단했다. 먼지 나는 비포장 편도 1차선 도로를 한참을 달리고서 내렸다. 내린 곳은 허허벌판이었다. 여름 햇살을 막아 줄 나무 한 그루 없어 뜨거웠다. 어머니가 가지고 가신 조그만 양산을 펴고 모자는 한참을 걸었다. 어쩌다 지나가는 차량으로 인한 먼지가 눈앞을 가릴 정도였다. 주변은 온통 논밭 아니면 비닐하우스였다. 초가집도 많이 보이고 오가는 사람도 드물었다. 닭과 돼지 축사도 많이 보였다. 분명 같은 서울인데 종로와는 너무 달랐다. 외가인 경기도 포천과 별로 다름이 없었다.

　한참을 헤매다가 겨우 집을 찾았다. 집은 나무판자로 얼기설기 지은 '판잣집'이다. 지붕에는 '루핑'을 씌우고 폐타이어를 몇 개 올려놔 바람에 날아가지 못하게 줄로 묶어 놨다. 밖에서 어머니가 몇 번을 부르니 한참 후에 곗돈 떼먹고 도망친 아주머니가 나타났다. 매우 놀라는 표정을 짓더니 들어오라는 이야기도 못하고 어머니에게 연신 머리를 조아린다. 눈치가 내가 옆에 있어서는 안 되겠다 싶어 슬쩍 자리를 피했더니 한참을 어머니와 이야기를 한다. 가끔 언성이 높아지기도 했지만, 이야기는 잘되어 가고 있는 듯했다.

어머니가 나를 찾기에 가 보니 인제 그만 가지고 하신다. 어머니는 뒤돌아 나오며 핸드백에서 돈을 꺼내 아주머니에게 전달하며 쌀이라도 사 먹으라 하신다.

결국, 어머니는 떼인 돈 받으러 갔다가 오히려 돈을 주고 아무 소득 없이 집으로 와야 했다. 어머니는 매우 낙심하신 듯 표정이 어두웠다. 집에 오는 내내 한마디 말씀이 없으셨다.

집으로 가는 길은 더욱 멀고 힘들게 느껴졌다. 아마 어머니가 생각한 대로 되지 않으니 발걸음이 무거워서 그랬으리라.

내가 성인이 된 후 어머니에게 예전 이야기를 하며 넌지시 여쭤 봤다. 어머니는 사실 떼인 돈을 받아 낼 자신이 없으셨는데 일단 눈으로 보고 확인해야겠다는 생각으로 천호동을 가 보았다고 하신다.

나는 재차 그러면 어린 나는 왜 데리고 갔느냐고 물으니 혹시 당신께서 딴맘 먹을까 봐 그랬다고 하신다. 만약 돈을 못 받으면 광진교 아래로 투신이라도 할까 봐 어린 나를 데리고 간 것으로 나는 생각이 들었다.

참! 어머니도~.

당시에는 잘나가던 '계'가 깨져 집안이 풍비박산 나고 목숨을 버리는 일이 허다했다고 한다. 신문의 단골 소재이기도 했다. 지금 생각하면 그만하기 다행이다.

나는 어머니 덕분에 몇 가지 교훈을 얻었다. 절대 남의 돈 함부로 쓰면 안 된다. 돈놀이하면 안 된다. 빚지고 살면 안 된다.

또 하나 후회(?)되는 점은 당시 천호동과 지금의 천호동을 비교하면 그야말로 상전벽해이다. 어디가 어딘지 모르게 변해도 너무 변했다. 아버지를 졸라 천호동에 땅을 조금만 사 놨으면….

농담이다. 우리 집안 식구는 아무도 그런 데 관심조차 없다. 조금 없이 살면 어떤가?

그런데 우리 어머니 돈 떼먹고 도망간 아주머니는 잘살고 있으려나?

달에 착륙하다

　미국이 개발한 우주선 아폴로11호가 1969년 7월 20일 역사상 최초로 달에 착륙했다. 한마디로 지구가 뒤집어졌다. 사람들은 모이면 아폴로, 아폴로였다. 과연 우리가 알고 있는 토끼와 계수나무가 정말 달에 있는지 어린아이들은 내기까지 할 정도였다. 나도 날이 어두워지기를 기다려 달을 쳐다보는 게 하루의 중요한 일과였다.

　당시 텔레비전에서는 연일 비싼 위성중계료를 부담하며 미국에서 보내는 영상을 실시간으로 보여 주고 특집방송을 만들기에 바빴다. 신문도 마찬가지였고 학교에 가도 온통 아폴로 이야기와 인간이 달 착륙을 정말 제대로 할까 하는 게 중심화제였다.

　드디어 달에 착륙하는 순간을 위성 생중계로 시청한 후 흥분된 기분으로 학교에 갔다. 교문이 보이는 곳에서부터 뭔가 이상했다. 학교가 썰렁한 것이다. 평소 같으면 등교하는 아이들로 넘치고 여기저기서 아이들의 재잘거리는 소리가 들릴 텐데 한산하기 그지없다. 몇몇 아이들만 교문에서 얼쩡거리고 있다. 뭔 일인가 싶어 가까이 가 보니 교문은 닫혀 있고 안내문 하나가 붙어 있는 게 아닌가. 가까이 가서 읽어 봤더니 오늘은 인류 최초의 달 착륙을 기념하기 위해 임시 휴교한단다. 기쁜 날이다. 공부하기가 싫어 매일 꾀를 내고 있는데 '휴교'라니 뒤도 돌아보지 않고 집으로 갔다.

　며칠 후 기념우표 발행을 시작으로 거리 곳곳에 달 착륙을 축하하는 현수막이 여러 기관과 단체 이름으로 걸리기 시작하며 한껏 축제 분위기를 자아냈다. 신문도 당연하다는 듯 호외를 발행하고 모든 국민이 우주인이 된 듯한 느낌이었다. 이때 기억나는 사람이 소위 '조경철 아폴로 박사'이다. 실황 중계할 때 통역을 하며 본인이 흥분하다 의자에서 넘어진 것이다.

　그 후로 조경철 박사는 한마디로 '떴다'. 아폴로 덕을 톡톡히 봐서인지 조 박사는 돌아가실 때까지 온갖 방송프로그램에서 감초 역할을 하셨다. 지금 유행하는 '앉은뱅이 수다쇼(많은 패널이 나와 수다를 떠는 토크쇼를 일컫는 업계 전문용어)'에 고정으로 나오는 박사, 변호사, 교수, 의사들의 원조 격이다.

　몇 개월 후 아폴로11호 선장이었던 '닐 암스트롱'이 방한을 하여 국민들의 열렬한 환영을 받았다. 특히 '닐 암스트롱'은 6·25 당시 전투기 조종사로 참전한 인연이 있어 국민들의 성원은 대단했다.

　나는 지금도 그가 달에 첫발을 디디며 한 말을 잊지 못한다.

　"이것은 사람에게 있어서 작은 발걸음이지만, 인류에게 있어서 하나의 거대한 도약이다."

　아폴로11호의 달 착륙은 지금 많은 논란거리가 되고 있다. 음모론부터 시작해서 다양한 '설'이 나오는데 그러거나 말거나 그날부터 달을 쳐다보면 그동안 가졌던 달의 신비가 벗겨져 더는 토끼도 계수나무도 보이질 않는다. 그 많던 토끼와 계수나무는 어디로 갔을까?

클리프 리처드 오다

69년 10월에는 영국의 세계적인 팝 가수인 '클리프 리처드'가 내한공연을 두 차례 했다.

그해 8월 MBC-TV가 개국하여 개국기념 특집 쇼로 중계방송을 했는데 나는 아직 초등학교 5학년 학생이니 영어를 알겠는가 팝송을 알겠는가. 하지만 당시 중학교 2학년인 누나는 한창 팝송 듣는 재미에 빠져 뭔지 모르는 노래를 흥얼거리고 있었다. 그러한 누나에게 클리프 리처드가 내한공연을 한다고 하니 기절할 일이다.

그러나 감히 공연장에 간다는 것은 엄두도 못 내고 텔레비전 중계방송을 보는 것으로 만족해야 했다.

당시 내한공연은 시민회관(현재 세종문화회관)과 이대강당에서 했는데 한마디로 '난리'가 났다. 나는 누나와 누나 친구들을 따라 어느 집인지는 기억이 나지 않지만 커다란 미제 텔레비전이 있는 집에 가서 방송을 봤다. 사회자는 당시 많은 인기를 누리고 있던 '후라이 보이(코미디언 곽규석)'가 사회를 봤다. 곽규석이 뭐라고 한마디 하는데 워낙 관중의 열기가 뜨거워 뭐라고 하는지 한마디도 알아듣지 못했다. 나는 영어도 모르고 팝송도 모르지만, 워낙 방송에서 클리프 리처드의 음악을 늘 틀어 줘 멜로디는 귀에 익숙했다.

드디어 클리프 리처드가 등장했다. 누나들은 공연장을 못 간 대신 소리로라도 공연 느낌을 받으려고 텔레비전 볼륨을 제일 크게 했다.

10여 명이 둘러서서 지켜보는데 남자는 나 하나고 몽땅 누나 친구들이다.

공연이 시작됐다. 클리프 리처드가 손 한 번 들었다 놓으면 '꺄 아 악' 하고, 발 한 번 흔들면 무대가 뒤집어졌다. 텔레비전을 보는 방 안도 마찬가지다. 발을 구르고 손뼉을 치고 개중에는 우는 누나도 있었다. 노래를 듣는 건지 함성을 듣는 건지 분간이 안 됐다. 클리프 리처드, 참 대단하다.

비록 흑백 화면에 카메라 앵글도 엉성하고 음향도 엉망이지만 누나들은 아랑곳하지 않았다. 공연이 진행될수록 누나들은 거의 기절 수준이다. 텔레비전을 집에서 보는데도 이 정도면 공연장 분위기는 어떠했을까 짐작이 간다.

많은 사람이 당시 공연장 분위기를 전하며 관객들이 여성 속옷을 무대로 던졌다는 등의 이야기를 하는데 와전된 것이라고 누군가 증언해 주기도 했다.

많은 기성세대가 혀를 차며 한국의 젊은이들을 개탄했다고 하는데 그 관객들은 지금 환갑, 진갑 다 지난 할머니들이 되었다. 그러고는 말한다. '요즘 젊은이들이 개탄스럽다'고. 이래서 역사는 돌고 돌기 마련이다.

요즘은 한국의 케이 팝이 전 세계를 열광시키고 있다. 방탄소년단 같은 그룹이 한번 움직이면 과장해서 지구촌이 들썩거린다. 상상도 못 했던 일이 생긴 것이다. 한국이 어디 붙어있는지도 모르는 세대들에게는 이제 한국은 성지가 되었다. 클리프 리처드가 기절할 일이다.

대중가요로 세계를 평정하다니 그야말로 기적이다.

나를 기준으로 본다면 난 아직 한국 대중가요의 진가(?)를 모르겠다. 그러나 클리프 리처드의 노래는 참 듣기 좋다. 그뿐 아니라 그 시대에 활동했던 유명 팝 가수를 모두 좋아한다. 가끔 따라 부르기도 한다. 클리프 리처드가 더 나이 먹기 전에 내한공연을 한다면 이번에는 예전 기억을 되살려 기필코 가 보리라.

에필로그

지난 2월 7일 제1편 성동역의 기적 소리를 시작으로 오늘 8월 15일 제87편 에필로그까지 6개월 보름여 동안 페이스북에 60년대 내 유년의 이야기를 연재했다. 매일 글쓰기를 한다는 게 절대 쉽지 않은 일이었지만 많은 페북 친구들이 응원과 격려, 그리고 성원을 보내준 덕분에 초심을 잃지 않고 무사히 연재를 마쳤다. 전문 글쟁이가 아니기에 문장도 어설프고 표현도 서투르며 무엇보다 과거의 기억을 반추하는 데 있어 오류도 범할 수 있었지만 모두 너그럽게 봐주어 고맙기만 하다.

필자는 소위 말해서 베이비 붐 세대이다. 사회학적으로 1955년생부터 1963년생까지를 그렇게 표현하는데 흔한 말로 나는 58년 개띠이다. 1965년 초등학교에 입학하고 1971년에 졸업했다. 엄청난 인구 증가로 큰 사회 문제가 되기도 했다.

이 격변의 시기는 한국 사회가 엄청난 변화를 겪기 위한 태동을 막 할 때였다. 5·16 군사쿠데타로 정권을 잡은 박정희 독재 군부는 정권의 안정화와 산업화, 근대화를 한다는 명목으로 인권을 무시하고 재벌을 키우며 정경유착의 나쁜 선례를 만들었으며 수많은 민주인사와 학생, 종교인, 정치인을 탄압했으며 한편으로는 경제개발과 조국 근대화를 기치로 경부고속도로로 상징되는 압축 고도성장을 이루어 냈다.

급격한 산업화로 인한 도시의 팽창은 수많은 문제점을 일으켰으며 여기서 나온 부작용은 오늘날까지도 적폐라는 이름으로 남아있다.

한일협정을 국민의 반대에도 굴욕적으로 체결함으로 지금도 문제점을 보이고 월남전 참전이라는 "국가사업"은 아직도 후유증에 몸살을 앓고 있다. 그런 가운데 박정희는 3선 개헌을 통해 영구 집권을 꿈꾸며 민중을 더욱 탄압하고 있었다.

이렇듯 엄혹한 시기에 일개 초등학생의 눈으로 시대를 기억하고 기록한다는 게 분명 한계가 있었다. 하여 가볍고 누구나 공감할 수 있는 우리 생활에 밀접한 일종의 생활사, 문화사를 중심으로 시대상을 반영하고자 노력했으나 필자의 역부족으로 주변만 건드린 거 같아 못내 아쉽기만 하다. 또 한참 연재 중에 갑자기 건강을 급속히 헤쳐 입·퇴원을 반복하며 결국은 혈액투석을 하게 되었다. 현재 심신이 매우 피곤한 상태로 더 이상 글을 쓴다는 게 무리라 판단되어 89편으로 막을 내리는 아쉬움도 있다. 이점 페친들의 양해를 구한다.

일부에서는 미래로 나아갈 길도 바쁜데 웬 과거 타령이냐고 하기도 한다. 하지만 과거를 잊은 민족에게는 미래도 없다. 우리가 역사를 군이 힘들게 배우는 까닭이다. 나의 글이 미력하나마 당시의 시대를 기록한 것으로 좋게 봐주면 고맙겠다. 어지럽고 혼탁한 시대에 과거를 반추하며 "맞아, 그 시절 그때는 그랬는데…" 하며 공감을 표시해준 페친들의 글 값이라 생각되어 나는 부자가 되었다.

앞으로 건강이 회복되면 시즌 2, 3을 해볼 생각이다. 변함없이 페친들의 응원과 성원이 필요하다. 다시 한번 그동안의 성원에 깊은 감사 말씀을 드린다.

| 박승찬 추모 |

아버지는 2024년 3월 5일 작고하셨다.

그런 아버지가 책을 내신다.

돌아가신 아버지의 기록 모음집을 어머니가 출판하신다고 한다.

이번이 2번째 출판인데 아들인 나에게도 한마디 적을 기회가 왔다.

책 내용은 내 아버지의 어린 시절과 젊은 시절의 이야기를 담은 기록수필집이다.

아들인 내가 아는 얘기도 있고 잘 모르는 얘기도 있다. 가정에선 별로 말씀이 없으셨다. 다큐멘터리 프로듀서로 한평생 바쁘게 사셨던 기억만이 있을 뿐이다.

내가 사고를 치거나 학업이 부진해도 별말씀을 안 하셨다. 어쩌면 어머니께 다 맡겨서 방치했던 것 같기도 하고 무관심했던 거 같기도 하고. 그렇게 친한 부자 관계는 아니었고 2009년 간이식을 해드렸을 때조차도 그냥 부자가 둘 다 무덤덤했던 것 같다. 물론 이후에도 음주와 흡연을 하셨고 그때마다 나의 타박을 받으셨지만, 별말이 없으셨다.

  돌아가시기 전 중환자실에 입원하셨을 때 병원에 찾아뵈었었다. 인공호흡기를 달고 계셨기에 돌아가시기 전 두세 달은 아버지 음성을 못 들었다. 눈빛과 고갯짓으로 30분 남짓한 면회 시간에만 잠깐씩 뵈었다. 돌아가시기 이틀 전에도 눈빛이 살아있었고 난 아버지가 그렇게 가실 줄 몰랐는데 위독하다는 전화를 받고 급히 도착한 중환자실에 누워계셨던 내 아버지는 이미 초점이 없는 공허한 눈이었다.

  결국은 한평생 나는 아버지와 대화다운 대화를 나눈 기억이 없다.

  이 책을 빌어 아버지와 마음속으로 대화를 해보려 한다.

  나도 이제 마흔이 넘었고 나 또한 자식이 3명이 있는 부모인데 아직도 아버지, 어머니라 하는 게 어색하다.

  이러나저러나 내 부모로, 내 아버지로 만나 아들인 저는 행복했습니다.

  아빠, 사랑하고 보고 싶어. 또 봐요. 아빠.

첫째 아들 박지만 씀

| 박승찬 추모 |

　난 아빠를 잘 모른다. 엄마는 항상 난 아빠를 너무 닮았다고 말했다. 손발, 입 모양이나, 경사진 어깨, 말투 및 웃는 모습까지. 그래서 징그럽다고 했다. 닮은 만큼 '부녀 사이가 돈독하겠지'라고 여길지도 모르겠지만 그렇지 않았다. TV 다큐 감독이셨던 아빠는 주중에는 촬영, 주말에는 편집실에 박혀서, 집은 못 이뤘던 잠을 이루는 절대적 휴식 공간이었기 때문이다. 그래서 엄마가 부·모의 역할을 다 맡았었다. 엄마도 여자인지라 오빠와 나를 키워주시면서 삶의 무게를 두 배로 느꼈을 것이다. 그래서 성인이 된 난 장거리 통화를 엄마와 자주 해 아빠에 대한 하소연을 들어주는 딸이 되었고 더불어 나도 어렸을 때 아버지의 무관심에 속상해했다.

　미국의 필름 학교 졸업 후 한국에 가서 제주도 가족 여행을 기회로 아빠랑 많은 대화를 나누고 싶었다. 그렇게 닮았던 아빠를 더 알고 싶었다. 엄마가 아빠 몫까지 너무 훌륭하게 잘 감당하셨기에 아마 우리 가족

은그

런 방식으로 지냈는지도 모르겠다.

아빠의 무관심에 맞받아치기라도 하듯 난 꿈에서 아빠를 만난 적이 한 번도 없다. 지금도 마찬가지. 로또 당첨번호나 알려주지, 아쉬워하면 드디어 아빠가 꿈에서 나타났다고 한 오빠도 있는데.

이제는 가족사에 대해 무덤덤한, 주말에는 침대에서 나올 생각을 안 하던 아빠가 아니라 내 조카 그러니까 아빠의 손주들에게 하모니카 연주를 해 주고, 한글을 가르쳐 주고, 대한민국 국기에 대한 맹세를 읊어 주시던 아빠의 모습만이 선하다.

이제는 아쉽다. 내가 더 좀 더 철이 들어서 아빠를 이해하고 먼저 다가갔었으면 하는 마음도 든다.

난 지금도 아빠를 꿈에서 만날 날을 기다린다. 건강한 모습의 아빠와 만나서 소주 한잔 기울이고 싶다.

나랑 똑같은 기울어진 어깨를 안아 드리고 싶다.

아빠 수고 많으셨어요.

둘째 딸 박지연 씀

| 박승찬 추모 | 박승찬을 말한다 |

제일기획을 시작으로 근래 국악 유튜브를 진행하시더니 갑자기 박승찬 감독님이 소풍을 마치시고 우리를 떠나셨습니다.

우리를 웃기고 울리던, 진정한 광대같은 분.

다큐방송 마이웨이 총감독으로 1999년 만났습니다. 최근에는 문경새재아리랑제에서 사회를 진행해 주셨습니다. 함께했던 시간이 그립습니다.

기미양(국악신문사 대표이사)

58년 개띠, 유년의 종로

지은이 | 박승찬
펴낸이 | 장문정
초판 1쇄 발행 | 2014년 9월 1일
2판 1쇄 발행 | 2024년 6월 15일

펴낸곳 | 문예바다
등록번호 | 105-03-77241
주소 | 서울특별시 종로구 삼일대로 30길, 21(종로오피스텔)611호
전화 02) 744-2208
이메일 qmyes@naver.com
SBN 979-11-6115-231-8 (03810)

ⓒ 박승찬, 2024. Printed in Seoul, Korea

값은 뒤표지에 있습니다.
* 이 책의 판권은 지은이와 출판사에 있습니다.
  양측의 서면 동의 없는 무단복제를 금합니다.